メタ言語能力を育てる文法授業

英語科と国語科の連携

秋田喜代美
斎藤兆史
藤江康彦 編

協力
東京大学教育学部
附属中等教育学校

ひつじ書房

目　次

第1章　英語教育の現状と課題　　　　　　　　　斎藤兆史　　1

第2章　日中の英文法教育に関する先行研究
1. 日本の英語教育における言語横断的文法指導の展開　　柾木貴之　　9
2. 中国の英語教育における文法指導の展開と現在　　　　王林鋒　　53

第3章　英語科教員による実践
1. 日本語と英語の文法を比較してメタ文法能力を育成する　　越智豊　　81
2. メタ文法能力の育成を通じて英語表現力を伸ばす　　　沖濱真治　　109

第4章　国語科教員による実践　　　　　　　　　大井和彦　　121

**第5章　メタ文法プロジェクトの実践と
　　　　　授業デザインのポイント**　　　　　　　藤江康彦　　141

第6章　メタ文法能力の育成を目指した英語授業の分析

藤森千尋　187

第7章　メタ文法能力の育成に向けた授業案

三瓶ゆき・柾木貴之　225

第8章　メタ言語能力の育成を基盤に置いた
言語教育を目指して

大津由紀雄　277

第9章　コンピテンシーの育成を核とする
教育イノベーションへの挑戦の試み

秋田喜代美　289

執筆者紹介　　　　　　　　　　295

第1章
英語教育の現状と課題

斎藤兆史

1．序

　本書は、科学研究費補助金基盤研究（A）「社会に生きる学力形成を目指したカリキュラム・イノベーションの理論的・実践的研究」（2011 〜 2013 年度；以下「イノベーション科研」）中の「基幹学習ユニット」の 1 部門を成す「メタ文法プロジェクト」の研究成果に基づく研究と議論をまとめたものである。「イノベーション科研」全体の目標としては、東京大学教育学部附属中等教育学校との連携のもとに、社会の構造転換を視野に入れた新しい公教育のカリキュラムのあり方を検討し、2019 年度から順次施行される学習指導要領の改訂に対して積極的な提案を行っていこうとするものであるが、本プロジェクトは、とくに「言語力育成」をカリキュラムの達成目標に掲げ、言語力の核としての「メタ文法能力」をいかに育成するかを研究課題とした。「メタ文法能力」の何たるかについては後述する。

　公教育のカリキュラムのあり方を言語力に着目して検討するとは、日本においては主として国語教育と外国語教育（そのなかでも英語教育）のカリキュラムを考察することに他ならない。そのため本プロジェクトでは、もっぱら中等教育における国語科と英語科の協力を仰ぎ、その両者に働きかける、あるいはその両者をつなぐようなカリキュラムの開発を進めることになった。とはいえ、通常の授業運営を妨げないとの大前提を守るために、教材の開発にはかなりの時間を割いたものの、カリキュラムの有効性を完全に証明する

だけの十分な実験授業が実施できたわけではない。それでも、制約の多い中で実施された実験授業の記録を詳細に検討するにつけ、新時代の公教育に対して本プロジェクトが貢献する余地が少なからずあることを示唆するに足るデータが数多く見つかった。本書では、プロジェクトの成果とその後の共同研究の報告および新たなカリキュラム作りに向けての提言を、日本の学校教育に関して問題にされることの多い英語教育との関連において行っていきたい。

2. 学校英語教育の現状

　日本人の英語学習が始まったのは、1808 年のフェートン号事件に衝撃を受けた徳川幕府が、翌年、和蘭通詞たちに英語の習学を命じたときだと言われている。以来、日本人は 200 年以上も英語を勉強していることになる。明治時代以降は、公教育のなかで英語が教えられるようになった。しかしながら、極端な英語偏重のカリキュラムを厭わなかった明治初期の特別な学校（官立の英語学校、私立の英学校、札幌農学校、東京大学など）における教育を例外として、日本における学校英語教育がどこかで目覚ましい成果を上げたとは言いがたい（斎藤 2007、斎藤 2017a を参照のこと）。

　「目覚ましい成果を上げたとは言いがたい」とあえて持って回った言い方をした裏には、それなりの理由がある。すなわち、いかなる教科においても言えるとおり、教育成果を判定するには、そもそも教育目標がどこに設定されているかを明らかにする必要があるが、外国語能力の目標設定は容易ではない（斎藤 2017b）。基本単語を 1,000 語程度覚えればいいというなら、中学・高校の英語教育は大成功である。基本的学校文法の習得を目標に掲げても、かなりの教育成果が期待できる。しかしながら、じつのところ、言語能力の判定は母語でも難しい。そもそも母語では「あの人は日本語ができる」とはほとんど言わないのに、「英語ができる」ことをどう検証すればいいのか。それが分かりにくいために、勢い英語力認定試験などの点数を英語教育の統一的評価基準にしようとするような、およそ教育的とは言えない政策が

繰り返し英語教育行政の議論の対象になる。

　要するに、教育学的に見れば、日本の英語教育の成否を判定するのはきわめて難しい。しかしながら、これまた科学的データを用いて厳密に検証するのは難しいとはいえ、英語教育に関する膨大な文献の中に渦巻く言説から一つだけ確実に言えるのは、ほとんどの日本人が学校英語教育に不満を持ち、それがうまくいっていない、下手をすると失敗だと認識していることである。その不満と認識の根拠は、多くの場合、学校教育のかなりの時間を割いて英語の授業が行われるにもかかわらず、英語を話すことができない、という悲しい現実である。また不都合なことに、日本語については、苦労して学習したわけでもないのに「何不自由なく」使いこなしている、との間違った認識を持っているために、学習しても英語が使いこなせないとなると、学校の教育が間違っているはずだとの結論を安易に導きだしてしまうのである。そして、明治後期以降の日本の英語教育改革は、ほとんどの場合、日本の学校英語教育が成果を挙げていないとの前提に基づき、より実用的な技術の習得、より話せる能力の育成を目標として行われた。大正時代にハロルド・E・パーマーが中心となって行った音声中心主義への方向転換も、昭和後期における「コミュニケーション」なる理念の導入も、同じ問題意識を持って進められたものである。

　この英語改革の流れは、財界の発言力がさらに強まった平成になってからさらに加速し、グローバル人材の育成の名の下に平成23年には、小学校高学年における外国語活動（実質的に英語活動）が必修化され、平成25年から実施されている新学習指導要領によって高等学校の英語の授業は「英語で行うことを基本とする」こととされている。また、同年末に文部科学省が発表した「グローバル化に対応した英語教育改革実施計画」によって、小学校の中学年において活動型の英語教育（いままで高学年で実施してきたような教育）を行い、高学年では英語教育を教科化することが提案され、平成29年度、その方針が決定された。さらには、中学校でも英語の授業は「英語で行うことを基本とする」ことが新学習指導要領に記された。もとより、上記の小学校の英語活動においては、ほとんどの場合、すべて英語を用いることが

推奨されている。要するに、グローバル人材の育成とは英語が使える日本人の育成にほかならず、そのためにはすべて英語でやり取りするのが効果的であるとの短絡的な考え方が蔓延しているようである。

3.「英語は英語で」よりもメタ文法能力の育成を

　英語の授業は基本的に英語で行うべしとの提言の裏には、言語は実際の運用のなかで習得するものであるとの考え方がある。たしかに、母語の獲得にあたって、幼児は実際に運用される言語にさらされながらその言語の文法を（一見「自然に」）習得していく。ただし、もちろんそこには条件がある。幼児は何万時間もの間、四六時中正しい言語にさらされるからこそ、その規則性を正しく発見していくのである。すでに一つの言語を母語として獲得し終えた生徒が、中学高校で週に4、5時間程度、かならずしも正しくない英語（らしき言語）に触れたところで、英語の運用能力を身につけるとはおよそ考えづらい。英語の習得を水泳にたとえ、いくら陸でクロールの練習をしても泳げるはずはなく、まず水に入ることが大事である、したがって、英語の運用能力を身につけるためには、まず授業において英語を使うべきである、と主張する人がいる。しかしながら、それはそもそも立派なプール（正しい英語がやり取りされる授業環境）が整っていて、そこで十分な練習ができることが前提となる。本物の水だからといって水たまりで泳ぎの練習をするくらいなら、陸でしっかりと基礎体力をつける訓練をするほうがはるかにましであろう。

　もちろん、教師が正しい英語を流暢に操ることができて、生徒がそれを聴き、理解し、ときにそれに応えながら授業が運営できる場合には、大いに英語で授業を行うがよい。しかしながら、そのような条件が整いづらい日本の高等学校、ましてや中学校においては、生徒のもっとも精緻な思考を可能ならしめている日本語を足場として英語を学習させるほうが効果的である場合が多い。もちろん、教室によって生徒の質も、習熟度も、個性もさまざまである。その時々に応じて教授言語を柔軟に使い分けるのがよい。中学・高等

学校学習指導要領中の教授言語に関する注意書きは、せいぜい「生徒の理解度に応じてできるだけ英語を多用するようにする」といったあたりが現実的であり、会話をあまり得意としない教師が無理に教授言語としての英語にこだわるがあまり、教室ピジン (pidgin; 本来は実利的な通商の手段として使われた破調の英語) が生まれる危険性もある。

　教授言語として日本語を活用する利点としては、さらに生徒が言語の法則性に敏感になることが挙げられる。単に日本語を足場として目標言語たる英語を習得するに留まらず、両言語の間を行き来することでそれぞれの言語には違った規則があることを学び、通常の言語運用よりもさらに高次の、いわば「メタ・レベル」から言語を客体化することができるようになるのである。

　このあたりで、本プロジェクトの核となる「メタ文法能力」について簡単に説明をしておくことにしよう。「メタ文法能力」とは、言語を高次から観察・分析する「メタ言語能力」を文法に特化した概念である。ここで言う「文法」とは、理論言語学で言うような母語話者の脳内に理論的に存在する広義の言語能力の総体ではなく、狭義に語彙と統語法の規則を指すものとする。ただし、本プロジェクトが措定するメタ文法能力は、かならずしも母語のみにおいて働くものではなく、言語横断的に、外国語習得の際にも働くものであるため、この能力の育成は、英語のみならず、ほかの外国語習得能力の育成にもつながると考えられる (秋田他 2013、斎藤他 2013 も参照のこと)。

　第 2 章で見るとおり、メタ言語能力の育成がいかに言語学習を促進させるかに関する研究はすでに行われており、また最近では、英語教育において絶対悪とされてきた翻訳や訳読の有効性を見直す動きもある (Cook 2010, 菅原 2011, Saito 2012, Augustyn 2013, Laviosa 2014, 行方 2014)。本書は、このような研究を理論的背景とし、メタ文法能力の育成を図る授業をデザインして実践、その結果を記述し、さらに新しいカリキュラム開発の可能性を示したものである。結論を先に言ってしまえば、日英の言語横断的文法授業は生徒の文法意識を高める結果となり、そのような授業が外国語能力の伸長に寄与することが示唆された。本書はとくに、それを新しい時代の英語教育に対

する示唆と捉え、その改善のための具体的提言を行うものである。

4. 本書の構成

　ここで本書の構成を説明しておく。

　本章に続く第 2 章では、日本と中国における英文法指導の歴史を、とくに学習者言語の使用に着目して概観し、英文法指導における学習者言語と目標言語（英語）との関係に関する先行研究を紹介する。また、日本の英語教育、さらには国語教育の歴史のなかで、国語科と英語科との連携という発想が生まれ、現在に至るまでそれが形を変えつつ連綿と受け継がれていることが示される。また、中国の英語教育においては、コミュニケーション中心主義が行き過ぎた結果、「淡化文法」と呼ばれるような英文法教育の弱体化が起こり、その反省に基づいて中国語による明示的な英文法指導が見直されてきている経緯が説明される。これは、中国を一つのモデルとしてコミュニケーション中心の英語教育を推進してきた日本の教育現場にも大きな示唆をもたらすものである。

　第 3 章は、メタ文法プロジェクトにおいて授業実践を担当した東京大学教育学部附属中等教育学校英語科教員による実践報告である。メタ文法能力を育成するための授業においてどのような苦労や課題があるか、またどのような教材開発の可能性があり得るかが詳述される。

　第 4 章は、同じく授業実践を担当した同校国語科教員による実践報告である。英語の授業における日本語の使用と違って、本来の国語の授業であれば使う必然性のない英語に触れつつ授業を行うことの可能性と問題点が指摘される。

　第 5 章は、英語科、国語科双方からのメタ文法へのアプローチを観察した立場からの授業分析である。授業がどのようにデザインされているか、またそのような授業に臨むに当たって検討すべき課題は何かなどが、教員養成も含むさまざまな観点から議論される。

　第 6 章が扱うのは、実験授業のデータ分析である。授業時に行った事前・

事後テストやアンケートの結果から見えてくるものをすべて拾いだしてある。

　第7章は、先述の実験授業に加えて2人の教師による新たなメタ文法能力育成、あるいは国語科と英語科の連携の実践事例を紹介し、このような取り組みにおいてどのようなことを評価し、さらにそれを発展させるにはいかなる教材開発が可能かを論じる。

　第8章は、メタ言語能力育成を旗印に掲げて日本の言語教育界を牽引してきた大津由紀雄氏による本プロジェクトの評価である。

　最終の第9章は、本プロジェクトのリーダーである秋田喜代美氏によるプロジェクトの総括および新しいカリキュラムの構築に向けた提言の章である。

参考文献

秋田喜代美・藤江康彦・斎藤兆史・藤森千尋・三瓶ゆき・王林鋒・柾木貴之・濱田秀行・越智豊・田宮裕子 (2013)「国語科と英語科におけるメタ文法授業のアクションリサーチ」『東京大学大学院教育学研究科紀要』52: pp.337–366. 東京大学大学院教育学研究科

斎藤兆史 (2007)『日本人と英語―もうひとつの英語百年史』研究社

斎藤兆史 (2017a)『英語襲来と日本人―今なお続く苦悶と狂乱』中央公論新社

斎藤兆史 (2017b)「グローバル化と英語教育カリキュラム」佐藤学・秋田喜代美・志水宏吉・小玉重夫・北村友人編『学びとカリキュラム』pp.163–184.〈岩波講座〉教育―変革への展望5、岩波書店

斎藤兆史・濱田秀行・柾木貴之・秋田喜代美・藤江康彦・藤森千尋・三瓶ゆき・王林鋒 (2013)「メタ文法能力の育成から見る中等教育段階での文法指導の展望と課題」『東京大学大学院教育学研究科紀要』52: pp.467–478. 東京大学大学院教育学研究科

菅原克也 (2011)『英語と日本語のあいだ』講談社

行方昭夫 (2014)『英会話不要論』文藝春秋

Augustyn, P. (2013) No Dictionaries in the Classroom: Translation Equivalents and Vocabulary Acquisition. *International Journal of Lexicography* 26 (3): pp.362–385.

Cook, G. (2010) *Translation in Language Teaching*. Oxford: Oxford University Press.（斎藤

兆史・北和丈訳（2012）『英語教育と「訳」の効用』研究社）

Laviosa, S.（2014）*Translation and Language Education: Pedagogic approach explored.* London: Routledge.

Saito, Y.（2012）Translation in English Language Teaching in Japan. *Komaba Journal of English Education*（3）: pp.27–36.

第2章
日中の英文法教育に関する先行研究

　本章では、日本と中国における英文法指導の歴史を、英文法指導における学習者言語と目標言語（英語）との関係に関する先行研究のレビューや実践および教科書の分析を通して概観する。とりわけ、2.1では、日本の英語教育と国語教育の連携による言語横断的な文法指導の理論的実践的展開を明らかにする。また、2.2では、中国の英語教育におけるコミュニケーション中心主義による「淡化文法」への批判的検討を行い、教科書分析を通して文法指導の在り方を明らかにする。いずれも、本プロジェクトにおけるメタ文法能力育成への示唆を得るものである。

1. 日本の英語教育における言語横断的文法指導の展開

柾木貴之

　本プロジェクトの目的は英語科と国語科が連携し、言語横断的に文法指導を行うことでメタ文法能力を育成することである。「言語横断的」とは具体的には、英文法を日本語文法（国文法、日本語教育文法）や漢文法と比較することを意味する。日本の英文法教育を振り返った場合、この「文法の比較」という発想は、「英語科と国語科の連携」（以下「連携」）という発想と結びつきやすく、その歴史を振り返ると、明治期までさかのぼることができる。以来、「連携」についての提言は形を変えつつ連綿と存在している。本節では言語横断的な文法指導の重要性を指摘した文献を中心に扱いながら、「連携」に向けた議論の歴史について概観する[1]。

1.1 明治期から1950年代―「連絡」の方法としての言語横断的文法指導

1.1.1 概説

　明治期から1950年代における資料の特徴は、複数の文献に「連絡」という言葉が見られる点である。「連絡」とは「担当科目だけでなく、密接な関係にある科目の知識をも持って、両者を関連づけることで、教育の効果を高めること」という意味で用いられることが多く、英語科についていった場合、「英文法だけでなく国文法の知識をも持って、両者を比較することで、相互に関連した知識体系を作ること」という意味で使われることが多かった。この言葉は1900年以前にも確認できるが、広く用いられるきっかけになったのは、1902年に文部省が示した「中学校教授要目」である。これは中等教育を対象とした今日の学習指導要領にあたる初めての規定で、そこには全教科を対象とした「本要目実施上ノ注意」として、「教授ハ各学科目固有ノ目的ヲ失ハサランコトニ留意シ相互ノ連絡ヲ保チテ全体ノ統一ヲ図ルヘシ」（大村他 1980: 73）と記されている。この規定は「中学校教授要目」が1911年と1931年に改訂された際も存続し、戦後の「学習指導要領一般編（試案）改訂版」（1951）にも踏襲されている。以下では「連絡」の提言を含む資料を中心に、言語横断的文法指導について見ていきたい。

1.1.2 岡倉由三郎「外国語教授新論」（1894）

　明治期における重要な文献としてまずあげたいのは、戦前の英語教育において中心的な役割を果たした岡倉由三郎の論考である。岡倉由三郎（1868–1936）は1890年に東京帝国大学文科大学選科を修了後、1894年に鹿児島高等中学造士館に着任、そこで英語と国語を担当している。1897年に東京高等師範学校教授に就任した後は英語教育、英文学、英語学の分野で輝かしい業績を残すことになるが、本項で取りあげたいのは、岡倉が鹿児島高等中学造士館に着任する直前に書き上げた「外国語教授新論」（1894）である。

　この論考の冒頭、岡倉は外国語教授法の欠点は国語・漢文との「連絡」がないことだと指摘する。

今の外国語教授法に於ける欠点は固より一にして足らずと雖も、要する
に国情に由りて定めたる一定の方法なく、徒に旧来の手段を墨守して殆
ど之が是非をだも考ふる事をせず、且つは国語漢文の如き必ずや之が基
礎とし用ゐらるべき者と更に連絡提携の道を設けざるが故に、孤力振ふ
に由なきに起因せずんばあるべからざるなり。 　　　　　（岡倉 1894: 6）

　岡倉の考える「連絡」の方法とは、既知の国語・漢文の文法を新しく習う
外国語の文法と比較することで、相互に結びついた知識体系にすることで
あった。この時期の特徴がよく表れているのは、外国語の「基礎」として漢
文が挙げられている点である。明治期において漢文教育の果たした役割はき
わめて大きく、1870 年代までに生まれた子弟の多くは幼少期に四書五経の
素読を経験した。時代が下るにつれて、中学生の漢文能力は衰えていくが、
1894 年の時点ではいまだに相当なものであり、例えば同年に刊行された『中
学漢文読本』（秋山四郎編、全 10 巻）を見ると、第 7 巻以降は白文になって
いる。このような状況を踏まえ、外国語教授をより効果的なものにするには
国語の知識だけでなく、漢文の知識をも生かそうというのが岡倉の考えで
あった。
　英語教師が国語・漢文の知識を踏まえて授業を行おうとするとき、問題と
なり得たのは、漢文の知識よりもむしろ国語の知識であったと言える。とい
うのも、当時の日本において「国語」という概念自体、いまだに定まったも
のではなく、「国文法」の存在についても広く認識されていなかったからで
ある。国語学者・保科孝一（1872–1955）は学校で国文法の指導が開始された
のは、明治 20 年代からであると述べるとともに、その頃に受けた国文法の
授業について、「学生は日本語にも法則があるのかとめずらしく感じ、いま
まで文法は、英語にはあるが日本語にはないものと思っていたのだから、日
本語にもやはり文法があることを知って、いくぶんのほこりをさえ持つよう
になった」（保科 1949: 36）と回想している。このような状況は教師の側も大
差なく、とくに国語が専門ではない英語教師に、国文法の指導ができる者は
ほとんどいなかった。

自説の実現が容易ではないことを認識する岡倉は、将来的な状況の改善に向け、教員検定試験について提言を行う。岡倉は、「国語漢文若くは外国語の教師たらんとする者をして此三者間の連絡を失はざらしめんが為、彼の教員検定試験を受くるに際し、自家専門の一科の外、必づ他の二科に就き其大体を説明せしめ、これに不合格なる者は決して免許せざる様、将来文部省に於て規定せん事、これまた必須の方便なるべし」(岡倉 1894: 44)と述べ、国語、漢文、外国語のうち、どの科目の教員になるのであれ、他の2科目の知識が十分でない場合は教員免許を授与しないよう規定すべきだと主張している。このように教員検定試験を変え、それに向けて勉強させることで、将来的に3科目の「連絡」を実現させようというのが岡倉の構想であった。

1.1.3 溝淵進馬『教育学講義』(1909)

「連絡」という発想は教育学者の著した著作の中にも確認できる。本項で考察を行いたいのは、教育学者・溝淵進馬 (1871–1935) が主著『教育学講義』(1909) の中で行った「連絡」の提言である。溝淵は 1895 年に東京帝国大学哲学科を卒業後、ドイツ、フランスに留学して教育学を学び、帰国後に東京高等師範学校教授を務めた後、第四高等学校、第五高等学校、そして第三高等学校の校長を務めた人物である。『教育学講義』を公刊した 1909 年当時は東京高等師範学校教授であった。

同書の中で溝淵は、「各教科の間の連絡を計りつつ教授をするときには、仮令同時に数教科を教へても孤立的知識を授けて生徒の思想界を掻き乱す弊を大いに防ぐことが出来る」(溝淵 1909: 213–214)と述べ、「連絡」の重要性を指摘するとともに、「連絡」を促す手段として、各学校が作成する「教授細目」の存在をあげている。

　　各教科の間の連絡を計ると云ふ点から云ふと、教授細目を編製して毎学年、毎学期、毎週、各教科に於て如何なることを教授し、又各教科教授の場合に如何なる点に注意しなければならぬと云ふことを予め定めて置くことは小学校に於けるよりも中学校に於て一層大切である。

（溝淵 1909: 214）

　岡倉（1894）の時代と大きく異なるのは、「教授細目」を作る際に準拠すべきものとして、上述した「中学校教授要目」（1902）が制定されている点である。同要目で定められた文法に関する指導事項をまとめると次のようになる[2]。

表 1　「中学校教授要目」(1902) で定められた文法に関する指導事項

学年	国文法	英文法
1	仮名遣附字音仮名遣ノ大要 国語品詞ノ分別　漢文品詞ノ分別ノ大要	
2	品詞各論	
3	文章論ノ大要　係結ノ法則　文章ノ解剖	名詞ノ変化　代名詞ノ種類及其ノ変化 動詞ノ種類及其ノ変化　形容詞及副詞ノ比較 冠詞ノ種類　文章ノ解剖
4	前各学年中授ケタル事項ノ復習 近古以上ノ文章ニ特有ナル法則	代名詞ノ用法　時及法ニ関スル動詞ノ用法 前置詞ノ用法　冠詞ノ用法　文章論
5	前各学年中授ケタル事項ノ復習 単語ノ構造　国語沿革ノ大要	

　この教授要目では国文法は全学年で、英文法は 3・4 年で課されていて、いずれも品詞論が重視されている。注意が必要なのは、同要目における「国文法」とは文語文法を指している点である。口語文法については、明治 30 年代に口語文の地位が上昇する中でその重要性は高まりつつあったが、学校における文法指導の中心は文語文法であった（井上 1958）。
　では、上記の教授要目に基づいてどのような「教授細目」が作られたのか、『東京高等師範学校附属中学校教授細目』（1910）の例をあげてみたい。教授要目において重視された品詞の規定に注目すると、国文法については、

2年の学習項目として九つの品詞があげられている。一方、英文法について品詞に関する規定は見られないが、3年で教科書に指定された斎藤秀三郎『英文法初歩』を紐解いてみると、第一章「文と品詞」に伝統的な「八品詞」が記されている。国文法の品詞は西洋文法の「八品詞」をもとに定められたので、両者には共通する品詞名が多い。以下の表は『東京高等師範学校附属中学校教授細目』で示された品詞を対照させたものである。

表2 『東京高等師範学校附属中学校教授細目』(1910)で示された品詞

国文法	英文法
名詞、代名詞、動詞、形容詞、副詞	名詞、代名詞、動詞、形容詞、副詞
テニヲハ、助動詞、接続詞、感嘆詞	前置詞、接続詞、感動詞

英語科の「教授細目」には文法指導の方法がいくつか示されていて、その中の一つに、「邦語文法と比して」というのがある。もし英語教師が「教授細目」を通して、国文法の「八品詞」について知っていれば、「英文法の品詞との共通点・相違点を整理する」といった活動を行うことも可能であった。英語科と国語科を連絡させる上で、たしかに「教授細目」は重要な資料になりうる。

溝淵は「教授細目」の重要性を示すが、一方で、仮に「教授細目」を活用しようと思っても、もし教師に担当科目の知識しかなければ、結局「連絡」は実現しないと指摘し、英語教師を例にあげる。

例令英語教師に国語の素養がないときには、英語の文法を教へるときに之れを国語の文法と比較して教へることが出来ない。又英文を適当なる正しい日本文に訳することが出来ない。それであるからして英語教師は英語に堪能であるばかりでなく、又国語に関する知識も有つて居らねばならぬ。 (溝淵 1909: 215)

この記述から溝淵は、英文法は国文法と比較しながら指導することが望ま

しいと考えていることがわかる。これは英語教師に対する要望であるが、国語教師に対しても、「国語の文法を教へる場合に、之れを英語の文法に比較して教へるときには大いに生徒の理解を助けることが出来る。それであるからして国語の教師が同時に英語を教へ得ると云ふことは、仮令必要でないにしても、大いに望ましいことである」（溝淵 1909: 215）と述べ、国語教師が国文法を英文法と比較しながら指導することを期待している。

1.1.4 藤村作他「改正中学校令施行細則国語漢文科に関する研究会筆記」（1931）

　前項まで国文法と英文法を比較することを推奨する文献を見てきたが、そのような考えは国語関係者にあったのだろうか。そのことを確かめるため、本項で取り上げたいのは、東京帝国大学国文学科の関係者が行った議論を記録した「改正中学校令施行細則国語漢文科に関する研究会筆記」（1931）である。この研究会は1931年に「中学校令施行規則」及び「中学校教授要目」が改訂されたのに際し、その内容について検討することを目的としたものである。改訂前の1911年の教授要目では、国文法は3・4年で指導されることになっていたが、1931年の改訂で国文法は1年で扱うことが定められた。また、国文法指導の目標として、「国語ノ特色ヲ理解セシムベシ」（増淵 1981: 137）という規定がなされたことも新たな課題と受け止められた。

　研究会でこの「国語ノ特色」という点に議論が及んだ際、発言を行っているのは国語学者・橋本進吉である。橋本は国文法の指導が1年から開始されることを念頭に、「外国語の文法について知識のないものに日本語の特色を知らしめるといふのは非常に困難」であるという見解を示している（藤村他 1931: 97）。では、橋本はどのような指導順序が理想的だと考えていたのだろうか。実は橋本は、教授要目に準拠して『新文典』（1931）という文法教科書を編集している。この教科書は現在の学校国文法の土台となったもので、公刊されるや否や多くの学校で採用され、「昭和10年代になると日本全国の中学校の大部分がこれを使うに至った」（金田一 1997: 148）という[3]。その『新文典』の解説書として刊行した『新文典別記』（1932）の中で、橋本

は次のように述べている。

> 従来は、第三学年から国文法を課する事になつてゐましたので、国文法
> 教授の際には、既に外国語の文法の知識を多少得てゐましたから、その
> 知識を予想し、之を利用する事も出来ましたが、今後は、全く之を予想
> する事が出来ず、文法といふ全く新な知識をまづ国語について得させな
> ければならない事となりました。それが為、国文法の教授は、いくら
> か、これまでよりも困難になつたかも知れません。しかし、これは、決
> して、わるい事ではなく、既知の国語について学んだ文法を、未知の外
> 国語に及ぼし、国語に於ける知識を、他国語を学ぶ際の基礎とするの
> で、自然の道理に適つた事であります。　　　　　　　　（橋本 1932: 3）

　研究会の発言だけを見ると、橋本は教授要目の方針に難色を示しているよ
うだが、この「序言」を読むと、既知の国文法を未知の外国語文法の理解に
役立てることを「自然の道理に適つた事」と捉えていることがわかる。この
指導順序に関しては、研究会の議論で次田潤が、「国文法は外国の文法より
先にやつた方がいい。外国文法が先に入つて、国文法を後でやると何うも理
解し難いし、英語の方は纏つて文法をやるのは三年で四五年の三ヶ年で一通
りやる」(藤村他 1931: 101) と述べ、国文法を学習した上で外国語文法を学
ぶという順序を支持している。

図1 『新文典』(1931)

　教授要目では末尾に付された「注意」でも「国語ノ特色ヲ理解セシム」という目標が繰り返されているため、研究会でも再度話題になっているが、その際は橋本が「国語ノ特色」という文言を読み上げたのに対し、各務虎雄は「外国語との比較でもしなければならぬ」と応え、佐野保太郎は「さうだろう。これは一年では困難だ」と応じている（藤村他 1931: 101）。佐野の発言は英文法を体系的に学ぶのは3年以降であることを踏まえたものである。
　以上の記述からわかるのは、国語関係者の間にも国文法と外国語文法の比較という発想があったという点である。では、英語関係者はその発想をどのように捉えていたのだろうか。次項で見ていきたい。

1.1.5　永原敏夫他「英語科を中心として各科を語る」(1933)
　本項では広島高等師範学校附属中学校の機関誌『中等教育の実際』の中でなされた「連絡」の提言について考察を行いたい。この機関誌は同校が1932年7月に創刊したもので、1940年までに27号が発行されている。各号には特集テーマが設定されていて、1933年7月に発行された第5号は「各教科の連絡」となっている。1933年の教育課程は1931年に改訂された「中学校教授要目」に則っていたが、この「連絡」に関する特集は、同要目に示

された「各学科目ヲ教授スルニハ其ノ固有ノ目的ヲ達スルコトヲカムルト共ニ互ニ連絡補益シテ統一ヲ保タンコトヲ要ス」（大村他 1980: 133）という規定を踏まえたものと考えられる。

図 2 『中等教育の実際　第 5 号』（1933）

　この号の巻頭に掲載されたのは、津山三郎「各学科間の連絡と云ふことの意義」である。津山は論考の冒頭、中学校に限らず、どの学校でも常に各学科の「連絡」の必要性が叫ばれていて、目新しい問題ではないと指摘する一方、「現在各学科は甚だ専門的に分科されて、其の教師は夫々の独自の立場を守つて他を顧みようとせぬから、大いに連絡を強調せなければならぬ様な状態にあるのである」（津山 1933: 2）と述べ、近年、「連絡」がとりわけ必要になった事情について説明する。

　この巻頭言につづき、各教科の立場から「連絡」に関する論考が 12 編掲載された後、論文集の末尾に付されているのが英語教員による座談会「英語科を中心として各科を語る」である。出席者は永原敏夫、宮崎筍吾、池田計三、河野喜好の四人で、いずれも広島高等師範学校附属中学校の英語科教諭であった。この座談会では発言者が〇、◎、△、□と表記され、名前はわか

らなくなっているが、座談会という形式も手伝ってか、率直な意見が多い。国語科に話題が及んだ際、出席者たちがまず確認するのは、英語教師が国語の知識を持つことの重要性である。

> △ 国語科との協力は国語教師と協議すると言ふよりは英語教師が国語
> に可なりの造詣を持つてゐればいいわけであるし、又他学科の場合
> でもそうであつてよいわけだ。つまり全学科に一通りの研究が必要
> である。
> ◎ それでいいのだ。

（永原他 1933: 124）

英語教師が持つべき国語の知識として挙がっているのは、国文法の知識である。現在でもそうであるが、英文法には国文法と同じ名称の用語でも内容が異なるものがあり、生徒の混乱のもととなっていた。つづく議論ではその点が話題になっている。

> △ 英語の教師の中に自分は英語しか出来ないと言ふ人があるし、そ
> れをむしろ得意にしてゐる人もある。
> □ それは不心得だ。之丈は是非やつて貰ひ度いのは英文法と国文法
> との用語の統一だ。
> ○ 国文法をつくる時あちらのを見て参考にしたのだらうな、
> 一同 それはたしかにそうだらう。
> □ 但し用語の意味が補語などの場合の様に異る事もあるが。
> ◎ 之は今まで実際乱雑だつたなあ。いつか、教生の英文法授業を見
> てみたら、術語に就て、国文法の場合の夫れとの関係を質問して
> ゐた生徒があつた。教師の方では、自分の専門ばかりを考へてゐ
> る為に、何の不便も感ぜずに居るけれども、生徒の立場にすれば
> 誠に無理からぬ問題だ。

（永原他 1933: 125）

上で指摘されている「補語」という概念は、英文法と国文法で定義が異なっているものの一つである。英文法において「補語」とは主語や目的語の性質・状態を説明するもので、I am a teacher. の a teacher が「補語」にあたる[4]。一方、国文法において「補語」とは連用修飾語のうち、主に格助詞「と」「に」を伴うもので、例えば「母は弟を公園に連れて行った」という文では、「公園に」が「補語」にあたる。

学校英文法において「補語」という用語は現在でも教授されるが、現行の学校国文法において、「補語」という言葉が教授されることはほとんどない。それは上述した『新文典』が、「補語」という用語を用いなかったからである（橋本 1936）。『新文典』の浸透に伴い、国文法で「補語」という用語が教授される機会は減少していくが、1933 年の時点ではまだ一般的な用語であったことが、座談会の議論からうかがえる。

「補語」は英文法と国文法で意味合いの異なる用語の一例であり、他にも混乱を招く用語は複数あった。その際、英語教師がある程度、国文法の知識を持って、意味合いの違いを整理できることは、たしかに重要なことであったと言える。ただし、上の議論は文法用語の問題にとどまっていて、どのような目的のため、英文法と国文法を比較するのかという点には議論が及んでいない。国語関係者は「国語ノ特色ヲ理解セシム」という目的を示していたが、英語関係者はどのような目的を念頭に置いていたのだろうか。次項ではこの点について見ていきたい。

1.1.6　語学教育研究所『外国語教授法』(1943)

本項で取り上げたいのは、日本の英語教育において大きな役割を果たしてきた語学教育研究所の著作『外国語教授法』(1943) である。語学教育研究所（以下、語研）は 1923 年に設立された英語教授研究所を前身とするもので、初代所長は H. E. パーマーである。1936 年にパーマーが帰国した後は東京高等師範学校教授・石川林四郎、ついで東京帝国大学教授・市河三喜が所長を受け継いだ。その語研が創立 20 周年にあたる 1943 年、それまでの方法論の集大成を図る形で刊行したのがこの『外国語教授法』である。

同書で本稿の内容とつながりが深いのは「結語」の後に付された「補遺」である。そこでは本論で論じきれなかった問題が問答形式で説明されていて、その問の一つに「外国語科と国語科との連絡を如何にすべきか」というものがある。それに対する答えとして挙げられているのは、国文法と外国語文法の比較である。

> 今日中等学校に於ける状態は外国語科と国語科との間の連絡に欠ける点が多い。先づ第一に文法の方面について見ると、国文法と外国語文法との間には類似の事項もあり、一方の知識を他に適用して理解を助けることも出来る。又両者の構文上の相違を比較研究することによつて、所謂言語意識を鋭敏ならしめることも出来るであらう。(中略)かくして、外国語の教師は生徒の国語能力にも責任の一部を担ふのである。外国語の教師は生徒の国語にも無関心であつてはならない。
>
> 　　　　　　　　　　　　　　　　　　　　（語学教育研究所 1943: 198–199）

　この記述は二つの重要な指摘を行っている。一つは言語横断的文法指導の意義が「言語意識を鋭敏ならしめる」ことであると指摘している点である。ここでいう「言語意識」とは現在、「メタ言語能力」と呼ばれる概念と重なり合う部分が大きいと考えてよいであろう。「メタ言語能力の育成」は2000年以降、言語横断的文法指導の主要な目的となっていくが、上の記述は「メタ言語能力の育成」に近い考え方が1940年代にすでに存在したことを示唆している。もう一つは言語横断的文法指導によって「言語意識を鋭敏ならしめる」ことが、「外国語の教師は生徒の国語能力にも責任の一部を担ふ」という認識につながっていたことである。これは言語横断的文法指導によって、学習者の母語能力と外国語能力を同時に高めようとする本プロジェクトの方針とも通じる部分がある。

1.1.7 文部省「中学校・高等学校学習指導要領 外国語科英語編（試案）改訂版」(1951)

戦前に見られた「連絡」に関する規定は、1947年に示された「学習指導要領一般編（試案）」及び同「英語編（試案）」には確認できない。一方、同「国語科編（試案）」を見てみると、「連絡」という言葉はないが、「第五章 文法の学習指導」における「文法学習指導上の注意」の一つとして、「外国語の学習にも、自国語の文法を考えてみる」という記述が見られる。これは外国語を学ぶ際、母語の文法知識を活用することを促すものである。

なお戦後に、学校で教える「自国語の文法」を規定することになったのは、この学習指導要領に準拠し文部省が編集した『中等文法』(1947)である。現在、学校英文法の「八品詞」に対して、学校国文法は「十品詞」とされるのが一般的だが、それを定めたのもこの『中等文法』であった。

表3　学校国文法と学校英文法の品詞

学校国文法の「十品詞」	学校英文法の「八品詞」
名詞、動詞、形容詞、形容動詞、副詞	名詞、代名詞、動詞、形容詞、副詞
助詞、助動詞、連体詞、接続詞、感嘆詞	前置詞、接続詞、感動詞

つづいて、1951年に示された「学習指導要領一般編（試案）改訂版」を参照すると、「Ⅲ　学校における教育課程の構成」において、「教科間の連絡」の重要性がくり返し説明されている。例えば、「中学校の年間計画、週計画」という項では、「中学校以上では教科別担任が原則としてとられているから、ややもすると教科間の連絡がふじゅうぶんとなる。その結果、生徒の学習経験が断片的になって、すきまができたり、むだな重複があったりすることがある。したがって特に中学校以上では、学期や学年の初めに、さらに週の初めに、教師相互の連絡を密にして、各教科の有機的な連関をつけることが必要となってくる」と記されている。

この規定に関連した記述を「中学校・高等学校学習指導要領　国語科編（試案）改訂版」に求めると、「第六章　国語科における文法の学習指導」に

おいて、「言語の変遷、日本語と外国語との比較、言語と思考、言語と文化、言語と文学、国語表記上の特殊性、ことばの持つ使命などについても、適当な機会を求めて理解させるように配慮する」とある。一方、同「外国語科英語編（試案）改訂版」では、「第2章　英語教育課程の構成」において、文字の指導や論理の指導を通した「連絡」について説明があるが、文法を通した「連絡」についての記述は確認できない。

　そこで、文部省が指導法の指針として示した『中学校・高等学校学習指導法　外国語科英語編』(1954) を参照すると、「第7章　文法の学習指導」の中に「国文法との関連」という項が存在し、次のような記述がある。

　　文法に対する関心を深めるために、英文法と国文法との関連をとりあげることが考えられる。語法の類似や相違をとりあげて調べることは、特に高等学校の段階において、生徒の学習意欲を刺激するのに役だつであろう。また、術語の共通なものなどについて考えることも、時には興味のあるものである。　　　　　　　　　　　　　　　　（文部省 1954: 99–100)

　学校国文法と学校英文法とで「術語の共通なもの」としては、品詞に関していうと、名詞、動詞、形容詞、副詞、接続詞などがある。しかし、名称は同じでも内容は大きく異なるものがあり、例えば、形容詞と副詞がその一例である。英文法で beautifully は副詞に分類されるが、その訳語の「美しく」は国文法では「形容詞の連用形」と説明され、形容詞とみなされる。このように、同じ用語の相違について考えさせることは、生徒の興味を引くものであったと考えられる。

図3『中学校・高等学校学習指導法　外国語科英語編』(1954)

　1960年版以降の高等学校学習指導要領でも「第1章　総則」において、「連絡」にあたる規定が確認できる。しかし、それを受けて英語科の規定に国語科との「連絡」にあたる内容が記述されるのは、この1951年版が最後となる。それに伴い、「連絡」という言葉は英語教育に関する文献においてほとんど見られなくなる。

1.1.8　まとめ

　本節では明治期から1950年代までを対象に、岡倉(1894)、溝淵(1909)、藤村他(1931)、永原他(1933)、語学教育研究所(1943)、文部省(1951)について見た。これらの文献のほとんどに共通しているのは「連絡」を推奨する点であり、その具体的内容は、英文法と国文法を比較することであった。これらの文献にもう一つ共通しているのは、必ずしも「英語教師と国語教師の連携」を求めていない点である。つまり、「連絡」とは基本的に英語授業内、国語授業内で完結するものであって、教師同士が関わる必要性は希薄な発想であった。現在でも言えることだが、教師には専門意識があり、何らか

の「共通の問題」や「共通の理念」がなければ、他科目の教師と連携するという発想には至らない。この時期においては、そういったものはほとんど存在しなかったと言える。

1.2　1960 年代から 70 年代―「言語教育」という理念の登場

1.2.1　概説

　1960 年代以降の資料の特徴は英語教育と国語教育の「共通の理念」として、「言語教育」という理念が提示される点である[5]。これは国語教育と外国語教育を包括する理念であり、この理念のもとで、国語教師との議論の機会が持たれることになる。その嚆矢となった文献が 1967 年に公刊された『言語教育学叢書』(全 6 巻) である。この叢書は国語教育と英語教育の研究者が協同で編集したもので、第 1 巻、第 2 巻には 60 頁以上に及ぶ編者の討議が収録されている。1970 年代には英語教育の専門誌で、「言語教育」をテーマとした特集が相次いで組まれ、巻頭に掲載された対談・座談会では国語関係者との間で「連携」に向けた議論が交わされる。本節では以上の動向について詳しく見ていきたい。

1.2.2　西尾実・石橋幸太郎 (監修)『言語教育学叢書』(1967)

　1960 年代における代表的な文献が『言語教育学叢書』(全 6 巻、1967) である。監修者の一人・石橋幸太郎 (1898–1979) は英語学、英語教育を専攻とする研究者で、東京教育大学教授を歴任後、1967 年当時は日本大学教授であり、同年 3 月までは語研の所長も務めていた。もう一人の監修者・西尾実 (1889–1979) は国語教育、国文学を専攻とする研究者で、国立国語研究所の所長を務めた後、1967 年当時は法政大学名誉教授であった。西尾・石橋の監修の下、編集を行ったのは野地潤家・垣田直巳・松元寛の 3 人で、専攻はそれぞれ国語教育・英語教育・英文学となっている。監修者と編者の専攻からわかるように、同叢書は国語関係者と英語関係者の両方が関わったものである。

　第 1 巻冒頭に記された「刊行のことば」で監修者たちは、戦後の教育改

革について振り返り、倫理・社会・政治・経済・歴史・地理が社会科に統合され、物理・化学・生物・地学が理科に一括されたことは、教育理念の問題として大きな前進であったと評価する。その上で、「国語教育と外国語教育との間にも、人間のことばの世界にかかわる問題として、言語教育としての共通の統合的基盤が設定され、その見地から、それぞれの教育課程が考慮されて然るべきであった」という問題意識を示している。同叢書はただ国語関係者と英語関係者の両方が関わっただけでなく、協同で「言語教育」という視点を提示した点に新しさがあったと言える。

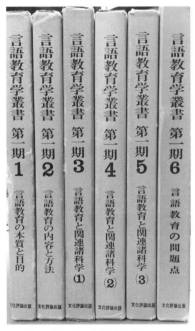

図4 『言語教育学叢書』(1967)

「刊行のことば」は、「相補的関係における国語教育と外国語教育」という新理念の確立を期したいとまとめられているが、この「相補的関係」の具体的内容は、第1巻に掲載された編集者3人の討議「言語教育の本質と目的」の中で明らかにされている。この討議の中で野地は、(1)国語教育を通して

身につけた日本語の知識を生かして外国語教育を行い、（2）外国語教育を通して日本語に対する意識を深めることで国語教育に貢献する、という関係を「相補的関係」と捉え、次のように述べる。

> 母国語を利用して外国語学習を推進していくという、母国語教育・外国語教育の相補的関係ということも、根本は指導者自体が母国語の構造・性質に明るくなくてはならないということになります。そのためには、そういう指導者を養成していく現実的措置も必要になります。構造上の性質を対比させつつ明らかにしていくのには、関連科学の一つとしての対照言語学の力を借りなくてはなりません。さらに言えば、国籍つきのことばを習得するというよりも、ことばそのものへのセンス・言語意識を深くしていくような求めかたがたいせつになります。
>
> （野地他 1967: 160）

　上述した語学教育研究所（1943）でも、英文法と国文法を比較することで、「言語意識を鋭敏ならしめる」という考えは提示されていたが、それはあくまで英語科の視点に基づいたものであった。この『言語教育学叢書』の価値は、「言語意識を深くしていく」という目的論が国語関係者によって提示され、それが英語関係者と共有されている点にある。この「言語意識」という点に関しては、垣田も、「私がよく外国語（英語）専攻の学生に初めに言うことは、外国語を勉強する姿勢として、まず母国語であれ外国語であれ、すべて『ことば』に対して sensitive になれということです。『ことば』に対する感覚・意識を繊細に delicate にしてほしいと希望するのですが、『ことば』を修得する、つまり教師の側から言えば『ことば』を教育するという場合、どちらの側もまず『ことば』に対する意識、感覚の鋭さをもってほしいという意味なのです」（野地他 1967: 154）と同趣旨の発言をしている。

　この『言語教育学叢書』以降、「言語教育」という理念の下、国語教師との連携が模索され始める。次項では英語関係者と国語関係者の両方が出席し、「連携」の可能性について探った対談・座談会について考察を行いたい。

1.2.3　英語教育関係誌における国語関係者との議論

　これまでに、「連携」をテーマとした対談・座談会は六つ確認されている
が、そのうち四つが 1970 年代に行われたものである[6]。

①岩淵悦太郎ほか「英語教育と国語教育―言語教育としての関連性」(1972)
②若林俊輔・宮腰賢「言語教育としての英語教育と国語教育」(1975)
③外山滋比古・小海永二・剣持武彦「国語教育と英語教育―今こそ協調のと
　き」(1977)
④有川清八郎・宮腰賢・若林俊輔「ことばの教育はここまでしか来ていな
　い」(1977)

　上記の出席者のうち、岩淵と宮腰は国語学者、小海はフランス文学者、剣
持は比較文学者であるが、それ以前に、宮腰は 13 年、小海は 10 年、剣持
は 19 年、中高の国語教師を経験している。それまで「連携」を主張するの
は英語関係者がほとんどであったが、中高の実践現場を知った上で「連携」
という発想に賛同する国語関係者が出て来たのは意義があることであった。
③の座談会の中で小海は、国語教育と英語教育を合わせて「言語教育」と捉
えた上で、その役割について次のように述べる。

> 　言葉を教えるということは、国語を教える場合でも、言葉を客観的に対
> 象化するということなんですね。普段、日常の生活の中では意識的に言
> 葉を対象化しないで言語活動をやってるわけですが、それを対象化し
> て、外側に取り出して、言葉の働きなり、言葉のいろいろな使い方など
> を自覚させていく。これが言語教育の役割だと思うんですよ。
>
> 　　　　　　　　　　　　　　　　　　　　　　　　（外山他 1977: 7）

　外山は小海の考えに賛同しつつ、国語教師と英語教師について、「お互い
に相談したり議論をしたり、例えば、文法に関して英語ではこうなんだけど
国語ではどうかとか、日本語ではこういうことが言えるのかとか、そういう

先生同士のふれあいというのがもっと必要じゃないか」(外山他 1977: 10)と
提案している。①の座談会でも、無着成恭が外山と同趣旨の発言をしている
が、同時に国語教師としての立場から、「英語の先生方にも日本語の文法を
勉強していただきたいです。(中略)そうでないと、日本語と英語という言
語を科学的に比較研究しようとする状況ができませんし、国語の先生方との
対話も成立しないんじゃないかと思います」(岩淵他 1972: 9)と英語教師に
要望している。

　一方、②の座談会で宮腰は、国語教師と英語教師の間に協力体制が生まれ
ない要因について、「隘路になっているのは国語の側かもしれない」(若林・
宮腰 1975: 6)と述べ、国語教師が文学教材を重視し、文法など、言語そのも
のに関する指導を軽視する傾向があることを指摘する。ただし、宮腰は④の
座談会で、「言語教育」の実現に向けた明るい材料として、1976 年 10 月に
教育課程審議会が出した「審議のまとめ」をあげている。この「審議のまと
め」は同年 12 月に「教育課程審議会答申」となり、新学習指導要領の改善
の方向を定めるものとなった。この答申で国語科の「改善の基本方針」は次
のようになっている。

　　　小学校、中学校及び高等学校を通じて、児童生徒の発達段階に応じ
　　て、内容を基本的な事項に精選するとともに、言語の教育としての立場
　　を一層明確にし、表現力を高めるようにする。
　　　その際、小学校及び中学校においては、国語力を養うための基礎とな
　　る言語に関する事項が系統的に指導できるようにし、高等学校において
　　は、それが発展的に指導されるようにする。

　この答申を受け、1978 年版高等学校学習指導要領では国語科の指導内容
に「言語事項」という項が設定された。これは発音・文字・文法の指導を強
化することを求めるものであり、「言語事項」の指導等を通して、国語教育
が「言語の教育としての立場を一層明確に」するという流れは、文法指導を
通した「連携」を目指す上で追い風となりうるものであった。

しかし、実は同じ学習指導要領において、英語科では文法の検定教科書が廃止されることになった（江利川 2012）。③の座談会の中で外山は、この時期の英語教育の状況について、「英語は英語、日本語はなるべく介在させないのが理想である。今はそうなんです」（外山他 1977: 11）、「文法と訳読が今や英語教育の悪者になっているんです」（外山他 1977: 12）と述べているが、このような状況が文法の検定教科書の廃止につながったと考えられる。上記のような、文法指導に時間を費やすのは望ましいことではないという考え方が広まる中、英語教育は 1980 年代を迎えることになる。

1.2.4　まとめ

本節では 1960 年代から 70 年代を対象に西尾・石橋（1967）と、英語教育関係雑誌に掲載された文献について見た。これらの資料に共通しているのは「言語教育」という理念の下で、英語関係者と国語関係者が「連携」のあり方について模索している点であった。これらの文献の中で、両者は互いの状況を説明し合うことで問題点を共有しようという姿勢を見せており、その点に大きな意義を見出すことができる。しかし一方で、議論は互いの問題を出し合うだけで終わってしまうことも多く、文法指導を通した連携についても、議論が深まったとは言いがたい。言語横断的な文法指導を行う上で、英語教育と国語教育の「共通目標」となりうる概念があれば、議論はより具体化したものと考えられるが、この時期にはそのような概念は提出されなかった。

1.3　1980 年代から 90 年代―「メタ言語能力」という概念の登場

1.3.1　概説

前節では 1970 年代の時点で「英語は英語、日本語はなるべく介在させない」という考え方があったことを確認したが、この考えは 1980 年代から 90 年代にかけ、「コミュニカティブ・アプローチ」（communicative approach）という教授法が認知されていく中、さらに浸透していくことになる。この教授法は極力母語の使用を排して目標言語を使用することで、「コミュニケー

ション能力」(communicative competence) の育成を目指すものであり、この能力の育成に向け、1989 年に告示された高等学校学習指導要領では、「外国語で積極的にコミュニケーションを図ろうとする態度を育てる」ことが外国語科の目標の一つに組み込まれた。

　このような流れの中で、言語横断的研究は 1970 年代に比べ少なくなるが、絶えるということはなかった。1980 ～ 90 年代における代表的な研究としては、森住衛他『英語教育と日本語―日本語をいかに利用するか』(1980)、宮腰賢・森住衛「『ことば』を教える―『国語』『英語』を越えて」(1982)、大津由紀雄「言語心理学と英語教育」(1982)、大津由紀雄「メタ言語能力の発達と言語教育―言語心理学からみたことばの教育」(1989)、岡田伸夫「言語理論と言語教育」(1998) などがある。言語横断的文法指導にとって大きかったのは、「メタ言語能力」という概念が提示された点である。この能力の育成は言語横断的文法指導を行う際の目標となりうるものであり、2000 年以降は国語教育と英語教育が連携を行う際の共通目標ともなった。本節ではメタ言語能力に関する代表的文献として大津 (1989) と岡田 (1998) を扱っていきたい。

1.3.2　大津由紀雄「メタ言語能力の発達と言語教育―言語心理学からみたことばの教育」(1989)

　この論文は「一　メタ言語能力とその発達」、「二　メタ言語能力と国語教育」、「三　メタ言語能力と英語教育」、「四　最後に―国語教育と英語教育の連携の可能性」から構成される。まず一において、大津が提示するのは「メタ言語能力」(meta-linguistic abilities) という概念である。これは「脳に内蔵している文法知識を客体化して利用することができる能力」と定義されるもので、国語教育と英語教育の中核的な目標の一つは、このメタ言語能力の発達促進であるべきだと大津は主張する。

　つづく二で指摘されているのは、小学校用の国語教科書において、メタ言語能力の発達という観点から書かれた教科書が少ないという点である。「ことばあそび」という名称などで、メタ言語能力の発達を促す実践例もいくつ

か報告されてはいるが、それらは音韻的側面と形態的側面にほぼ限られていて、統語論的側面、意味論的側面、談話法的側面、語用論的側面に焦点を当てた実践はほとんどないと大津は述べる。そして、国語教育をメタ言語能力の発達という観点から見直すためには、国語教育に携わる者が日本語文法の性質に関する的確な理解を身につけることが必要であると提言する。

三で大津は、自身の考える英語教育の目的を、①英語教育を通して、メタ言語能力の発達を促進する、②日本語と英語という二つの異なった言語体系に関するメタ言語能力を身に付けることによって、個別言語の相対性を理解し、さらに、より一般的に、個別文化の相対性を理解する、③個別文化の相対性を理解した上で、国際的伝達手段として実際に使いうる形での英語力を（可能なかぎり）養成する、の３点に整理する。その上で、①②の目的に関連して、「二つ以上の言語体系が得られている場合には、それらを比較対照することが可能になり、メタ言語能力が発達しやすくなる」（大津 1989: 30）と指摘し、英語と日本語を比較・対照する例として、次のような例文を提示している。

　哲学好きなギリシャ人は議論をたたかわせることがなによりも好きだった。
The philosophical Greeks loved to argue more than anything else.

　大津は上記の例文がいずれも、２通りの解釈を許すという点であいまいな文であることを指摘する一方、英語にはその２通りに対応する関係詞節構造があることを示す。

The Greeks who were philosophical loved to argue more than anything else.
The Greeks, who were philosophical, loved to argue more than anything else.

　このような具体例をあげながら、四では議論のまとめとして、「国語教育・英語教育のそれぞれにおいてメタ言語能力の発達の促進という目的が中

核的なものとして認識されるべきであり、両者の連携もそれを中核として考えられるべきである」(大津 1989: 32)という結論を提示する。国語教育と英語教育のそれぞれがメタ言語能力を育成するだけでなく、その育成を目指して両者は連携すべきである、というのが大津の見解である。

この論考は雑誌『月刊言語』(大修館書店)に掲載されたことから、英語教育だけでなく、国語教育の関係者にも読まれることになった。この大津の論文を踏まえつつ、いち早くメタ言語能力の育成に向けた教材開発を行ったのが国語教育学者・松崎正治である。松崎は「≪メタ言語能力≫を育てる教材の開発」(1991)の中で、中学生を対象に敬語をテーマとして、メタ言語能力を育成する教材を提示している。この松崎(1991)をきっかけに国語教育ではメタ言語能力に対する関心が高まっていき、その後、重要な国語学力の一つと位置づけられるに至っている(浜本 2002)。

1.3.3　岡田伸夫「言語理論と言語教育」(1998)

大津と同じくメタ言語能力の重要性について指摘した論文が、岡田伸夫「言語理論と言語教育」(1998)である。岡田は母語教育と外国語教育を合わせて「言語教育」と捉え、言語教育の目的について考察するため、1989 年版学習指導要領で示された目標を引用する。最初に示すのは小学校国語科の目標である。

> 国語を正確に理解し表現する能力を育てるとともに、思考力や想像力及び言語感覚を養い、国語に対する関心を深め国語を尊重する態度を育てる。

岡田はこの目標について、「国語を正確に理解し表現する能力」を言語運用能力と位置づける。一方、「国語に対する関心」という文言が中学校では「国語に対する認識」、高等学校では「言語文化に対する関心」となっていることを示すとともに、それらは欧米で「メタ言語能力」(meta-linguistic abilities)、「メタ言語意識」(meta-linguistic awareness)、「言語意識」(language awareness)、「言語に対する知識」(knowledge about language)、「文法意識の

高揚」(consciousness raising) と呼ばれるものと重なり合う部分が大きく、言語を運用する上で重要な能力であることを指摘する[7]。

つづいて示されているのは中学校外国語科の目標である。

> 外国語を理解し、外国語で表現する基礎的な能力を養い、外国語で積極的にコミュニケーションを図ろうとする態度を育てるとともに、言語や文化に対する関心を深め、国際理解の基礎を培う。

岡田の分類では、「外国語を理解し、外国語で表現する基礎的な能力」が言語運用能力、「言語や文化に対する関心」が「メタ言語能力」や「言語意識」と呼ばれるものにあたる。岡田はこの目標を大津 (1989) が示した三つの目的（前項参照）と比較し、後者の特徴はメタ言語能力の育成を言語運用能力の育成に優先させていることだと指摘する。その上で、「英語のメタ言語知識を獲得したおかげで英語の運用能力が高まったという経験をもっている人は多い」(岡田 1998: 151) と述べ、「文法好きでも聞けない、話せないという結果にならないよう、メタ言語能力の育成と言語運用能力の育成のバランスをとることが重要である」(岡田 1998: 151) という考えを示す。

以上のことから、岡田もまた大津と同様に、メタ言語能力の育成を母語教育と外国語教育の中核的な目標と位置づけていることがわかる。岡田は論考の末尾で、「母語教育としての日本語教育も、外国語教育としての英語教育も、言語教育という点では同じである。また、日本語を教える人と英語を教える人は別であっても教わる人は同じである。したがって、教える内容に一貫性をもたせるためには、日本語教育と英語教育の連携を図らなければならない」(岡田 1998: 173) と述べ、国語教育と外国語教育が連携してメタ言語能力を育成することを期待している。

1.3.4　まとめ

本節では大津 (1989) と岡田 (1998) が提示した「メタ言語能力」という概念について見た。上述したように、この能力には「二つ以上の言語体系が得

られている場合には、それらを比較対照することが可能になり、メタ言語能力が発達しやすくなる」という指摘があり、その点で言語横断的文法指導により育成する必然性が他の能力よりも高いと言える。メタ言語能力はしだいに、国語教育と英語教育の双方において重要な能力と認識されるに至るが、この能力が「連携」の議論の中で登場した1980 ～ 90年代は英語教育が「コミュニケーション能力」の育成という新たな目標を得て、邁進を開始した時期にあたる。したがって、メタ言語能力の育成を目標とした言語横断的文法指導が注目されることは少なかった。英語教育においてメタ言語能力が脚光を浴び、国語教育と連携して文法指導を行おうという発想が広まっていくのは、2000年以降のこととなる。

1.4　2000年以降―「連携」による言語横断的文法指導の開始

1.4.1　概説

　2000年代に入ると、英語教育では母語の使用を排する教授法への疑問が提示され始める。例えば、吉田研作・柳瀬和明『日本語を活かした英語授業のすすめ』(2003)の中では、「1989年に改訂された学習指導要領で、初めて『コミュニケーション』ということばが使われ、CA (Communicative Approach)が本格的に取り入れられる時代になったように見えました。また、ALT制度の本格的な運用、高校入試におけるリスニング・テストの導入など、徐々に英語の授業は英語で行うのだという考え方が広がっていきました。しかしその結果、果たして本当に日本人の英語力は伸びたのでしょうか」(吉田・柳瀬 2003: iii–v)という問題提起がなされている。このような問題意識は英語授業において母語の役割を見直す動きへとつながっていき、政策提言にも反映されることになった。その代表が2003年に文部科学省が示した「『英語が使える日本人』の育成のための行動計画」であり、この中では「英語によるコミュニケーション能力の育成のためには、その基礎として、国語を適切に表現し正確に理解する能力を育成するとともに、伝え合う力を高めることが必要である」という考えが示されている。

　一方、国語教育では2004年にOECDが実施する国際学力調査「PISA

（Programme for International Student Assessment）調査」の結果が公開され、それにより 15 歳児の「読解力」低下が明らかになった。ここで試された「読解力」とは日本で読解力と考えられてきた能力より広範な概念であり、この調査結果から、教科横断的な言語能力を育成する必要性が認識されるに至った。状況の改善に着手した文部科学省は 2006 年に「言語力育成協力者会議」を組織し、1 年間の審議を行った。そして、翌年に報告書「言語力の育成方策について」をまとめ、「国語科を中核としつつ、すべての教科等での言語の運用を通じて、論理的思考力をはじめとした種々の能力を育成するための道筋を明確にしていくことが求められる」という方向性を提示した。

この「言語力」育成の方針は、次期学習指導要領改訂の議論にも踏襲されることになり、そのまとめとして 2016 年に公開された中央教育審議会答申には、「国語教育と外国語教育は、学習の対象となる言語は異なるが、ともに言語能力の向上を目指すものであるため、共通する指導内容や指導方法を扱う場面がある。（中略）学習指導要領等に示す指導内容を適切に連携させたり、各学校において指導内容や指導方法等を効果的に連携させたりすることによって、外国語教育を通じて国語の特徴に気付いたり、国語教育を通じて外国語の特徴に気付いたりするなど、言葉の働きや仕組みなどの言語としての共通性や固有の特徴への気付きを促すことを通じて相乗効果を生み出し、言語能力の効果的な育成につなげていくことが重要である」（中央教育審議会 2016: 36）と記された。

2000 年以降の特徴はこのような動向を背景として、「連携」による言語横断的文法指導が開始された点である。以下では 2000 年以降の理論的研究について概観した上で、「連携」により言語横断的文法指導を行った実践的研究について見ていく。

1.4.2　理論的研究

2000 年以降の言語横断的文法指導に関して、理論的研究を主導しているのは大津由紀雄である。本項では大津の 2000 年以降の研究の展開を追っていきたい。

大津が 1980 年代にメタ言語能力という概念を提示したことはすでに見たが、2000 年代に入ると、いわゆる小学校英語の問題に関連して論考を発表していく。小学校への英語教育導入に反対する大津は、それへの対案として「言語教育」の構想を提示した。「言語教育」の構想とは、小学校においては母語を対象にメタ言語能力を培い、中学校以降の外国語教育の土台としようという考え方である（大津 2004, 2005, 2006）。2007 年ごろからは、ときにメタ言語能力を「ことばへの気づき」と言い換えつつ、大津は自身の理論の具体化に努めていく。2008 年にはその成果として、日本語学者・窪薗晴夫との共著で『ことばの力を育む』を公刊した。この著書は「理論編」「実践編」「資料編」からなるが、大津の執筆した「理論編」では以下のような図が示されている。

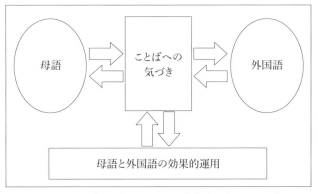

図5　ことばへの気づきと言語教育（大津 2010: 27）

この図で着目されるのは、「ことばへの気づき」と「母語と外国語の効果的運用」の関係性である。メタ言語能力を「ことばへの気づき」と言い換えた場合、「気づかせてどうするのか？」という疑問が生まれやすくなるが、この図から「言語に対して意識的になることで、言語を効果的に運用することを目指している」と考えることができる。一方、窪薗の執筆した「実践編」は 1. ことばの多様性、2. さまざまな言葉、3. 文の仕組み、4. こと

ばの規則と例外、5. 言語の個性とことば、という章立てになっている。文法に関連する 3 は、(1) 語順、(2) 句、(3) 文を横並びにする、(4) 文を重ねる、(5) あいまい文、(6) 文の意味、という構成になっていて、「言語教育」を実践化する上でのアイデアが多く含まれている。

　2010 年に大津は「言語教育の構想」と題する論文を公刊するが、この論文で新しい点は、国語教育と英語教育に加え、日本語教育を考察の対象にしている点である。大津はこの三者の関係を以下のように図示している。

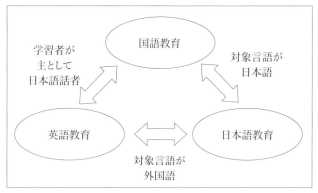

図 6　国語教育、英語教育、日本語教育の関係性 (大津 2010: 1)

　大津は 2005 年の時点で、「言語教育」を実施しようとするとき、「教材開発や教員養成には、英語教育、『国語』教育の知見や文献が役立ちますが、もうひとつ重要な柱として、日本語教育 (日本語を母語としない人々に対する日本語の教育) の存在を忘れてはなりません。この分野には、言語教育に大いに役立つ、興味深い研究成果や実践の蓄積が山ほどあります」(大津 2005: 159) と述べていたが、図 6 はこの考えを発展させたものとなっている。

　「日本語への『気づき』を利用した学習英文法」(大津 2012) では、「小学校段階で児童の母語を利用して育成しておきたい気づきの対象項目 (案)」と題する一覧表が示されている。

文字

母音・子音

文の基本構造

　品詞

　構成素（語のまとまり）

　句

　項構造

　語順

　文法関係

　呼応（一致）

　文埋め込み

関係節（連体修飾節）

　等位接続

文の種類

　平叙文・疑問文

　肯定文・否定文

　能動（態）文・受動（態）文

名詞句

　人称・性・格

　定・不定

代用表現

　代名詞

　代動詞

時制

相（進行形と完了形）

助動詞

法

後置詞（助詞）

情報構造

文章構造

あいまい性

文体

（大津 2012: 192）

　以上の項目は小学校段階を対象としたものだが、中等教育段階で言語横断的にメタ言語能力を育成することを目標としたカリキュラムを作成する際、参考にできるものである。

1.4.3　実践的研究

　公刊された資料に基づく限り、これまでに「連携」の実践を行った学校は少なくとも 11 校ある。以下に示したのは 11 校の学校名、研究年度、共通目標を一覧表にしたものである（このうち 2 校は学校名が明かされていないので、A 高校、B 高校とした。第 7 章で詳述する。本プロジェクトの実践も 7 として含めてある）。

40　柾木貴之

表 4　これまでに行われた「連携」の実践

	学校名	年度	共通目標
1	帝塚山高校	2004–06	論理的思考力・表現力の育成
2	都城西高校	2005–07	ディベート能力の育成
3	尾道東高校	2005–07	表現力の育成
4	昭和女子大学附属昭和高校	2005–07	論理的思考力・表現力の育成
5	高森高校	2006–	日本語・英語の特徴の理解
6	A 高校	2009–10	メタ言語能力の育成
7	東京大学教育学部附属中等教育学校	2011–13	メタ文法能力の育成
8	那須高原海城高校	2014–	メタ言語能力の育成
9	小牛田農林高校	2014–	日本語・英語の特徴の理解
10	香川大学教育学部附属高松中学校	2014–	日本語・英語の特徴の理解
11	B 高校	2014–	メタ言語能力の育成

　どの実践も何らかの形で文法が関わっているが、以下ではとくに言語横断的文法指導と関わりが深い実践として、1 の帝塚山高等学校、4 の昭和女子大学附属昭和高等学校、5 の高森高等学校の実践について簡潔に説明したい[8]。

　帝塚山高等学校は奈良県の私立高校である。同校の実践は 2004 年度から 06 年度にかけ、文部科学省から SELHi（Super English Language High School: 先進的な英語教育の重点課題校）の指定を受けて実施されたもので、研究課題は「英語と日本語を生きた『ことば』として捉え、論理的思考能力に基づく理解力・表現力を育成する教育方法の開発」（帝塚山高等学校 2007: 4）であった。同校が示した以下の「取り組み図式」を参照すると、文や段落の結束性（cohesion）や一貫性（coherence）を言語横断的に指導するという点において、メタ文法能力の育成と関わりが深い実践であることがわかる。

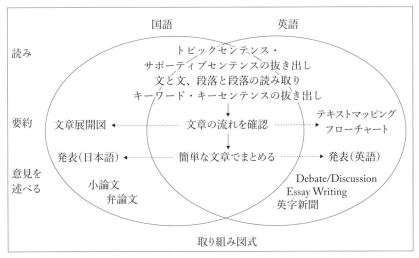

図7　帝塚山高等学校の取り組み（米崎・楳田 2006: 24）

　この取り組みについては竹田（2010）が同校の研究報告書を精査し、担当教員にインタビュー調査を行った上で分析を行っている。それによると、帝塚山高等学校が言語横断的な取り組みを行うきっかけになったのは、「学年が一緒だった英語科教員と国語科教員が読解の仕方について話した際に、読み方が同じであると発見したことによる」（竹田 2010: 17）という。その後、両教員は話し合いを重ねて、「論理的思考能力の育成」を共通目標とすることにした。同時に活動とその指導手順も以下のように共通させた。まず読みでは、両方の科目でパラグラフリーディングを行い、トピックセンテンス、サポーティブセンテンスの抜き出しなどをさせる。次に段落や文章全体の要約をさせ、国語では文章展開図、英語ではフローチャートを作成させる。そして、文章の内容について意見を述べてもらい、トピックセンテンス・サポーティブセンテンスを含む意見文を自ら記述させる。このように国語科と英語科で共通活動を設定した点が帝塚山高等学校の実践の特徴と言える。
　昭和女子大学附属昭和高等学校は東京都の私立高校である。同校の共通目標も「論理的思考力・表現力の育成」であるが、共通活動を設けていない点

で上記の実践とは異なっている。まず国語科の取り組みについて述べると、国語科は文部科学省から2005年度から07年度の3年間、「国語力向上モデル事業」の研究指定を受けた。研究課題は「論理的思考力や表現力を高める指導と評価の工夫」（昭和女子大学附属昭和高等学校 2006: 5）であり、この課題に対する方針の一つが「英語科との連携」である。三年間の研究期間のうち、1年目は「読むこと」、2年目は「話すこと・聞くこと」、3年目は「書くこと」に焦点を定め、各年のテーマはそれぞれ「評論～日本語を考える～」、「評論～ディベートを活用した『聞く』・『話す』授業～」、「小論文～論理的な文章を『書く』授業～」とした。

　一方、英語科は2005年度から07年度の3年間、文部科学省からSELHiの研究指定を受けた。研究課題は「英語コミュニケーション能力向上のための、English Project等教科の学習以外の活動を通した動機付の研究と、基礎英語力の定着と学習習慣の確立の研究」（昭和女子大学附属昭和高等学校 2008: 1）であり、このうち、「基礎英語力の定着と学習習慣の確立」に向けた方針の一つとなったのが「国語科との連携」であった。英語科の取り組みも年ごとに中心的な課題が異なり、1年目は主に「文構造」に注目した。2年目はそれに加えて「文章構造」にも意識を向けさせ、3年目は前年に国語科がディベートを通して「理由」や「結論」といった論理について理解を深めたことを踏まえ、「論理的文章把握」に注目した取り組みを行った。以上のように、結果として国語科と英語科の活動が重複することはあっても、計画の段階では明確な共通活動は定めず、各科の自発性を重視したのが昭和女子大学附属昭和高等学校の実践であった。

　高森高等学校は熊本県の県立高校である。同校は2006年度、文部科学省から「学力向上拠点形成事業」の研究指定を受けたのを機に、授業改革に着手することになった。同校は一学年が約35人であり、担当教員が一人しかいない教科も多いが、その分、異教科の教員間の垣根が低いのが特徴であった。そこで、各教科の関連する内容について異教科間のチーム・ティーチング（TT）を行うことで、生徒の理解を深め、興味・関心を高めようとした。次に示したのは、高森高等学校が作成した「チーム・ティーチングのための

教科相関表」である。

図	チーム・ティーチングのための教科相関表（抜粋）					
	国語	地歴・公民	数学	生物・化学	英語	保健体育
国語		敬語（古文）と天皇の地位		井伏鱒二『山椒魚』とその生態研究	日本語と英語の文構造解析比較（1年・10月）	
地歴・公民	『大鏡』の文面の考察及び平安時代の貴族社会・摂関政治を考える（2年・10月）		為替レートについて（2・3年・11月）	原子爆弾はなぜ落とされたか（ウラン型とプルトニウム型の仕組み）	国際条約の解説と原文の注釈（3年・10月）	スポーツと政治
数学	数学証明の論理と文章展開	ピラミッドと三平方の定理・通潤橋と数学			数学を英語で読む時間	人文字を作るために数字がどう活用できるか
生物・化学	金属イオンの定性分析（化学）と文章理解（国語）による実験（3年・10月）	生態的地位（ニッチ）と地形や気候との関係	酸・塩基の定義と濃度（指数）計算及びpHの定義・求め方と対数の数値処理（2年・11月）		ワトソン・クリックの二重らせん構造に関する論文にふれる（2年・11月）	スキャモンの発育曲線から見たからだの機能の発達（3年・10月）
英語		阿蘇の観光地を英語でガイドする（3年・10月）				英語によるラジオ体操（2年・12月）
保健体育		オリンピック開催都市と歴史・風土・経済の関係について（3年・10月）				
家庭科			食物検定にむけて、食品の質量の比較や食品廃棄率の計算を行う（2年・10月）			

図8　熊本県立高森高等学校の取り組み（熊本県立高森高校 2011: 26）

　国語と英語については、「現代文、漢文、英文の文法の共通点や相違点を示し、文法の構造を理解させること」（熊本県立高森高校 2011: 26）を目標にTT を実施することになった。上記のテーマを選んだ背景には志望理由書や小論文への対策、さらには社会に出てから必要な日本語力の育成が念頭にあったという。この点について、国語教員は「文章には主語、述語があるという基本的な知識の習得が、本校の生徒にとって切実な課題なのです」（熊本県立高森高校 2011: 26）と述べる。一方、英語教員も文法の定着にはかねてから問題意識を持っていて、「生徒の中には『His is 〜』と書く者もいます。『てにをは』の概念すらない生徒もいて、これは単に英語力の問題ではないということを痛感していました」（熊本県立高森高校 2011: 26）と述べている。

このような経緯から、2010 年 10 月、TT による公開授業が行われた。授業では現代文、漢文、英文、それぞれの文章構造の違いに生徒が自ら気付いてほしいという考えから、グループ学習が取り入れられた。生徒は 4 〜 5 人のグループに分かれてプリントに取り組み、現代文、漢文、英文の共通点や相違点について話し合った。この授業の成果として挙げられているのは、国語の期末考査と授業アンケートの結果である。国語の期末考査では、「現代文と英文の違い、漢文と英文の相違点・共通点について説明させる問題を出したところ、多くの生徒が正解した。間違えた生徒も、現代文と漢文を逆に捉えていただけで、授業で取り扱った文章が主語、述語、目的語で構成されていることは理解していた」(熊本県立高森高校 2011: 27) と報告されている。また、授業アンケートには、「英語と国語は違う教科だと思っていたけれど、つながっている部分もあることがわかった」という感想が寄せられたという (熊本県立高森高校 2011: 26)。このような成果から、同校は異教科間 TT を学校の特色とする方向を打ち出し、現在も取り組みを続けている。

1.4.4　まとめ

本項では 2000 年以降を対象に言語横断的研究の概要を見た。近年の大きな特徴としては、「連携」による言語横断的文法指導が開始されている点を挙げることができる。2000 年以前に、英語科と国語科が連携した言語横断的実践がほとんど報告されていないことを踏まえると、これは大きな成果であったと言える。今後は理論をさらに深化・発展させていくと同時に、実践の効果について検証していくことが求められるだろう。

1.5　全体のまとめ

本節では、日本の言語横断的文法指導の歴史を振り返った。この中で明らかになったのは主に、①言語横断的文法指導を通した「連携」についての提言は、明治期から現在に至るまで連綿と存在していること、② 1960 年代から 70 年代にかけて、英語教師と国語教師が言語横断的文法指導のあり方について議論を交わしていること、③ 1980 年代にメタ言語能力という概念が

提示されて以降、言語横断的文法指導の主な目標の一つは「メタ言語能力の育成」と考えられていること、④ 2000 年以降、「連携」による言語横断的文法指導の実践が開始されていること、の 4 点である。

　1.1 節で論じたように日本では長らく、英語教師が国語の知識も持ち、国語と関連づけた指導を行うことが期待されていた。このとき、英語教育はある程度、国語教育としての機能をも果たしていたと言える。しかし、1970 年代頃からしだいに、文法指導や訳読に時間を費やすのは望ましいことではないという見方が広まっていく。その結果、英語教育の国語教育としての機能は低下し始め、それと並行する形で、国語教育との連携を模索する動きが生まれてくる。つまり、本プロジェクトが提示する言語横断的方法は、かつての英語教育が単独で担っていた機能を、国語教育と連携することで維持していこうとするものである。本プロジェクトはこのように位置づけることができる。

　序章で述べたように、現在の英語教育では母語の使用を極力排する教授法が主要な教授法とみなされている。文法指導に関しては、1980 年代以降の「コミュニカティブ・アプローチ」が流暢さを追求するあまり、正確さを軽視したことへの反省から、「コミュニケーション」を行う中で文法にも留意させる「フォーカス・オン・フォーム」(Focus on Form) という指導法が提唱された。その理論と実践については和泉 (2009, 2016)、高島 (2011) の他、佐藤 (2012)、横山・大塚 (2013) といったワークブック的な著作も出て、先行研究が蓄積されてきている。

　では、母語を活かすという点で、それとは逆の方向性を持った本研究に意味がないかというとそうではない。なぜなら、教育において重要なのは、教師が教室で幅広い選択肢を有していることだからである。どんなに「英語授業は英語で」と言われようとも、目の前の生徒の学力や関心を考えたとき、それが最善の方法とは思えない教師も少なからずいるであろう。また、自身の教育理念や得意とする授業法に、「英語授業は英語で」という方法がなじまないということもありうる。さらに、日々英語で授業をしている教師であっても、ときに学習者の集中力が低いと感じられる瞬間もあるはずであ

る。このようなとき、本プロジェクトが提案する指導法は、有効な選択肢の一つとなりうる。

　以上は英語教育の動向を踏まえ述べたものだが、国語教育の動向をも視野に入れた場合、本プロジェクトの意義はさらに大きなものとなる。というのもここ数年で、国語教育においても「連携」に関する研究が活発になってきているからである。例えば、2016 年 5 月に全国大学国語教育学会第 130 回新潟大会では、「これからの国語科教員養成を見つめて（その 2）－国語教育と外国語教育の連携を考える」というテーマでラウンドテーブルが開催され、中村和弘を中心に議論が交わされた。また、2017 年 1 月には日本国語教育学会の機関誌『月刊国語教育研究』（第 537 号）において、「国語教育と外国語教育の連携」という小特集が組まれている。2017 年 3 月に告示された中学校学習指導要領「国語」において、「言語能力の向上を図る観点から、外国語科など他教科等との関連を積極的に図り、指導の効果を高めるようにすること」（文部科学省 2017: 23）と記されるに至ったことを踏まえると、今後、国語教育ではますます「連携」に関する研究が盛んになっていくはずである。

　このような状況の中で、3 年間にわたる国語科と英語科の連携について、その過程をつぶさに記述した本プロジェクトの研究成果は、英語教育と国語教育の双方にとって意味のあるものとなろう。

注
1　本稿は言語横断的文法指導の歴史を記述したものだが、その際、明治期から現在における英文法教育史と国文法教育史を踏まえた。英文法教育史を概観する上でもっとも参考になったのは江利川（2012）である。国文法教育史については井上（1958）、安藤（2002）、山室（2011, 2013a, 2013b）の記述を踏まえている。
2　表 1 は増淵（1981）、大村他（1980）をもとに作成した。
3　橋本進吉『新文典』編纂の背景については、森田（2001）が詳述している。
4　英文法の「補語」（complement）をめぐる歴史については、伊藤（1996）が詳細な記述を行っている。

5 それまでに「言語教育」という言葉を含んだ著作としては、輿水実『言語教育概論』(1940)、E. リンデ『言語教育論』(1941)、西尾実『言語教育と文学教育』(1950) などがある。しかし、これらはどれも母語教育に限定された論となっていて、外国語教育に対する言及はない。一方、1961 年に編集された『岩波講座現代教育学』(全18 巻) では、第 7・8 巻で国語教育と外国語教育の論考が同時に扱われている。この点について編者の波多野完治は、「この講座の大きな特色は、第一に言語教育という広場で国語教育と外国語教育とをまとめて考えたことです。今までそういうことをやった例はないんですね。ですから私は、これは大きな革新だと思います」(岩淵他 1961: 249) と述べている。この記述は、国語教育と外国語教育を合わせて「言語教育」と捉える発想が一般化し始めたのが、1960 年頃であることを示唆するものである。

6 残り二つは、宮腰賢・森住衛「『ことば』を教える―『国語』『英語』を越えて」(1982)、大津由紀雄他「英語教育は国語教育と連携できるか―その基盤を探る」(2006) である。「連携」をテーマとした対談・座談会については框木 (2012) 参照。

7 岡田はこの五つの概念について、それぞれ Hakes (1980)、Tunmer & Bowey (1984)、Hawkins (1987)、Carter (1990)、Rutherford (1987) を参考文献としてあげている。また、これらの概念にも言及しながら、イギリスの言語意識運動 (Language Awareness Movement) の展開について論じた文献に福田 (2007) がある。

8 実践の詳細は、2, 3 については竹田 (2010)、8 については那須 (2016, 2017)、9 については佐々木 (2014)、10 については佐藤他 (2014, 2015) を参照されたい。

参考文献

秋山四郎編 (1894)『中学漢文読本』(全 10 巻)、金港堂書店

有川清八郎・宮腰賢・若林俊輔 (1977)「ことばの教育はここまでしか来ていない」『現代英語教育』13 (11)：pp.2–7. 研究社

安藤修平 (2002)「文法論・文章論・談話論の学習指導に関する研究の成果と展望」全国大学国語教育学会編『国語科教育学研究の成果と展望』pp.368–374. 学芸図書

和泉伸一 (2009)『「フォーカス・オン・フォーム」を取り入れた新しい英語教育』大修館書店

和泉伸一 (2016)『フォーカス・オン・フォームと CLIL の英語授業』アルク

伊藤裕道 (1996)「日本における Complement『補語』成立の一考察」『日本英語教育史研究』(11)：pp.45–80. 日本英語教育史学会

井上敏夫（1958）「文法教育の変遷」『続日本文法講座　第 4 巻』pp.19–56. 明治書院
　　［井上敏夫（2009）『教科書を中心に見た国語教育史研究』渓水社、所収］
岩淵悦太郎・勝田守一・田中実・遠山啓・波多野完治（1961）「言語と学習」『岩波講
　　座現代教育学　第 7 巻　言語と人間 2』pp.248–280. 岩波書店
岩淵悦太郎・無着成恭・村松喬・渡辺慎晤（1972）「英語教育と国語教育―言語教育と
　　しての関連性」『現代英語教育』9（1）: pp.4–10. 研究社
江利川春雄（2012）「学習英文法の歴史的意義と今日的課題」大津由紀雄編著『学習英
　　文法を見直したい』pp.10–25. 研究社
大津由紀雄（1982）「言語心理学と英語教育」『英語教育』31（7）: pp.28–31. 大修館書
　　店
大津由紀雄（1989）「メタ言語能力の発達と言語教育―言語心理学からみたことばの教
　　育」『言語』18（10）: pp.26–34. 大修館書店
大津由紀雄（2004）「公立小学校での英語教育―必要性なし、益なし、害あり、よって
　　廃すべし」大津由紀雄編著『小学校での英語教育は必要か』pp.45–80. 慶應義塾
　　大学出版会
大津由紀雄（2005）「小学校での言語教育―『英語教育』を廃したあとに」大津由紀雄
　　編著『小学校での英語教育は必要ない！』pp.141–160. 慶應義塾大学出版会
大津由紀雄（2006）「原理なき英語教育からの脱却を目指して―言語教育の提唱」大津
　　由紀雄編著『日本の英語教育に必要なこと』pp.17–32. 慶應義塾大学出版会
大津由紀雄（2009）「国語教育と英語教育―言語教育の実現に向けて」森山卓郎編著
　　『国語からはじめる外国語活動』pp.11–28. 慶應義塾大学出版会
大津由紀雄（2010）「言語教育の構想」田尻英三・大津由紀雄編『言語政策を問う！』
　　pp.1–31. ひつじ書房
大津由紀雄（2012）「日本語への『気づき』を利用した学習英文法」大津由紀雄編著
　　『学習英文法を見直したい』pp.176–192. 研究社
大津由紀雄・窪薗晴夫（2008）『ことばの力を育む』慶應義塾大学出版会
大津由紀雄・三森ゆりか・松本茂・山田雄一郎（2006）「英語教育は国語教育と連携で
　　きるか―その基盤を探る」『英語教育』55（2）: pp.10–21. 大修館書店
大村喜吉・高梨健吉・出来成訓編（1980）『英語教育史資料　第 1 巻　英語教育課程の
　　変遷』東京法令出版
岡倉由三郎（1894）「外国語教授新論」『教育時論』（338–340）（附録）. 開発社
岡田伸夫（1998）「言語理論と言語教育」大津由紀雄他『岩波講座言語の科学　第 11
　　巻　言語科学と関連領域』pp.130–178. 岩波書店
岡田伸夫（2010）「大学英語教育と初等・中等教育との連携」大学英語教育学会監修、
　　森住衛・神保尚武・岡田伸夫・寺内一編『英語教育学大系　第 1 巻　大学英語

教育学　その方向性と諸分野』pp.12–20. 大修館書店

金田一春彦 (1997)「橋本進吉伝」明治書院企画編集部編『日本語学者列伝』pp.120–159. 明治書院

熊本県立高森高校 (2011)「英語・体育、国語・日本史―異教科連携の授業で生徒の意欲を喚起」『VIEW21〔高校版〕』2 月号: pp.24–27. ベネッセ

語学教育研究所編 (1943)『外国語教授法』開拓社

輿水実 (1940)『言語教育概論』晃文社

斎藤秀三郎 (1900)『英文法初歩』興文社

斎藤兆史 (2013)『教養の力―東大駒場で学ぶこと』集英社

斎藤兆史 (2016)「訳読のすすめ―日本語の生態系を守るために」『日本語学』35 (1): pp.41–51. 明治書院

佐々木忠夫 (2014)「2014 年みやぎ教育のつどい外国語分科会レポート　国語・英語協同授業の報告―絵本『100 万回生きたねこ』を教材に」『センターつうしん』(77): pp.1–7. みやぎ教育文化研究センター

佐藤明宏・山本恭子 (2015)「英語と日本語とを比較することで、より両方のことばの力を伸ばす (2) アナと雪の女王を使って」『香川大学国文研究』40: pp.1–10. 香川大学国文学会

佐藤明宏・久保明日香・林芸華 (2014)「英語と比較することで、より国語の力を伸ばす (1) ジブリアニメを使って」『香川大学国文研究』39: pp.1–14. 香川大学国文学会

佐藤一嘉編著 (2012)『フォーカス・オン・フォームでできる！　新しい英文法指導アイデアワーク　高校』明治図書

昭和女子大学附属昭和高等学校 (2006)『文部科学省　平成 17・18 年度　国語力向上モデル事業　研究経過報告書』昭和女子大学附属昭和高等学校

昭和女子大学附属昭和高等学校 (2008)『Super English Language High School　平成 19 年度　第 3 年次・平成 17 〜 19 年度　研究開発実施報告書』昭和女子大学附属昭和高等学校

菅井三実 (2012)『英語を通して学ぶ日本語のツボ』開拓社

高島英幸 (2011)『英文法導入のための「フォーカス・オン・フォーム」アプローチ』大修館書店

竹田稔 (2010)「中等教育における英語教育と国語教育の連携に関する考察」『桐朋学報』(58): pp.1–64. 桐朋学園

中央教育審議会 (2016)「幼稚園、小学校、中学校、高等学校及び特別支援学校の学習指導要領等の改善及び必要な方策等について（答申）」http://www.mext.go.jp/b_menu/shingi/chukyo/chukyo0/toushin/__icsFiles/afieldfile/2016/12/27/1380731_00.

pdf（2017.1.4 参照）

津山三郎（1933）「各学科間の連絡と云ふことの意義」広島高等師範学校附属中学校中
　　等教育研究会編（1933）『中等教育の実際　第 5 号　各教科の連絡』pp.1–3. 中等
　　教育研究会

帝塚山高等学校（2007）『Super English Language High School　平成 16 ～ 18 年度　研
　　究開発実施報告書』帝塚山高等学校

東京高等師範学校附属中学校（1910）『東京高等師範学校附属中学校教授細目』東京高
　　等師範学校附属中学校

外山滋比古・小海永二・剣持武彦（1977）「国語教育と英語教育―今こそ協調のとき」
　　『英語教育』25（11）：pp.6–13. 大修館書店

鳥飼玖美子（2008）「真のコミュニケーション能力を培う為に―母語と外国語を繋ぐ言
　　語教育」『学術の動向』13（1）：pp.56–58. 日本学術協力財団

鳥飼玖美子（2015）「2014 年度活動：英語教育と国語教育との連携」中央教育研究所
　　『研究報告　第 83 号　自律した学習者を育てる英語教育の探求 7』pp.5–9. 中央
　　教育研究所

永原敏夫他（1933）「英語科を中心に各科を語る」広島高等師範学校附属中学校中等教
　　育研究会編『中等教育の実際　第 5 号　各教科の連絡』pp.118–129. 中等教育研
　　究会

中村和弘（2017）「国語教育・外国語教育の連携の意義と実践の可能性」『月刊国語教
　　育研究』（537）：pp.28–31. 日本国語教育学会

那須充英（2016）「ことばへの気づきを育てる『百人一首』の指導―英訳百人一首との
　　比較を通じて」『横浜国大国語研究』（34）：pp.48–59. 横浜国立大学国語国文学会

那須充英（2017）「言語を意識化する能力を育てる古典指導―英訳『古事記』を教材と
　　した授業より」『教育デザイン研究』（8）：pp.88–97. 横浜国立大学大学院教育学研
　　究科

西尾実（1950）『言語教育と文学教育』武蔵野書院

西尾実・石橋幸太郎監修（1967）『言語教育学叢書』（全 6 巻）、文化評論出版

野地潤家・垣田直巳・松元寛（1967）「討議　言語教育の本質と目的」西尾実・石橋幸
　　太郎監修『言語教育学叢書　第 1 巻　言語教育の本質と目的』pp.121–188. 文化
　　評論出版

橋本進吉（1931）『新文典』冨山房

橋本進吉（1932）『新文典別記』冨山房

橋本進吉（1936）『新文典上級用別記』冨山房

浜本純逸（2002）「国語学力論の成果と課題」全国大学国語教育学会編『国語科教育学
　　研究の成果と展望』pp.31–38. 学芸図書

広島高等師範学校附属中学校中等教育研究会編(1933)『中等教育の実際　第5号　各
　　教科の連絡』中等教育研究会

藤村作他(1931)「改正中学校令施行細則国語漢文科に関する研究会筆記」『国語と国
　　文学』8(6)：pp.88–112. 至文堂

福田浩子(2007)「複言語主義における言語意識教育―イギリスの言語意識運動の新た
　　な可能性」『異文化コミュニケーション研究』(19)：pp.101–119. 青山学院大学大
　　学院国際政治経済学研究科国際コミュニケーション学会

保科孝一(1949)『国語問題五十年』三養書房

柾木貴之(2012)「国語教育と英語教育の連携史―1970年代・英語教育雑誌における
　　議論を中心に」『言語情報科学』(10)：pp.125–141. 東京大学大学院総合文化研究
　　科言語情報科学専攻

柾木貴之(2015)「国語教育と英語教育の連携前史―1901年から戦前までを対象に」
　　『言語情報科学』(13)：pp.67–84. 東京大学大学院総合文化研究科言語情報科学専
　　攻

柾木貴之(2016a)「国語教育と英語教育の連携前史―戦後から1960年代までを対象に」
　　『言語情報科学』(14)：pp.71–87. 東京大学大学院総合文化研究科言語情報科学専攻

柾木貴之(2016b)「国語教育と英語教育の連携前史―岡倉由三郎の『連絡』の提言を
　　中心に」『国語科教育研究　第131回東京大会研究発表要旨集』pp.385–388. 全国
　　大学国語教育学会

柾木貴之(2017a)「英語学習に生きる国語の力とは―国語教育と英語教育の連携を目
　　指して」『月刊国語教育研究』(539)：pp.4–9. 日本国語教育学会

柾木貴之(2017b)「国語教育と英語教育の連携―実践方法の体系化に向けて」『国語科
　　教育研究　第132回岩手大会研究発表要旨集』pp.103–106. 全国大学国語教育学
　　会

増淵恒吉責任編集(1981)『国語教育史資料　第5巻　教育課程史』東京法令出版

松崎正治(1991)「≪メタ言語能力≫を育てる教材の開発」『国語科教育』(38)：pp.27–
　　34. 全国大学国語教育学会

溝淵進馬(1909)『教育学講義』冨山房

宮腰賢・森住衛(1982)「『ことば』を教える―『国語』『英語』を越えて」『英語教育
　　ジャーナル』3(2)：pp.24–30. 三省堂

森住衛・宮腰賢・節丸恭生・森永誠編(1980)『英語教育と日本語―日本語をいかに利
　　用するか』中教出版

森田真吾(2001)「昭和初期文法教育における『実用』と『知識』―橋本進吉『新文
　　典』編纂の背景」『日本語と日本文学』(33)：pp.53–64. 筑波大学日本語日本文学
　　会

文部科学省（2017）「中学校学習指導要領」http://www.mext.go.jp/a_menu/shotou/new-cs/__icsFiles/afieldfile/2017/03/31/1383995_3_1.pdf（2017.3.31 参照）

文部省（1902）「中学校教授要目」教育史編纂会編（1938）『明治以降教育制度発達史　第 4 巻』pp.193-273. 龍吟社

文部省（1947）『中等文法』中等学校教科書

文部省（1951）「中学校・高等学校学習指導要領　外国語科英語編（試案）改訂版」https://www.nier.go.jp/guideline/s26jhl1/index.htm（2017.3.31 参照）

文部省編（1954）『中学校・高等学校学習指導法　外国語科英語編』明治図書

山室和也（2011）「文法」日本国語教育学会編『国語教育総合事典』pp.596–599. 朝倉書店

山室和也（2013a）「文法論と国語科教育学研究」全国大学国語教育学会編『国語科教育学研究の成果と展望 II』pp.499–506. 学芸図書

山室和也（2013b）「学校文法の歴史」中山緑朗・飯田晴已監修『品詞別　学校文法講座　第 1 巻　品詞総論』pp.28–54. 明治書院

横山吉樹・大塚謙二（2013）『英語教師のためのフォーカス・オン・フォーム入門―成功するタスク＆帯活動アイデア』明治図書

吉田研作・柳瀬和明（2003）『日本語を活かした英語授業のすすめ』大修館書店

米崎里・楳田美惠子（2006）「国語科と連携した英語授業―帝塚山高校の実践から」『英語教育』55（2）: pp.22–24. 大修館書店

リンデ，E.　熊沢龍訳（1941）『言語教育論』育英書院

若林俊輔・宮腰賢（1975）「言語教育としての英語教育と国語教育」『現代英語教育』12（9）: pp.2–7. 研究社

Carter, R（eds.）（1990）*Knowledge about Language and the Curriculum: The LINC Reader*. London: Hodder & Stoughton.

Hakes, D.T.（1980）*The Development of Metalinguistic Abilities in Children*. Berlin: Springer-Verlag.

Hawkins, E.（1987）*Awareness of Language: An Introduction*.（Revised ed.）. Cambridge: Cambridge University Press.

Rutherford, W.（1987）*Second Language Grammar: Learning and Teaching*. London: Longman.

Tunmer, W.E. & Bowey, J.A.（1984）Metalinguistic Awareness and Reading Acquisition. In Tunmer, W.E. & Ptatt, C. & Herriman, M.L.（eds.）*Metalinguistic Awareness in Children*, pp.144–168. Berlin Heidelberg/New York/Tokyo: Springer-Verlag.

2. 中国の英語教育における文法指導の展開と現在

王林鋒

2.1 中国の英語教育

2.1.1 なぜ中国と比べられるか

　歴史的な漢字文化圏の国々で用いられている言語のうち、現在も漢字を用いている言語は、日本語と中国語しかない。我々は、表意文字の漢字と異なる表音文字の英語を学習する際、同じように学んできたのだろうか。また、英語を外国語として学習する環境において、日本と中国とは学校英語教育では同じ能力を目指すのだろうか。これらの疑問を持ちながら、なぜ中国の英語教育事情が常に日本で議論されるようになったのかを探ってみよう。

　一衣帯水の隣国である日本と中国は、TOEFL スコアによって英語力が比較されることが多い。日本に比べ中国の国別平均点が高いことを理由に、日本人よりも中国人の方が英語力が高いと結論づけ、日本は、先行している中国の言語政策を見習うべきだという主張がある。しかし、これは、データの誤った使用である。なぜなら、TOEFL テストを作成する Educational Testing Service (ETS) は、掲載されている平均スコアは受験者個人が、自分と同じ母語・同じ出身国の他の受験者との比較をするためのデータであり、このデータを元に国別のランキングを作ることは認められないと明示しているからである。百歩譲って、母語によるスコアの平均点を対照することにしよう。表1のように、2017 年度においては中国語を母語とする受験者と日本語を母語とする受験者の平均点はさほど大きな違いはないと言える。

表 1　母語による TOEFL iBT テスト平均点 (ETS, 2018)

母語	Reading 30	Listening 30	Speaking 30	Writing 30	Total 120 (満点)
中国語	21	19	19	20	79
日本語	18	18	17	18	71

また、吉田・渡部・根岸・長沼（2004）は、日本・韓国・中国の東アジア圏 3 か国の高校生を対象に英語能力と自己評価の調査を行った。調査において、合計 26 校 13,732 名の生徒にベネッセコーポレーションが開発した「GTEC for STUDENTS 英語コミュニケーション能力テスト」を使用した結果、どの国の受験者の平均点も英語運用能力のグレード 3「英語圏へのホームステイや海外旅行に行って、英語体験を楽しめる最低限レベル」については、顕著な差がないことが明らかとなった。

中国人がすらすら英語をしゃべれるという印象を持つ人がいるかもしれないが、実は多くの場合、話しているように見えても、度胸だけで単調な定型文を話しているのにすぎないではないだろうか。本当に内容があり質の高い討論をしているだろうか。英語学習に費やした時間、精力、お金を考慮すると、日本のほうが、中国より遥かに有意義な方法で英語教育を行っていると言いたい。

2.1.2　中国における英語教育の目標

中国の学校英語教育政策として行われてきた「小学校英語の教科化」、「小中学校において英語で英語を教えること」、「実用コミュニカティブな言語活動を中心に扱うこと」という総合英語運用能力を目的とした指導方針は、2001 年学習指導要領（暫定版）の公布によって、全国的に実施してきた政策である。2011 年に学習指導要領は修訂されたが、先述の政策は変わっていない。2011 年修訂版において、特に強調されたのは、英語課程の価値への再認識、理念と性質の精緻化である（教育部 2012）。英語課程は、国の発展に価値があるだけではなく、学習者自身にも世界理解、キャリア発展、開放的かつ寛容な態度形成、未来社会への参加準備といった方面に関して意義があると位置づけられた。英語課程の理念は、知識本位から個々の主体性を中心とした学者の発展性本位に転換してきた。英語課程の性質は、ただ手段としての道具的な課程ではなく、人文主義と一体化した課程である。人文主義的な英語課程とは、学習者の総合的人文素養を高めることを担っている。つまり、学習者は、英語課程を通じて、視野を広げ、生活経験を豊かにし、

異文化意識を持ち、愛国心を育て、創造能力を発展させ、良好の品格及び正確な人生観と価値観を形成することができる。

そして、義務教育英語課程の総合目標は、学習者の初歩的な総合言語運用能力を培い、英語学習を通じて学習者の知恵・精神発展を促し、総合的人文素養を高めることと定められた。具体的に総合言語運用能力とは、図1のように感情態度、言語知識、言語技能、学習策略、文化意識の五つの項目からなる。各項目ごとの、中学校卒業時の到達目標のレベルを表2で紹介している。

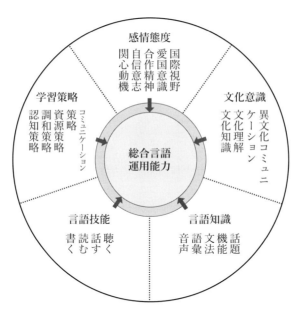

図1　英語課程目標（教育部 2012: 9）

56　王林鋒

表2　中学校卒業時到達目標（教育部 2012: 17）

項目	到達目標
感情態度	明確な英語学習の動機と積極的で自主的な学習態度、自信を持っている。
言語知識・技能	馴染みの話題について聞き取ることができ、討論に参加できる。日常生活に関連する話題について、他人と情報交換し、自分の意見を述べることができる。相応な読み物と刊行物、雑誌を読解でき、知らない単語の意味を推測しつつ大意を理解できる。読解目的に応じて適切な策略を運用することができる。指示に従い、小作文を書き、推敲できる。
学習策略	他人と協力し、問題を解決し、結果報告を行い、タスクを全うすることができる。自身の学習を評価し、学習方法を総括することができる。さまざまな教育資源を利用し、学習することができる。
文化意識	文化の差異についての理解・認識をさらに深めることができる。

　このように、各学年の到達目標が「CAN-DO リスト」の形で示されている。しかし、英語教育を語る際、必ず避けてはいけない重要要素、即ち文法に言及する議論は、意図的に無視されたようである。17 年以上に亘って、中国でこれらの言語政策の効果がどのように受け止められているのかを検討するとともに、文法指導の変遷を軸にし、中国の英語教育の歴史を整理しておく。

2.2　中国人はどのように英文法を学んできたか

　中国の小・中・高等学校においての言語教育は、基本的に国語教育である語文教育と外国語教育である英語教育が主流となっている。文法指導の在り方を概観すると、いずれも、共通した流れがうかがえる。特に英語教育の文法指導の展開では当時の言語教育を巡る議論を鮮明に反映してきた。よって、現在の文法指導の事情を考える際に、振り返って歴史的な転換期を整理する必要がある。

2.2.1 歴史的な観点から見る文法指導の変遷

1949年新中国建国後以来、外国語教育において文法指導への認識は激しく揺れ動いてきた。その理由は、時代の流行に流され、文法指導に関して根本的な問題が捉えられていなかったからだと考えられる。文法の重要性に対して、大まかに三つの展開時期に分けることができる。

第一に、"文法＋翻訳"式の探索時期である。1950・60年代、旧ソ連の影響でロシア語のみを外国語として学校で教える時期があった。その時、基本的にロシア流の自覚対比法、言わば目的語と母語の対比および翻訳を通じて、読解能力の向上を目指す授業が行われた。授業言語は母語で、文法規則の解明が強調され、単語や文型の暗記が重視された。60年代、チョムスキーの生成文法理論によって文法概念への関心がさらに寄せられ、文法知識や規則の重要性が認識されつつあった。

第二に、"淡化文法"の時期である。1970・80年代、社会言語学の発展と共に、ヨーロッパで誕生したコミュニカティブ・アプローチ（communicative approach）が中国の英語教育に大きな影響を与えた。80年代の初めに経済上対外開放政策が実施され、全国的に"英語熱"が広がった。当時、言語の社会属性に注目が集まり、言語の意味、すなわち、言語を使ってメッセージを伝えることに重点が置かれる概念・機能シラバスが紹介された。場面ごとに口頭でコミュニケーションをとる方法により言語参加への意欲が高まり、人気が集まった。しかし、広い範囲でコミュニカティブ・アプローチの推進を進める一方で、読み書きを中心に育む文法翻訳式が捨てられ、"文法無用論"という誤解が蔓延した。

1990年代、大きく発展した第二言語習得の理論が中国国内に輸入され、推進派によって、外国語としての英語教育の基礎理論となった。2001年に国の言語政策である学習指導要領において、英語課程改革の重点が文法知識の過剰重視から実際の言語運用能力の育成に転換すると明示された。そのため、文法を避けて、言及しないという"淡化文法"の傾向がますます強まった。英語教育と同じように、語文教育にも"淡化文法"の潮流が加速した。その変化の発端となったのは、従来の文法指導が行ってきた繁雑な文法規則

や稀な文法形態まで完全無欠を求める方針からの脱出である。文法を静態的に分析することが圧倒的に重視された一方、文法を運用することが無視された。結局、実用にそぐわないまま、文法をテストだけのために学ぶようになった。それを背景にして、"文法無用"、"淡化文法"の主張が浸透した。

第三に、"言語力の無力さ"への反省時期である。21世紀の初頭、第二言語習得理論の仮説を取り入れた国の"淡化文法"政策に対して、まず、英語教育の専門家によって批判が相次いだ。その中、張（2001）は第二言語習得と外国語学習の違いを主張し、海外の理論の導入を優先事項として扱い、国内で積み重ねた経験を活かすことを軽視するというやり方は間違っていると厳しく指摘した。"文法無罪"、文法指導をどのようによくするのかが急務であると主張する研究者は少なくなかった（馬 2004; 胡 2004）。

そして、"淡化文法"の政策を実行するにつれて、学習者の言語力に負の影響がもたらされた（魏 2007; 李・黄 2011）。一見すると"聞く、話す"訓練が増えたが、表面的な決まり文に留まり、正確性に欠けている。また、"読む"スピードは速くなったが、理解の深さが足りない。それに、"書く・翻訳"能力が低下している（姚 2012）。学習者は長年の学習にもかかわらず、英語力の無力さに落ち込んでいる。一方、教師はどのように教えていけばよいのかと迷っている。いわゆる"倍の努力で効果は半分"という現象が英語教育の現場に現れてきた。同様に語文教育において、"淡化文法"による母語力の低下が英語学習へも影響を及ぼすと指摘された（陳 2009; 高 2012）。

2.2.2　教育現場における文法指導の現状と混乱

学習指導要領を全国的に実行して、17年あまり経った今、教育現場の文法指導に相変わらず、問題と困惑が存在している。陳（2013a, 2013b）は、小・中・高等学校の教師 638 名に対し、アンケートによる文法指導の実態調査を行った。教科書の文法内容の不足を補うため、補足資料を常に使うことは、小学校で 42%、中学校で 82%、高校で 100% の教師に共通している。さらに、文法指導に当たる時間は授業時間の 3 割以下に集中している。教師が、文法を授業時間内に扱いづらいのは、英語で英語を教える方策に原因

がある。複雑かつ高度な文法事項を英語で解釈し難いからである。小・中・高等学校の現場の教師が日常に用いる文法指導法は、テキストや会話の重点ポイントを解釈したり、試験の前に文法に特化した時間を設けたり、文法練習問題をやらせたりすることである。これには、20年前とあまり変わっていないやり方がうかがえる。

現場の教師たちが最も直面しているチャレンジは、どのようにして学習指導要領の理念と現実の需要との矛盾に対応するかということである。学習指導要領は、英語によるコミュニカティブな言語活動を通して総合言語運用能力を育成することを提唱している。そのために、教師は、文法を回避し、明示的な文法指導を抑えようとせざるをえない。一方、文法を教えなければならないと常に思う教師は、今の指導方針の基に文法指導をしようとしても、現実の状況に制限されてしまい、理想的な効果が出ない。結局、英語教育の効果が上がらない原因が学生の無勉強や努力不足のせいにされてしまうことになりかねない。

このような混乱した状況に対して、学者、現場の実践者たちが問題点を探る調査や分析研究を行った。そうした中で、新しい視点として、コミュニカティブ・アプローチの適応性が再考され、文法指導とメタ言語能力の重要性が浮かび上がってきた。

2.2.3　混乱から探る文法指導の新しい視点

"淡化文法"政策を実施した結果、学習者の言語力の向上が停滞している。この現状から、文法の重要性が改めて議論の中心となり、これまでの英語指導の主流であるコミュニカティブ・アプローチを批判的に考えるようになった。このように、見落とされてきた問題点から文法指導の新しい視点が生まれた。

第一に、文法とメタ言語の視点である。Klapper (1997, 1998) がコミュニカティブ・アプローチの最も重要な疑問点として提起したのは、文法とメタ言語知識の欠陥である。コミュニカティブ・アプローチが低次的な技能習得に陥り、文法知識やメタ言語知識を系統的に学ぶことを重視していなかった

め、学習者の言語への感知能力が欠けてしまった。したがって、言語生成の潜在能力を引き出すことができない。加えて、学習者の言語への思考や反省のような個人的な学習経験が無視された。大量の目的語材料と接触しても、帰納的に寄せ集めた断片的な学習経験で高度な英語力を身につけることはできない。

劉 (2004) が行った中学・高等学校の英語教師および学習者を対象とした実態調査によると、コミュニカティブ・アプローチより、文法重視の指導法を受けた人の方が読解・翻訳・作文においてのレベルが高いという。原因を分析した結果、文法重視の指導法を受けた人は構文解析、段落構造や文章構築の能力が高いと分かった。即ち、文法とメタ言語に関わる知識が言語能力の総合育成に影響を与えているのである。したがって、今後の言語授業には文法とメタ言語知識の育成が不可欠であると言える。

第二に、母語と目標言語の相互作用の視点である。Macaro (2000) は、母語が目標言語の学習に正の効果があると主張した。限られた時間内に教室で英語を学ぶ初級学習者にとっては、母語が思考言語であり、目標言語の解読をサポートし、言語間のコードスイッチに役立つ。授業において、母語と目標言語の連携を促進し、意識的に両言語の比較を実施することは、学習者の学習意欲を引き出し、系統的な言語知識の獲得を有利にさせ、言葉の理解を深めることができる。Rendall (1998) は、母語の知識が、学習者が共通原則を創造的に運用することを可能にするという点で、目標言語の学習を行うことに積極的な役割を果たすと提唱した。母語の特徴を把握しないままでは、母語と目標言語の間に生じる不一貫性や差異を理解した上で運用することは不可能である。つまり、母語と目標言語を対比させることで、母語習得の経験が目標言語の学習に正の影響を与えるということを授業に活かすべきである。

英語の授業で目標言語のみの使用および効果について、劉 (2004) は英語専攻の大学生を対象に、アンケート調査を行った。129 名のうち 69% の学生は、英語のみで英語を教えることに反対意見を示した。反対者の大半は、中レベルの人ではなく、極端に英語力が高い人か、あるいは、極端に低い人という両極端の英語力を持つ学生たちであった。英語のみ授業の効果に関し

ては、英語力が低い人こそ効果が少ないと答えた。英語のみの授業に賛成した人は効果をあまり感じていないということが分かった。したがって、母語を排斥する指導法は学習者によっては必ずしも有益ではない。授業において、母語と目標言語をいかに連携し、相互的に活かし合うことができるかということが、これからの課題となる。

2.3 中学校英語検定教科書における文法指導の在り方

2.3.1 中国の中学校英語検定教科書の概観

前述した通り、中国の英語教育において、文法指導変遷の歴史および現状に触れてきたが、限定された授業時間の中で、中国の学生が、どのような文法知識や技能をどのように学んでいるかということに、日本の教師は興味を持つであろう。前節で述べたように、多くの教師は、コミュニカティブな言語活動に文法をどのように盛り込むかという点に戸惑いを感じている。その際、身近で最も参考になるのは、教科書であろう。従って、本節は、中国の中学校英語検定教科書における文法指導の在り方を事例によって紹介する。対象となる教科書は、現行学習指導要領（2011 修訂版）に基づき作成され、2012 年度教育部（文部科学省に相当）検定済みの中学校 1 年生のものである。それに、2013 年度検定済みのもう一つの教科書を加え、中学校の英語検定教科書は、全 8 社である。2017 年度現在にも中学校英語検定教科書は、同じくこの 8 社であり、教科書の内容に大きな改訂がなされていない。教科書出版社の拠点は、北京や上海に集中しているが、近年各地域から出版社の参入が教科書市場を一層活性化する傾向がある。

英語教科書は、基本的に題材ごとに単元を設けている。日本の英語検定教科書の題材を考慮し、両国に共通する題材の一つである『家族』に関連する単元（表 3）を選び、文法指導に関わる内容を取り上げ、検討する。中国の学校では、各学年が 2 学期制をとり、教科書が 1 学期に 1 冊ずつ配られ、上冊と下冊合計 2 冊がある。表 3 において、抽出した単元の位置は、上冊と下冊を分けて、置いた順序を示している。『家族』単元の配列が内容の難易度や題材の配置にも関連づけられそうであるが、今回は単元内の文法指導

の在り方を中心に詳述する。中国の英語教科書出版社は、独自に教科書を出版する日本と異なり、海外の大手出版社と連携し、海外の第二言語学習者向けの教材を中国版に改編したりするケースが8社のうち6社に見られた。この点は、中国側の教科書が第二言語の教材に如何に影響を受けたかを考慮する一側面になるであろう。

表3　中国の中学校英語検定教科書に抽出した『家族』単元

出版社	編集連携者	単元タイトル	本単元 / 全単元数		頁数
A 上海外語教育出版社	中国人編集者のみ	People around you	Unit4/10	上冊	11
B 北京師範大学出版社	Pearson Education	Photo of us	Lesson1/12	上冊	11
C 上海教育出版社	Oxford University Press	People around us	Unit1/8	下冊	13
D 人民教育出版社	Cengage Learning	This is my sister	Unit2/9	上冊	6
E 北京仁愛教育出版社	カナダ人編集長	What does your mother do	Topic8/12	上冊	8
F 江蘇訳林出版社	Oxford University Press	Neighbours	Unit2/8	下冊	12
G 河北教育出版社	DC Canada Education Publishing	Family and home	Unit5/8	上冊	16
H 外語教学与研究出版社	Macmillan Publishers	My family	Unit2/10	上冊	6

2.3.2　教科書における単元内文法指導の分析

　教科書において文法を扱う部分が、単元外の要点まとめや復習セクションにもあるが、本節は、文法指導の方法について具体的に論じるため、一つの単元内の文法内容を事例として取り上げることにする。分析視点は、①文法項目および提示、②文法事項の解説、③文法練習問題の三つである。単元内

の文法内容は、文法を明示する見出しの下で単独に設けられたものや、文法を明示せずに総合的な言語活動として取り組まれているものがある。ここでは、単元内に明確に示された文法指導のみを分析の対象とする。

　第一に、文法項目および提示方法を見てみよう。表4に示すように、各教科書の「家族」単元に用いられた文法項目は、統一されていない。過半数の教科書は、時制や人称・指示代名詞を中心に扱っているが、個別に、冠詞や疑問文を扱う教科書も見られる。扱われた時制は、現在形、現在進行形と未来形に分けられる。人称代名詞に留まらず、所有格まで扱う教科書も見られる。この点から各教科書の文法項目には異なる部分があることが分かる。これらの文法項目を提示する方法は、各教科書において三つのパターンが見られる。一つ目は、英語で文法項目の使い方を解説し、例文を提示しているオックスフォード大学出版社と連携した2社の教科書である（付録2、付録3参照）。二つ目は、文法項目とそれを使う例文が明確に提示されず、練習問題だけが設けられる3社である。三つ目は、文法項目を解説することがなく、用いた例文のみを示す他の3社である。表4に示していないが、各教科書の文法項目を提示する位置が、単元の中間あるいは後半に置かれている。文法項目が初めて現れる本文テキストの前後ではなく、言語材料や言語活動を中心に取り組む練習問題と並べ、単元内に盛り込まれている。この点から、中国の教科書が、複数の文法を用いた実例を学習者に体験させてから、文法形式をまとめること、あるいは、文法練習問題を直接出すアプローチをとっていることが分かる。

表4　各教科書における「家族」単元の文法項目および提示方法

出版社	文法項目	提示
A	現在時制：to do, to have got 人称代名詞所有格：mine, yours, his, hers, its, ours, theirs	本文中「Message box」と名付け、例文を表でまとめた。 （付録1参照）

B	人称代名詞の所有格： 冠詞：a, an, the	文法項目が明確に提示されてないが、文法練習問題が設けられた。
C	定冠詞：the	英語での文法解説を加え、例文が提示された。 （付録 2 参照）
D	指示代名詞：this, these, that, those Who 疑問文 人称代名詞：I, he, she, they 複数名詞	This is my friend Jane. That's my grandfather. These are my brothers. Those are my parents. Who's she? She's my sister. Who's he? He's my brother. Who're they? They're my grandparents.
E	Wh 疑問文：what/where 語形成：動詞→名詞 現在時制：do/does	例文の形ではなく、本単元復習セクションに新出文法事項の習得状況を確認する文法練習問題として表示された。
F	未来時制：will, shall & be going to	英語での文法解説を加え、例文が提示された。 （付録 3 参照）
G	現在進行形 人称代名詞	文法項目が明確に提示されてないが、文法練習問題が設けられた。
H	指示代名詞：this, that, these, those アポストロフィ：「'」	Is this your family?　Yes, it is. Are these your grandparents?　Yes, they are. Who's this?　That's my dad. Those are Paul's son and daughter. My dad's parents are on the right.

　第二に、文法事項の解説を見てみよう。中国の英語教科書が、日本の教師にとって、最も不思議だと思われるのは、中国語での文法解説を見かけないことであろう。8 社の教科書において、単元内で文法を解説しているのは、オックスフォード大学出版社と連携した 2 社の教科書しかない。しかも、英語での説明となっている。英語を母語としない学習者に対し、英文法を英語で解説することで、どれぐらい理解させることができるのか、疑問である。英語の学力がそれほど高くない学習者が、母語による文法理解なしで、どうやって、文法問題を解くのかが懸念されている。一方、単元内ではなく、巻末の付録として中国語解説付きの文法まとめを提供する教科書があるが、単元ごとのまとめに加え、文法全体としてのまとめもある。学習者が予

習や復習のために自律的な学習を行う際、これらのまとめを参照すると予想される。授業時間内に教師が文法を解釈する時間が限られる場合、考えられるのは、学習者が、授業外の時間に塾に通ったり、自主的に市販の文法参考書をひたすら読んだりすることであろう。さらに、追いつかない学生は、落ちこぼれになる可能性がある。つまり、学習者に明示的文法知識を与えるような文法解説をせず、言語の形式・機能・規則についての意識的な学習をさせないのであれば、学習者の文法能力を向上させることは困難であろう。

　第三に、文法練習問題を見てみよう。あらゆる総合的な言語学習活動は、文法となんらかの形で緊密に絡んでいる。ここで分析対象となる文法練習問題は、文法項目を明示する見出しの下で特定の文法項目を学習する目的で設けられたものとする。文法練習問題についての詳しい分析は別稿に譲り、本節の目的は、どのような活動が組まれているのかを提示することにする。すべての中国の教科書において、明確に文法練習問題として設けているのは、7社である。唯一、文法練習問題を設定しなかったのは、海外出版社と連携せず、中国人編集者のみで作られたA教科書である。特定な文法項目の学習を目的とする文法練習問題を見かけないが、話す練習や総合的な練習に文法を切り離すことはできない。しかし、文法項目を提示する表やまとめすら、「文法」という見出しではなく、「Message Box」と名付けられている。単独に文法問題を出さないという点や、文法に特化せず、ある意味では、「文法」という言葉を意図的に回避するという点も「淡化文法」の影響だと言える。

　B教科書の文法問題は、文法項目や例文を事前に提示せず、各セッションの中で話す・読解、語彙問題などと並び、単元の中間に出されるタイプである。人称代名詞と冠詞を重点文法として扱っている。人称代名詞を中心に3種類、冠詞について1種類の文法問題が設定されている（例1）。4種類のうち3種類は、文法項目の形式や使い方を穴埋めで問い、文中の空欄に適切な形式を入れさせる方式である。もう一つの文法問題は、文章の中から特定の人称代名詞を抽出し、誰を指すのかを選択肢で選ばせるものである。これらの問題は、単独作業を求め、主に個人の文法知識を考察する文法問題である。

例 1　B 教科書における「家族」単元内の文法問題

Grammar　人称代名詞 / 所有格

☆　**Complete the table with the correct words.**

人称代名詞（主格）	人称代名詞（目的格）	所有格
I		
you	you	your
he		
she		
it	it	its
they		
we		

☆　**Complete the sentences with the correct words from the table.**

1　Who's that man? I don't know_____.
　　What's_____name? Is_____Uncle Bob's friend?
2　My books aren't here. I can't see_____in my room. Where are_____?
3　John and I are brothers. Mary is_____aunt._____like_____a lot.
4　_____name is *Blue Window*. It's my favourite computer Game.

☆　**Who do these words refer to? Read and circle the correct answer.**
　　My cousin Jim has a dog. **His** name is Max. My brother and **I** like him a
　　lot. too. **We** call him and he runs to us. Jim and Max go to the park every
　　evening. That's his favourite time with Max.

1　His　　a) Jim　　　　　　b) Jeff　　　　　　　　c) Max
2　I　　　a) Jim　　　　　　b) Jeff　　　　　　　　c) Max
3　We　　a) Jim and Jeff　　b) Jeff and his brother　c) Jim and Max
4　his　　a) Jim　　　　　　b) Jeff　　　　　　　　c) Max

Grammar　冠詞

☆　**Use correct articles to complete the sentences from the text in the box.**
　　Then complete the sentences below with *a*, *an* or *the*.

1　My grandpa has_____big pet dog. ____dog's name is Dading.
2　My cousin Linlin is_____class leader.
3　My brother Dawei is_____basketball fan.

4   My mum is_____art teacher.

▶ Grammar Summary 2, page 90.

1   There is_____eraser on that desk. Please give_____eraser to Joe.
2   That's_____music room. It's_____very nice room.
3   _____English teacher of Class 1 is Miss Jones. **She** has_____one-year-old son.
4   Look at_____photo! My dad is with____friend from school. He's____old friend.
5   It's five o'clock in afternoon. Let's meet in____hour.
6   This is my family. _____tall boy is my cousin Mark. He's____university student.

　C 教科書の文法問題は、各文法事項を英語で解説し、例文を提示した後に出題されている。問題は、定冠詞 the の三つの使い方を中心に別々に設定されている（例 2）。名詞に再び言及する時に使う the と特定の人を修飾する時使う the の運用を目指す問題は、会話文の例に倣い、図および既定された単語やフレーズを用い、会話文づくりを求める。その上で、新しく作った会話文に基づき、ペアで口頭練習をさせる。それらの練習問題は、学習者が自ら単語から英会話文を作る能力を求めている。そして、楽器や球技の前に使う the を巡る練習問題は、提示された図に従って、文中の空欄に適切な名詞形式を書かせるものとなっている。

例 2　C 教科書における「家族」単元内の文法問題

☆   **In pairs, S1 talks about what *he* or *she* did in the past few days. S2 asks about it. Follow the example.**

1   play/ great computer game/ yesterday/ saving the Earth from aliens

　　S1: I played a great computer game yesterday.
　　S2: What was the game about?
　　S1: It was about saving the Earth from aliens.

2   see/exciting film/ last Saturday/ a visit to the Moon

3   read/good story/ last week/ a man on an island

4   write/ long poem/ last Sunday/ my pet dog

☆ Write down two more conversations like those in A1 (last activity). Then role-play your conversations.

☆ The sentences below are about some students. Complete the sentences. Add the if necessary.

1 Vanessa loves music. She plays_____.

2 Robin plays_____ very well.

3 James's dream is to play _____ in the NBA.

4 Lily is good at playing_____.

5 Linda likes playing_____.

6 Alex plays_____ in the school band.

☆ In pairs, talk about the people in the pictures below. Use the words in brackets to help you. Add *the* if necessary. Follow the example.
S1: What's the man playing?
S2: Which man?
S1: The man in the purple suit.
S2: He's playing the guitar.

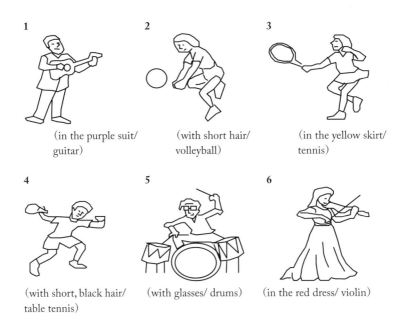

　D教科書においては、単元の中間に「Grammar Focus」というセッションの下で代名詞を学習目標とする例文が提示され、その後3種類の練習問題が設けられている（例3）。3aは会話文に適切な語を完成させる問題、3bは、提示された単語を選び、文づくりを求める問題、3cは、誰かの写真について問答をさせる問題となっている。who疑問文を聞いたり、答えたりさせる問題である。

例3　D教科書における「家族」単元内の文法問題

3a　Complete the conversation and practice it with your partner.
　　A: That_____my family. That's my mother.
　　B: _____he?
　　A: _____my father.
　　B: Who's _____?
　　A: She's_____sister.
　　B: And_____they?
　　A: _____my grandparents.

3b　Look at the picture. Make sentences with the words in the three boxes.

| this
that
these
those | my
your | father　　mother
grandfather　grandmother
parents　　grandparents
brother　　sister |

3c　Bring some family photos to class. Take turns to ask and answer questions about the photos.

Who's she?　　She's my grandmother.

　E 教科書の文法問題は、文法項目やそれを使う例文を提示せず、復習セッションに新出文法事項を確認する問題として提示されている（例 4）。動詞から名詞への語形変化に動詞 do の第三人称を問う 2 種類の問題である。

例 4　E 教科書における「家族」単元内の文法問題

☆　Read through Sections A―C and fill in the blanks with the correct words.
　　Grammar
　　Word Formation

| teach | work | _____ | drive | _____ |
| teacher | _____ | farmer | _____ | actor |

Present Simple: to do

What_____ (do/does) your father do?	He is a cook.
What_____ (do/does) your parents do?	They are office workers.
Where_____ (do/does) he/she work?	He/She works in a hospital.
Where_____ (do/does) you/they work?	I/We/They work on a farm.

第 2 章　日中の英文法教育に関する先行研究　71

　F 教科書は、C 教科書と同じく、オックスフォード大学出版社との連携で作られたものである。文法問題も、同じく英語で文法項目を解説し、例文が提示された後に設けられている。単元内で扱われた文法項目は、未来時制を表す will/shall および be going to の使い方である。この二つの未来時制の使い分けを応用させる問題は、異なる文脈を背景にして作られた会話文に適切な動詞形式を書かせる穴埋め問題である（例 5）。Will/shall の使い方を学習目標とする文脈は、パソコンの修理を求める会話文であり、be going to を使うシナリオは、家族と外出計画を立てる会話文である。異なる文脈で問題を設定することにより、それぞれの使い方を対比することができる。それらの文法問題が、現実的な場面を前提にした伝達内容中心の言語活動と言える。

例 5　F 教科書における「家族」単元内の文法問題

☆　**Asking for help**
Simon's computer is broken. He is asking someone at the community centre for help. Complete their conversation with the simple future tense of the verbs in brackets.

Mr Lin:	Hello, Simon. Do you need any help?
Simon:	Yes, Mr Lin. There's something wrong with my computer.
Mr Lin:	OK. We (1)＿＿＿＿＿＿(ask) an engineer to check it for you.
Simon:	When (2)＿＿＿＿＿＿＿the engineer＿＿＿＿＿＿ (be) free?
Mr Lin:	Well, we (3)＿＿＿＿＿＿(call) him first. (4)＿＿＿＿＿＿you
	＿＿＿＿＿＿(wait) for us to call back?
Simon:	All right. I (5)＿＿＿＿＿＿(wait) for your call. Thanks.
Mr Lin:	You're welcome.

☆　**Planning a day out**
Simon is telling Amy about his plan for a day out with his uncle's family. Help him use the correct forms of be going to to talk about his plan.

Simon:	Hi, Amy. My parents and I are planning a day out with my uncle's family the day after tomorrow.
Amy:	Great! What (1)＿＿＿＿＿＿you＿＿＿＿＿＿(do)?
Simon:	I (2)＿＿＿＿＿＿(buy) some food, and my cousin Annie (3)＿＿＿＿＿＿(buy) some plates and forks.

Amy: What ⁽⁴⁾＿＿＿＿your parents＿＿＿＿＿＿ (do)?
Simon: They ⁽⁵⁾＿＿＿＿＿＿ (bring) some water.
Amy: How about your uncle?
Simon: He ⁽⁶⁾＿＿＿＿＿ (make) a fire.
Amy: And your aunt? What ⁽⁷⁾＿＿＿＿＿ she＿＿＿＿＿ (do)?
Simon: She ⁽⁸⁾＿＿＿＿＿ (cook) some food.

　G教科書では、文法項目およびそれを使う例文の明示がなく、「Grammar in Use」と名付けた練習問題が語彙、聴解、スピーキングの練習問題と並び、復習のセクションに設置されている（例6）。そのほか、単元内に「現在進行形を書く」、「動詞の活用形を書く」という見出しで出された練習問題が文中に穴埋めの形で見られた。復習問題に扱われた文法は、前置詞と現在進行形である。前置詞を対象とする問題は、図に準じて文中に前置詞を書かせるものである。現在進行形を目標とする問題は、文の動詞を現在進行形に変形させる文法ドリルである。

例6　G教科書における「家族」単元内の文法問題

I. Look at the picture and fill in the blanks with the correct position words.
　　This is a living room. Jenny and Danny are watching TV. Jenny is sitting on the sofa and Danny is sitting＿＿＿＿ her. The TV set is＿＿＿＿ the books. Mr. Smith is sitting on the couch. A picture is ＿＿＿＿ the couch. It is＿＿＿＿ the wall. Rover is sitting＿＿＿＿　＿＿＿＿　＿＿＿＿Danny.

II. Rewrite the sentences in the present continuous tense.
　1. They work together. → They are working together.
　2. We make dumplings. →
　3. We sing and dance together. →
　4. I write an e-mail. →
　5. I sit on a chair. →

6. My mum sets the table. →

　H教科書では、「Language practice」というセクションの下で、指示代名詞の例文が提示された後、五つの文法問題を提示している（例7）。人称代名詞とその所有格を線で結ぶ問題や、アポストロフィを使う文の入れ替え問題が設計された。例に倣って、提示された家族写真と情報に基づき、代名詞を用いて紹介文を作ったり、空欄に代名詞を書いたりさせる問題が三つ見られた。

例7　H教科書における「家族」単元内の文法問題

1. Look at the pictures and talk about the families.

Lily's family
Father: doctor
Mother: nurse
Grandfather: farm worker

Jack's family
Father: farm worker
Mother: teacher
Uncle: bus driver

Li Ming's family
Father: actor
Mother: manager
Aunt: nurse

Now write sentences about them.
This is Lily's family. Her father is a doctor and her mother is a nurse. Her grandfather is a farm worker.

2. Look at the picture and complete the sentences with *this*, *that*, *these* or *those*.
1 ＿＿＿＿are my sons, Tom and Alex.
　 ＿＿＿＿is our dog.
2 ＿＿＿＿is my uncle. He's a bus driver.
3 - Is＿＿＿＿man a doctor?
　 - Yes, he is.
4 - Are＿＿＿＿girls students?
　 - Yes, they are.

3. Write sentences.
His father is a hotel manager. (Tony)　　　<u>*Tony's father is a hotel manager.*</u>

1 Her parents are teachers. (Sarah) _____

2 His parents are shop workers. (Wang Hui) _____

3 His mother is a nurse. (Daming) _____

4 Her father is a bus driver. (Lingling) _____

4. Match the words in Box A with the words in Box B.

A　he　　I　　it　　she　　they　　we　　you
　　◯　　◯　　◯　　◯　　◯　　◯　　◯
　　◯　　◯　　◯　　◯　　◯　　◯　　◯
B　her　his　its　my　your　their　our

5. Complete the passage with the correct form of the words from the box.

he　her　his　my　we　our　she　their

Hello! My name is Amy. These are (1)_____friends. (2)_____names are Jack, Lily and Mike. Jack is American.
(3)_____father is a doctor. He is (4)_____family doctor. Lily isn't American. (5)_____ family is Chinese. Mike isn't Chinese. (6)_____is English. Mike's mother is a teacher. (7)_____is our English teacher. (8)_____are her students.

　教科書 B ～ H の文法練習問題を概観して三つの共通点を見出すことがで きる。一つ目は、文法練習問題の位置づけが、単元の中心的な学習内容では なく、四技能を中心とした練習問題と並び、復習問題や確認問題となってい る点である。多くの場合は、文法項目の解説や例文を提示せず、問題だけを 解答させる形である。二つ目は、文法練習問題の種類が文法知識をそのまま 求めるドリル問題形式に集中している点である。特定の文法規則を意識させ る穴埋め問題が大半を占めている。三つ目は、文法練習問題を解く際に、単 独で答えを考えさせる指示が多い点である。稀に用意されているペア活動を 求める問題では、文の一部を入れ替えた対話文を復唱するために設けられて いる。

　本節では、①文法項目およびその提示方法、②文法事項の解説、③文法練 習問題といった三つの視点から、特定の単元内の文法指導を事例として分析 してきた。興味深いことに、オックスフォード大学出版との連携で作られた 2 社の教科書のみが英語で文法の解説を明確に提示しているのに対して、残 りの 6 社の教科書が単元内では文法についての解説を行っていない。1980

年代から台頭した"淡化文法"の影響が、未だに教科書に根強く残っていることが明らかとなった。外国語を習得する際、文法を意図的に"淡化"することは、コミュニケーション中心主義が行き過ぎた結果だと言える。

"淡化文法"の結果として、学習者が"倍の努力で効果は半分"という英語学習に対する無力感が生じている。言語学習に対する無力感は、英語教育だけではなく、国語教育にも波及している。このような状況に応じて、中国では、新しいアプローチとして、ことばの教育という観点から、国語と英語が連携する文法指導の在り方を探ることが喫緊の課題となっている。

付録 1: A 教科書における文法項目の提示

Box 1

Positive statement	Negative statement	Question	Answer
I (You) study English.	I (You) do not (don't) study English.	Do (Don't) you (I) study English?	Yes, I (you) do. No, I (you) do not (don't).
He (She) studies English.	He (She) does not (doesn't) study English.	Does he (she) study English?	Yes, he (she) does. No, he (she) does not (doesn't).
We (You, They) study English.	We (You, They) do not (don't) study English.	Do you (we, they) study English?	Yes, we (you, they) do. No, we (you, they) do not (don't).
I (You) have got a pen.	I (You) haven't got a pen.	Have you (I) got a pen?	Yes, I (you) have. No, I (you) have not (haven't).
He (She) has got a pen.	He (She) hasn't got a pen.	Has he (she) got a pen?	Yes, he (she) has. No, he (she) has not (hasn't).
We (You, They) have got pens.	We (You, They) haven't got pens.	Have you (we, they) got pens?	Yes, we (you, they) have. No, we (you, they) have not (haven't).

Box 2

Question	Positive statement	Negative statement with contractions
What do you do? *Where do you work?* *Where do you live?*	*I am a driver.* *I work in a factory.* *We live near London.*	*I'm not a driver.* *I don't work in a factory.* *We don't live near London.*
What does he do? *What does she do?*	*He teaches French.* *She drives a taxi.*	*He doesn't teach French.* *She doesn't drive a taxi.*

Box 3

I → my → mine	*It's my money.*	*It's mine.*
we → our → ours	*It's our money.*	*It's ours.*
you → your → yours	*It's your money.*	*It's yours.*
he → his → his	*It's his money.*	*It's his.*
she → her → hers	*It's her money.*	*It's hers.*
they → their → theirs	*It's their money.*	*It's theirs.*

付録 2：C 教科書における文法項目の提示

Grammar

A   The definite article *the*

We often use *a* or *an* in front of a singular, countable noun when we mention it for the first time. Then we use ***the*** before the noun when we mention it again.

Sara found **an** interesting photo yesterday. **The** photo was of her Grandpa.

We also use *the* to talk about something that is the only one of its kind.

The Sun is shining brightly.

There were lots of Stars in the sky last night.

B   Using *the* with the verb *play*

After the verb *play*, we sometimes put *the* before a noun, but sometimes we do not.

He plays **the** guitar/ **the** piano/ **the** violin.

He plays basketball/ football/ table tennis.

Work Out the Rule

After the verb play, we put *the* before the names of (musical instruments/ sports), but we do not put *the* before the names of (musical instruments/ sports).

C   Using *the* with a phrase to describe a particular person or thing

We can use *the* with a short phrase to describe a particular person or thing.

第 2 章　日中の英文法教育に関する先行研究　77

The	girl **with glasses** is Joyce's best friend.
	man **in the black** coat is our English teacher.
	woman **with** long, **straight hair** is Mrs Zhang.
	factory **near my home** is very noisy.

付録 3：F 教科書における文法項目の提示

Tip:
We usually use will.
We only use shall
with I or we, and this
usage is becoming
old-fashioned.

I will/shall
= **I'll**
I will not
= **I won't**
I shall not
= **I shan't**

Grammar

A　Simple future tense with *will* and *shall*

We use will or shall when we talk about

1　things that are sure to happen in the future:
　　It **will** rain this afternoon.
2　plans that we are making now:
　　I **will** take an umbrella with me.

We make positive and negative sentences using the simple future tense like this:

I/We	**will (not) / shall (not)**	
You/They/He/She/It	**will (not)**	**go**

We ask and answer questions using the simple future tense like this:

Will/Shall	I/we	
Will	you/they/he/she/it	**go?**

Yes,	I/we	**will/shall**	**No,**	I/we	**will not/shall not.**
	you/they/he/she/it	**will**		you/they/he/she/it	**will not.**

Tip:
We often use
some time
expressions
when we talk
about the
future.
this afternoon
tonight
tomorrow
the day after

B　Simple future tense with *be going to*

We use be going to when we talk about

1　something we decide to do:
　　*I am going to **visit our new neighbours.***
　　*She is going to **watch the film next Friday.***
2　things that will probably happen:
　　*It is nine o'clock. **We are** going to **be late.***
　　*It is so cloudy. **I think it is** going to **rain.***

We ask and answer questions with **be going to** like this:

Am	I			
Are	you/we/they	**going to**	have a party	tomorrow?

Tip:
When we use *be
going to* without a
time expression, we
are talking about
the near future.

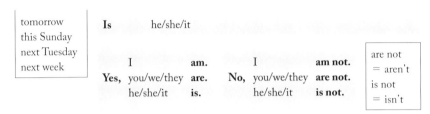

注：本文中に事例として挙げられた練習問題およびイラストは原作をもとに筆者が作成した簡易版である。

参考文献

Klapper, J. (1997) Language Learning at School and University: The Grammar Debate Continues I. *Language Learning Journal* 16: pp.22–27.

Klapper, J. (1998) Language Learning at School and University: The Grammar Debate Continues Ⅱ. *Language Learning Journal* 17: pp.22–28.

Macaro, E. (2000) Issues in Target Language Teaching. In Field, K. (eds.). *Issues in Modern Foreign Language Teaching*, pp.171–189. London: Routledge.

Rendall, H. (1998) *Stimulating Grammatical Awareness: A Fresh Look at Language Acquisition*. London: CILT.

ETS (2018) Test and Score Data Summary for TOEFL iBT Tests of 2017. Retrieved from https://www.ets.org/s/toefl/pdf/94227_unlweb.pdf ［Accessed 16 August 2018］.

陳力 (2013a)「英語文法指導的困境与突破（一）―基礎教育英語課程改革十年回眸」『基礎教育外語教学研究』8: pp.10–14.

陳力 (2013b)「英語文法指導的困境与突破（二）―基礎教育英語課程改革十年回眸」『基礎教育外語教学研究』9: pp.17–23.

陳暁蘭 (2009)「淡化文法教学的後果与対策」『学理論』7: pp.187–188.

高飛宇 (2012)「分析中学校淡化文法教学的現象」『語文学刊』11: pp.165–166.

胡春洞 (2004)「教授訪談録」『基礎教育外語教学研究』8: pp.11–15.

吉田研作・渡部良典・根岸雅史・長沼君主 (2004)「日・韓・中の英語教育の現状と今後の課題―学生 CAN-DO/ 英語教員意識調査より」『英語教育』53 (8): pp.66–72. 大修館書店

教育部 (2012)『義務教育英語課程標準 2011 年版』北京師範大学出版社

李文莉・黄成友 (2011)「対中学校語文淡化文法教学的思考」『科教文汇』7: pp.85–86.
劉風山 (2004)「交際法外語教学中的幾点新思考」『基礎教育外語教学研究』2: pp.23–27.
馬俊明 (2004)「教授訪談録」『基礎教育外語教学研究』1: pp.11–13.
魏巍巍 (2007)「淡化文法教学的冷思索」『語文建設』6: pp.57–58.
姚暁琳 (2012)「英語教学不該淡化文法」『海外英語』21: pp.66–67.
張正東 (2001)「外語教学与第二語言教学的差異 (上)」『中小学外語教学』710: pp.1–3.
上海外国教育出版社 (2012)『義務教育教科書英語 7 年生上冊』
北京師範大学出版社 (2012)『義務教育教科書英語 7 年生上冊』
上海教育出版社 (2012)『義務教育教科書英語 7 年生下冊』
人民教育出版社 (2012)『義務教育教科書英語 7 年生上冊』
北京仁愛教育出版社 (2012)『義務教育教科書英語 7 年生上冊』
江蘇訳林出版 (2012)『義務教育教科書英語 7 年生下冊』
河北教育出版社 (2012)『義務教育教科書英語 7 年生上冊』
外国教学与研究出版社 (2012)『義務教育教科書英語 7 年生上冊』

第3章

英語科教員による実践

1. 日本語と英語の文法を比較してメタ文法能力を育成する

越智豊

1.1 授業の背景

　本章では、本プロジェクトの実践の場として第1章で紹介されている東京大学教育学部附属中等教育学校における英語の授業実践例を解説していく。本章1.1では、高校2年の授業について、授業者の視点と授業者から読み取った生徒たちの受け止め方を説明する。本章1.2では、実践を踏まえた上で今後メタ文法を意識して行う教材文と授業例の提案をしていく。

　これまでの授業を振り返り、授業後に生徒たちの意見を聞くと、英語の授業を英語だけで行うことを続けた場合、何が行われているかわからないまま授業が進んでいるとか、授業で学んだ事柄に自信が持てないという声があった。そういった生徒たちから出される意見には、聞き取れないままに授業が進むことへの不安や、それに伴う劣等感がつきまとう。授業で習うフレーズなどを使える部分があったとしても、まねをしているだけで、理解して次に応用できるという実感がもてないという意見もあった。こうした英語から遠ざかる気持ちを解消するためには、英語の仕組みがわかり、自分で組み立てることができるようになることが必要だと考える。英語が苦手だと思う生徒は、わからない単語が多いからだと思い込み、単語を暗記しようとするのだが、その単語の並べ方がわからなければ、意味を成す、相手に通じる文は作

れない。また、文の構造がわからなければ、次に来る言葉も予想ができず、相手の意図を汲み取って聴き取ることも叶わない。

今回のメタ文法プロジェクトでは、自分たちの母語である日本語と、外国語として学び取ろうとする英語の構造上の類似点と相違点を意識的に対照させることによって、言語そのものに対する興味を呼び起こし、今まで以上に書き手や話し手の意図を理解し、また、相手にわかりやすく伝えることができる文章を書き、話すことができるようになるきっかけを作ろうとするものである。英語の教師として、まずは生徒たちに日本語と英語の並べ方の違いを認識してもらい、それは一つひとつの言葉や言語そのものが持つ性質によるものであることに気付いてもらうことから始めたい。

1.1.1 2012年度の授業から

高校2年生40名（男子20名、女子20名）の英語IIの授業の中で、今回はメタ文法を意識した特別な授業として組み込むことにした。文法の中でも日本語と英語の構造上の違いを表すものの代表例として「語順」を取り上げた。教科としての国語で言うところの「かかりうけ」と英語で言うところの「修飾・被修飾の関係」に焦点を当てると、言葉の置き場所の前後関係がそれぞれかなり異なって見えてくる。語順の問題を、日本語と英語の双方向からアプローチすることで、生徒たちが言語そのものの持つ構造上の違いに気付き、学ぶ際に共通する留意点を探り、有効に学習を進められるようになることを目的とした。各クラスで、4人1組のグループによる作文活動という方法を取った。

目標とするところを次に挙げておく。

1. 日本語と英語の構造上の違いに関心を持つ。
2. 日本語と英語の文を解釈する方法について具体例を通して学ぶ。
3. 日本語と英語で文を作る場合に、気を付けなければ正しく意図が通じない点を認識し、応用できる力を身につける。
4. 他の言語に関しても、「かかりうけ」ないし「修飾・被修飾の関係」の

第 3 章　英語科教員による実践　83

ような構造にその言語の特徴が表れることを知り、学習を有効に進められる
ようになるための予備知識を得る。

1.1.2　授業例（1）

授業の概要

　『井上ひさしと 141 人の仲間たちの作文教室』（井上ひさしほか（2001）、新
潮文庫、p.159）に「黒い目のきれいな女の子」を例にとり、この表現にさま
ざまな解釈があり得ることを示す部分がある。今回日本語と英語の構造上の
類似点と相違点を扱うにあたり、プロジェクトチームではこの表現に着目し
た。日本語で言うところの「かかりうけ」の受け取り方によってたくさんの
意味解釈が生まれる訳だが、さらに英語に書き換えた場合、複数の英文が生
まれることが予想される。そこで、この文を題材とすれば、生徒たちはさま
ざまな解釈が生まれる思考過程を経験し、共有することによって、日本語と
英語の構造上の特徴に気付いてくれるのではないか、という目論見である。
でき上がった訳文を記述したり、他の生徒たちに説明したりすることで、さ
らにメタ文法的意識が芽生えることを期待した。授業者としては、作業の指
示は明確にしつつも、あからさまに誘導せず、生徒たちが自ら話し合いや作
業の中で目標に近づけるように留意して授業を進めた。

授業の流れ

1.　「私は黒い目のきれいな女の子に会った。」を英語にすることを告げた。
2.　グループごとに以下のものを配布した。

　　①封筒に入った英単語のカード
　　　I / met / a / beautiful / girl / with / black / eyes /.
　　　who / had / whose / were / was / and / her / , / ,
　　②ホワイトボードとマーカー
　　③作文を書きとめるためのワークシート

上記のものを配布し、「私は黒い目の美しい女の子に会った。」の英訳をグループで行った。置き換えが可能なカードを用いるのは、グループ活動において、主導権を握った生徒の意見だけが優先されることを避けるためである。複数の生徒がカードを取り換えながら別の組み立ての文を構成していくことで、思考の過程を共有することができるように準備した。その結果、

I met …
　　a girl with beautiful black eyes / a girl whose black eyes were beautiful
　　a beautiful girl with black eyes / a beautiful girl whose eyes were black
　　a black girl with beautiful eyes / a black girl whose eyes were beautiful
　　a child of a woman with beautiful black eyes / a child with black eyes, of a
　　beautiful woman

など、幾通りもの英訳ができた。さらに今回の場合、同じ意味で解釈した場合でも、前置詞を使うか、関係代名詞を使うかで異なる文に仕上げられるように仕掛けていたが、グループによってたどり着く順序はさまざまであった。ホワイトボードは、言葉でリードする役割りを担う生徒とは別に、記述して合意形成する役割りを持つ生徒が生まれることで、参加意識を高める効果を期待していたのだが、実際にはリーダー的な生徒が話と記述をほぼ独占してしまうケースも見受けられた。しかしながら、複数の文が作られる可能性に気付いてからはほとんどの生徒がカードの組み替えに参加していた。
　その後、他のグループが作った英訳を再び日本語に訳し直す作業へと移行した。これは意味解釈の多様性を考えさせるばかりでなく、言葉の順番を否応なしに換えなければ日本語に置き換えられないことを体験してもらうためである。そこで出た結果が次のような例であった。

「私は、
　　　美しい黒い目をした女の子　　／　　美しい黒い目を持った女の子　　／
　　　黒い目をした美しい女の子　　／　　目が黒い美しい女の子　　／

美しい目をした黒人の女の子 ／ 目の美しい黒人の女の子 ／
美しい黒い目をした女の子ども ／ 美しい女の黒い目をした子ども
に会った。」

　この経験を踏まえて、生徒たちが気付いたことを記述したものを挙げてみ
ると、
・「日本語の順番と英語の順番は違う」
・「日本語の形容詞は前から後ろの名詞にかかるが、英語は前置詞や関係詞
　などを伴って後ろから名詞を修飾することがある」
・「かかり具合が幾通りもあるような書き方をすると両言語間で受け取り方
　に誤解を生む可能性がある」
　などであった。
　授業者の観点から言うと、自分があからさまに述べなかった日本語と英語
の修飾・被修飾の語順の違いに生徒たちが気付いてくれたことはうかがえる
が、メタ認知やメタ文法といった言語全体の次元で応用の利く体験を持って
もらえたかどうかまでは定かではない。

授業での生徒の様子に対する考察
　カードを使って文のヴァリエーションを考えている場面では、グループ内
のあるメンバーがカードを入れ替えることをきっかけに、他のメンバーは異
なる組み合わせを考え、さらにカードを入れ替えていた。この間の意見のや
り取りを通じて、生徒たちは答えが固定されているものでないことを認識して
いった。でき上った文を発表する場面では、黒板に書き出される答えが解釈
として許容される範囲であるかどうか、自分たちの答えと見比べながら、そ
の妥当性を考える様子が見られた。発表者とのやり取りを通じてさらに他の
可能性を考えだそうとする姿も見られた。

今後授業を組み立てる場合に考える要素
1.　日頃「和文英訳」として取り上げられるような作業では、でき上がった

英語の良し悪しが話題となり、日本語の構造と英語の構造を比べて意識することは少ない。それに対して言葉の順番を入れ替えると文全体の意味が変わってくるようなケースを取り入れることにより、言語間の構造上の違いに関心を呼ぶことができるように授業の組み立てを考える。

2.　一斉授業で教師が問いと答えの解説をする場合、生徒たちは解法を手引きされるので、思考の段階は与えられたものをなぞることになる。グループになり、いくつかの解法を比べ合うことで、自ら複数の解答を思い浮かべ、その妥当性を考え、文法というルールを体験的に身につけることができるような授業の組み立てを考える。

3.　カードの並べ替え、ホワイトボードやワークシート、黒板への書き写しといった段階を経ることによって、生徒たちが答えのヴァリエーションに気付けるような授業の組み立てを考える。

4.　他の教科との横断・連携を想定する。他教科で扱われる内容を英語で表現する際に、英語を媒体とすることで、これまでとは異なる要素に気が付くように授業の組み立てを考える。例えば英語で示すことで日本語では省略されがちな主語を明確にし、主述のはっきりした行為を表すこともあるであろうし、また、命令文にすることで、簡潔な表現にそろえることができるかもしれない。あるいは同じ対象を表したとしても、日本語と英語では受ける印象が異なることについて考えることもメタ認知的には大切な要素であると考える。

1.1.3　授業例（2）

　高校 2 年の英語 II の授業の一環で、特別に組まれた単独の授業ではなく、今度は教科書の章に即した形で、メタ文法を意識した授業を行った。普段の授業にもメタ文法的意識が定着するように、教科書の単元は予定通りに行う中で、手法は前項のカードとホワイトボードを使ったやり方を踏襲した。

授業の概要

　インスタントラーメンを題材にした章（*Prominence English II* 、東京書籍、

2013–2016）において、グループで「オリジナルのラーメンを考える」とい
うものである。単語のカードはその章で扱う語彙［instant / noodles / tomato
/ cheese / flavor (ed) / spicy］を用意したが、文を構成するために必要な語
は、ホワイトボード上に書き込んで補ってよいことにした。ラーメンを想定
する際に、名詞の noodles をいかに形容するかで、修飾・被修飾の関係を含
んだ文を生み出すことになる。また、他のグループが表現した案を日本語に
したり、英語にしたりすることで、さらに日本語の「かかりうけ」の関係も
使うことになり、さまざまな例文が登場することで、英語と日本語の構造上
の特徴に気が付いてもらえるように授業を組み立てた。

授業の流れ
1.　グループに単語のカード［instant / noodles / tomato / cheese / flavor (ed)
　/ spicy］とホワイトボード、マーカーを配った。
2.　各グループで、カードを使うことを想定しながら、日本語でオリジナル
　のラーメンの案を考え、ホワイトボードに書き出してもらった。
3.　各グループは、自分たちで作ったラーメンの日本語の案に基づく英文の
　案を、単語のカードを並べ、必要な語をホワイトボードに書き加えなが
　ら完成させていった。
4.　二つのグループを指定し、ホワイトボードに書いた自分たちの案を他の
　グループに対し、口頭発表してもらった。

　まず、一つ目のグループは、英訳し終わった案 "tomato flavored spicy instant
noodles with cheese" を示し、他のグループにそれを日本語に訳してもらっ
た。他のグループが作った和訳例は、「トマト風味のスパイシーなチーズ入
りインスタント麺」で、出題者のグループが考えていた元の日本語「トマト
風味のスパイシーインスタントヌードル（チーズ入り）」とさほど変わらな
いものであった。
　そこで、二つ目のグループには日本語のまま出題してもらい、他のグルー
プが英訳した。

日本語による出題は「トマトとチーズでピザ味カップ麺」であったのに対し、今度は語順の違いが目立つ英訳となった。

他のグループ英訳例1：Pizza Noodle with tomato and cheese in cup
他のグループ英訳例2：Tomato and cheese pizza taste cup-in noodles

であった。つまり、名詞句に対して修飾する部分が後ろに置かれるものと前に置かれるものの違いが生まれた。これは日本語と英語の語順の違いばかりでなく、英語の名詞修飾の方法にも多様性があることを示すことになった。

授業での生徒の様子

　いずれも前後の修飾・被修飾の関係を表すことに苦心していた。名詞を修飾する場合に修飾語句の配置を名詞の前にするか、後ろにするかで意見が分かれ、調整に時間がかかり、カードを動かす手が止まることもあった。名詞句が修飾語句を伴って長くなると、修飾と被修飾の関係が複雑でわかりにくくなり、メンバーの間でも互いの理解を得るのに時間がかかるようだった。メンバーの誰かが前置詞か関係代名詞の二つのうちどちらかを使うことをきっかけにカードがつながっていく様子が見られた。

今後授業を組み立てる場合に考える要素

1. 修飾・被修飾の関係を表す際に語順が影響を及ぼし、さらに日本語と英語の間では品詞だけでなく語の配置によって意味の違いが生まれることを意識させるように例題を提示し、授業を組むように考える。
2. 幾通りかの解釈が生まれるような文は誤解を生じやすい。そのことに気が付かせるばかりでなく、二つの言語の間を翻訳のようなかたちで往復させることにより、曖昧な表現から明快な表現へと改善できるように授業の組み立てを考える。
3. 日本語と英語の主語の立て方の違いを意識させることで、双方の言語において理解されやすい文を作れるように授業を組み立てるよう考える。

第 3 章　英語科教員による実践　89

1.1.4　授業例（3）

　高校 2 年の授業で、関係代名詞の制限的用法と非制限的用法を扱う場面において、メタ文法を意識させながら例文を比較していった。この場合、日本語訳は英文の意味解釈の確認のためだけに扱うのではなく、学校文法でよく便宜的に使われる、日本語にも誤解を招きやすい修飾・被修飾の関係が生まれていないかを確認することとした。英語のカンマ (,) の用い方で表す意味合いが違うばかりでなく、それを表す訳文も日本語として自然な表現であるように考えることで二つの言語の持つ構造的違いを意識させていくことにした。

授業の流れ

　関係代名詞の制限的用法と非制限的用法を含む英語の例文を提示した。その後、例文を日本語に訳し、さらに訳文から英語を作文し直すよう指示した。

英文例 A：He has two daughters who live in Osaka.
日本語訳例 A：「彼には大阪に住む 2 人の娘がいる。」
英文例 B：He has two daughters, who live in Osaka.
日本語訳例 B：「彼には 2 人娘がいて、大阪に住んでいる。」

　英文例 A では彼に何人の娘がいるかわからないが、娘全員のうち 2 人は大阪に住んでいる。それに対し、英文例 B では彼には娘は 2 人しかいない。その娘たちは 2 人とも大阪に住んでいる、ということになる。それが通常の英語の授業の理解度を図る説明である。しかしながら、日本語訳例 A「彼には大阪に住む 2 人の娘がいる。」を通常聞いたとき、日本語訳例 B との区別をもって聞くだろうか。答えを出した時点で、再度生徒たちに疑問を投げかけてみた。

授業での生徒の様子

　英文法の例題として、関係代名詞の制限的用法と非制限的用法の訳出に経

験がある生徒たちは、カンマ(,)の有無によって日本語のパターンを使い分けて答えていた。意見交換はもっぱら娘の人数の可能性に集中して、それがわかる日本語の訳を例文Bでは考えようとしていた。しかし、再度日本語訳例Aに話題を戻してみると、「むしろ英文の筆者自身がBの場合のように娘の人数に対してそれほど意識を持っていないのではないか」とか、「前後に文がないと、この二つの文は比べられないな。」とか、「Aは修飾・被修飾がセットになっているのに対して、Bは意識が前から後ろに流れているよな。」とか、「Bの方は、なんだか2人とか、大阪とか、強調されている感じがする。」など受験勉強の技術を超えた考察が見られた。

今後授業を組み立てる場合に考える要素

1. 文法事項の例文を扱う際に、英語と日本語を双方向から考えることで、両言語の持つ「かかりうけ」や「修飾・被修飾」の関係に関心を持たせることができるように授業を組むことを考える。
2. ある事象を英語と日本語の双方向から表現してみることで、日本語と英語の構造的違いを感じ取り、より文法に関心を生むような授業を組んでいく。

1.1.5 授業例（4）

これまでと同じ高校2年生の英語の授業で、過去形と現在完了形を比較した。これまでの学校英文法では、過去形の訳を「～した。」と表現するのに対し、現在完了の訳語を「～し終えた。」とか「～ことがある」、「～したことになる。」などと訳し分けてきた。しかしながら、実際には日本語で「～した。」にあたるような場面でも、語り手が表したい状況によって過去形で表現されるときと現在完了形で表現されるときがある。にもかかわらず、日本では学校英文法の便宜上の訳語が独り歩きし、かえって生徒たちが、その日本語訳に引きずられて誤用を生み出している感が否めない。生徒たちが自ら時制などの区別ができるようになるように、具体的な例文を提示し、比較することを通じて、メタ文法を意識できるように授業づくりをしていった。

授業の流れ

　同じ日本語の「〜した。」にあたる文を、異なる文脈に配置し、条件を少し付け加えることにより、過去形で扱われる領域と現在完了形で扱われる領域を提示し、英語に訳してみることにより、その区別がはっきりするように導入した。まず、元になる日本語例文「僕は新車を買った。」を提示し、次に文脈を加えた例文 A「僕は（先週）新車を買った。」と例文 B「僕は新車を買った。見に来いよ。」を英語にするよう求めた。すると、生徒たちのほとんどは日本語の例文 A と B を区別なく過去形 I bought a new car. とした。そこで A は先週起こった事実であるから I bought a new car (last week). で、過去形で構わないが、B の方は、話し手の視点の基準が今にあるので、I've bought a new car. You should come to see it. と、現在完了を用いる方がふさわしいことを告げた。その後、さらにこれまでの経験から誤りやすいと判断した例文を提示し、生徒たちに考えるよう指示した。

　元になる日本語例文は「指を切った。」というもので、これを過去形のケースと現在完了形のケースになるように 1 文付け加えて状況を表すように尋ねた。つまり、

ケース A　"I cut my finger. ＿＿＿＿＿＿＿＿＿＿＿＿＿＿＿＿＿."
ケース B　"I have cut my finger. ＿＿＿＿＿＿＿＿＿＿＿＿＿＿＿."

の空所に適切な 1 文を入れてみよう、と生徒たちに投げかけた。グループ内では、「えっ？どういうこと？」と違いがあること自体に疑問が出され、「A は過去で終わっていて、B は今に影響が及んでいるってことだよな。」から、「指、ないの？」とか、「いや、治療が終わっているかどうか、なんじゃない？」などと続けて意見が出された。結局、A では、"It was yesterday." や "I was surprised." などの過去形の文が入れられ、B には、"It is still bleeding." や "It still hurts." などの現在進行形や現在形の文が入れられた。

　それまであまり疑問なく「〜した。」にあたる英文は過去形としていた生徒たちも、現在まで影響を及ぼし続けている事項については現在完了形がふ

さわしいということに気が付き始めた。また、文を作る際の文脈が文法事項に関係があることも理解するようになった。これも日本語と英語を比べて、機械的に訳語を当てはめていた段階に比べると言語の性質を考えるという意味でメタ文法を意識させる手立ての一つであると考える。

授業での生徒の様子

文脈の情報を示さないで、単に元の日本語を出題した段階では、ほとんどの生徒が過去形で英語訳を作成している。文脈と解答例をいくつか示してから、現在完了形も使用するようになったが、応用していくには心もとない様子が見受けられた。

さらに、時制を考えさせるはずの出題から、次のような解答例が見られた。いずれもアスタリスク（*）の付いているものが生徒の解答例である。

例 1 「彼らは銀行の窓を割った。」

　　 * They broke the bank's window.

　　 They broke the window of the bank.

例 2 「彼は事務所に来て 3 分も経たないうちに私たちに何をするか指示し始めた。」

　　 * He started telling us what to do before three minutes when he had not been in the office.

　　 He had not been in the office for three minutes before he started telling us what to do.

これらは授業者が念頭に置いていた時制の取り扱いや修飾・被修飾の関係の問題以外に、前置詞や接続詞においても日本語と英語の語順の違いが誤用に至るケースを示している。「A の B」の「の」にあたる of はアポストロフィー（'）で代用されやすく、また、接続詞 when, after, until などは前後関係が取り違えられやすい。ひと言で「語順」の範疇に入れるのには難しい課題であるが、エラー分析の対象として扱われやすい誤用を、母語の影響を含

めたメタ文法的解釈や視点から見直して、授業を計画することも今後の課題
となった。

今後授業を組み立てる場合に考える要素

1.　過去形と現在完了形のみならず、「〜している。」に進行形を当てはめて
　　しまう傾向は生徒の解答に顕著に見られる。このように日本語の時間の
　　扱いと英語の時制による時間の扱いの違いを考え、他の言語間にも時間
　　の扱い方には違いがあることを意識させ、単純に日本語に引きずられた
　　翻訳づくりから脱却し、また、言語の持つ性質に意識が向けられるよう
　　に授業を組み立てていくことが考えられる。
2.　前後関係を表す英語の前置詞や接続詞は、日本語と語順や文の構造上の
　　違いを含む場合がある。そのことに焦点を置いた授業を通して言語間で
　　表現対象の捉え方や言葉に表す順番の違いなどがあることを生徒たちに
　　意識させられるように授業を組んでいく。
3.　日本語と英語の用法の違いを対比させ、明らかにすることで、誤りを回
　　避するモニター機能を生徒たちが自ら持てるようにしていく。

1.1.6　まとめ

　これまで提示してきた授業例は、高校 2 年生を対象として行ったもので
ある。「かかりうけ」と「修飾・被修飾」の関係から始め、語順を大きな視
点として、時制、前置詞、接続詞などにも言及した。用語や用法を理解し、
問題解法を暗記する文法学習ではなく、グループのメンバーと意見を交換し
ながら日本語と英語を比較し、言語構造の違いに意識を向けていく学習方法
をとった。実際に自分が文を構成していく際の手助けとなるように仕組んで
きたが、言語そのものに母語と外国語の両者をまたいで関心を持ってもらえ
ると良いと思う。

　メタ文法の学習において、メタ認知とは、言語間の構造の違いを意識する
ことにある。具体的な学習方法においては、狭義のメタ認知ではあるが、ま
ず、どのようなところで間違いやすいのかを知る。そしてその間違いは、間

違った理解によるものなのか、母語の影響によるエラーなのかを判別する。その後、間違いやすい個所を自らチェックできるセルフ・モニタリングの機能を身につける。次項ではこれまでの授業で生徒たちが乗り越えにくかった課題を整理し、特に母語の影響によるエラーを、メタ認知を通した対象言語の構造の理解によって解決することができるように教材を考え、授業を提案していく。

1.2 メタ文法を意識させる教材開発としての教材文、授業の提案

以下、前節での生徒たちの様子と今後授業を組み立てる場合に考える要素を踏まえた上で、より生徒たちが日本語の影響を踏まえつつ英語を身につけられるような教材文と授業を提示していく。

1.2.1 日本語の影響によるエラーの再類別と注意を喚起するための教材文

日本語と英語の特徴を踏まえ、日本語の影響によるエラーを減らせるようにするには、語順整序問題や空所補充問題が取り組みやすい。こうした問題形式はともすると品詞の用法や慣用的な表現の習熟に重点を置きがちであるが、ここではあくまでメタ文法的な感覚を養うために、それに特化した項目を意識的に配分して生徒の注意を喚起していく。

1.2.1.1 主語の選別によるエラーを予想し、英語らしい主語を考えるための教材文

例題 A：「6 月には雨が多い。」
エラーの例：*There are many rain in June.
例題 A 改：(　　　　　　　　　) have much rain in June.
　　　正解：We

主語の選定の違いに気付くように出題する。英語は傾向として主体が明確なのに対し、日本語は省略されることが多いので、そのことに気付かせていく。

例題：「あなたは誰にプレゼントをもらいましたか。」

エラーの例：*Who did you give your present?

　　　　　　*Who were you given the present?

例題 B 改：[you / who / the present / gave / ?]

　　正解：Who gave you the present?

　使役動詞、知覚動詞、give、lend、borrow などが含まれる英文は、日本語にする際、不自然な翻訳になることが多い。また、日本語の「〜される」、「もらう」を英文にしようとすると、動詞や態の選択に困るケースもよく見られる。それは行為者と行為の受け手に当たる者を結ぶ述語動詞が、英語と日本語では 1 対 1 で翻訳関係が成り立たないからである。そこで英語の授業だけに通用する不思議な日本語が流通したりすることになりかねない。（例：「彼は彼女を彼女の肩部について軽く手でたたいた。」「盗人は彼を彼のお金を対象に盗んだ。」）自然な日本語と自然な英語がどちらも生み出せるように、言語のチャンネルを身につけ、瞬時に切り替えられるように練習する。

例題 C：「そこに行ったとき、いなかったじゃない。」

エラーの例：*There weren't when went?

例題 C 改：[there / weren't / when / went / .]（2 語不足）

　　正解：You weren't there when I went.

　日本語で省略されがちな主語を、並べ替えの中で意識させる例題を示す。並べ替えの問題において、語の不足を補わせる問題はこれまで、慣用的な言い回しを想起させるような例が多かったが、日本語の影響を意識して出題することにより、自ら誤りやすい文法項目をモニターして正していく力をつけられるように導く。

　このように主語の選定や日本語では主語が欠落しやすいことなどを日本語と英語の使用上の違いに着目して例題に提示することでメタ文法的意識を養いたい。

1.2.1.2 　動詞、特に日本語に現れない be 動詞の欠落に注意を向けるもの

例題 D：「申し訳ないが、私は皇帝などにはなりたくない。」

エラーの例：＊I'm sorry, but not want an emperor.

例題 D 改：［ sorry / I'm /, / but / I / an / emperor / want / to / don't / . ］

　　　　　　（1 語不足）

　　　正解：I'm sorry, but I don't want to **be** an emperor.

　日本語の語順で言葉を選んで並べてしまい、英語に必要な語句でも日本語に現れてこないものは欠いてしまう傾向がある。この傾向に気付けるように、語の補充問題として提示する。

例題 E：「人間とはそういうものだ。」

エラーの例：＊Human beings like that.

例題 E 改：［ Human / beings / that / like / . ］（1 語不足）

　　　正解：Human beings **are** like that.

　be 動詞の欠如および be 動詞と一般動詞の用法上の誤りに気付かせる問題の例。'like' など複数の品詞で用いられる可能性があるものには注意を払うように出題を工夫する。

　特に be 動詞は日本語に明示されないことが多いために欠いてしまう傾向にある。「〜です」などを初期段階の学習に当てはめてしまうとかえって学習者は混乱し、日本語訳も不自然なものになりがちである。学校文法で扱いがちな訳語や、文法事項に当てはめて訳すと便利な訳語が、英語で表現するときには誤りの原因となりやすいことに注意を向けていくことも、日本語と英語の違いについて考える切り口とすることができる。

1.2.1.3　目的語の品詞選別に関するもの

例題 F：「豊はビリになったことを自慢している。（proud of を使って）」
エラーの例：* Yutaka prouded of became last.
例題 F 改：［ Yutaka / the last / of / proud / was / . ］（1 語不足）
　　正解：Yutaka was proud of <u>being</u> the last.

　be 動詞と形容詞の組み合わせで表現したいところを、形容詞をまるで動詞のように -ed をつけて過去形を表そうとしてしまう傾向を是正する。品詞の区別と用法の理解を意識する形で出題を考える。

1.2.1.4　英語における目的語の置き方と日本語における省略に関するもの

例題 G：「豊かさをもたらす機械は私たちを貧困の中に取り残した。」
作文例：Machinery brought abundance and left us in poverty.
例題 G 改：［ abundance / gives / machinery / has / us / want / in / left / . ］
　　　　　（1 語不足）
　　正解：Machinery <u>that</u> gives abundance has left us in want.

　文全体の中で主部と述部の関係を築くよう促すための例題を考える。目的語を二つ取り得る動詞は SVOO などの文型項目で取り扱われがちだが、実際には英語の動詞と目的語との親和性や状況に応じた時制の選択などにより構成されていく文が定まっていく。その場合、日本語で表現される文とでは、いわゆる逐語訳ではうまくいかないことが多い。コロケーションを丸暗記するばかりでなく、言葉のつながりの自然さについても日本語と英語の違いを意識した例文を提示することによってさらにメタ認知的な感覚を養いたい。

98 越智豊

1.2.1.5 決まった言い回しが日本語と英語とでは対応しないもの

例題 H：「忘れ物をしないようにしてください。」
エラーの例：*Please do not forget your things.
例題 H 改：［ leave / your belongings / do / not / please / . ］（1 語不足）
　　　正解：Please do not leave your belongings behind.

　「忘れる」＝ "forget" として覚えられてしまうとうまくいかないことが多
い。いわゆる逐語訳ではうまくいかない事例を取り上げ、状況の捉え方の違
いを意識させる練習にも取り組ませたい。「遺失物取り扱い所」と "Lost &
Found" は同じ場所を指しているようで物を見る視点が異なる。発想法の違
いといった広義のメタ文法も視野に入れたい。

1.2.1.6 日本語には表されにくいものを英語の並べ替え問題で補うもの

例題 I：次の各日本文に当たる英文を、単語を並べ替えて完成させなさい。
　すべて 1 語不足しているので補うこと。
1.　どう反応したらいいのかなんて、さっぱりわからないわ。
　　［ how / respond / got / idea / haven't / the / I / remotest / to / . ］
　　正解：I haven't got the remotest idea of how to respond.
2.　こんなこと今までしたことがない。
　　［ this / like / before / done / I've / never / . ］
　　正解：I've never done anything like this before.
3.　私があなたの腕の中へ飛び込んでいくとでも思ったの？
　　［ I / you / arms / into / throw / myself / your / think / Did / ? ］
　　正解：Did you think I would throw myself into your arms?
4.　女って、それを隠せるほど賢くないわ。
　　［ Women / it / hiding / clever / very / aren't / . ］
　　正解：Women aren't very clever at hiding it.

いずれも、英語にする際、日本語からは必要な語が揃わないために単語が欠落するエラーが起こりやすい。自ら誤りに気付くことができるように導く例題である。

1.2.2　メタ文法を意識させる授業例

日本語からの発想ではエラーを起こしやすいケースを意識した上で、授業を組み立てる例を紹介していく。個別の例題は授業外でも宿題で補えるところであるが、授業の中で文法を扱いつつ、これまでの教師による一斉授業型とは異なる、生徒主体で行う文法の授業を通じて、生徒が自ら日本語と英語を比較し、メタ文法的な感覚を養うことができるような授業例を提案する。

1.2.2.1　授業例 (5)

オリジナルの例文を作ることで、誤りの典型を自覚するよう促す授業例を紹介する。

授業の流れ

4人1組のグループに分かれ、各グループが次の三つの文法事項から一つを選ぶ。「分詞構文」「仮定法」「比較を用いた表現・構文」。選んだ文法事項に関して、他のグループの生徒たちに説明するために、10個のオリジナル英文を作る。作った例文を使いながら、10分間のプレゼンテーションができるように準備する。グループ内で例文の選定、プレゼンテーションの流れと役割分担を決め、プレゼンテーションをする。

授業での生徒の様子と誤りを直していく筋道づくり

生徒たちは準備段階や発表の中で、自分の作ったオリジナルの例文の中に不自然な部分や誤りがあることに気付いていく。生徒同士でやり取りする中で、文を修正していき、日本語の影響による誤りの傾向に対して自分で対応できるようになっていく。

「分詞構文」のプレゼンテーションにおける例

エラーの例：*Seeing with him in such a place, she was asked many questions by her mother.

正しい文　：Seen with him in such a place, she was asked many questions by her mother.

生徒同士が相互に指摘し合って「分詞」に対する主体を捉え、誤りを是正していく。

「仮定法」のプレゼンテーションにおける例

エラーの例：*If I were rich then, she would not have chosen him.

正しい文　：If I had been rich then, she would not have chosen him.

「仮定」するのがどの時点であるかを確認することで、誤りを是正していく。

「比較を用いた表現・構文」のプレゼンテーションにおける例

エラーの例：*He played soccer better than any other players in his team.

正しい文　：He played soccer better than any other plyer in his team.

「比較」に伴い、単数と複数という日本語に現れにくい表現に対応していく。

　「分詞構文」「仮定法」「比較を用いた表現・構文」は、いずれも文法項目として高校生が理解するのに難しく、日本語に現れにくかったり、日本語を思い浮かべることでかえって誤りを起こしやすかったりするものである。これらの文法事項について、自ら事項を選択し、オリジナルの英文を作ることで、単に問題集の問題を解く際に起こりがちなパターンを暗記する傾向から脱却し、日本語の影響を意識しつつ、英語の正しい用法を身につけられるようにしていく。生徒同士の話し合いで誤りに気付く過程は、単に教師から与えられるものや、問題集の正答から換算するものではなく、同じような誤りを持つ経験を共有しながら生徒たち自身が思考の過程を説明し合うという点でメタ文法意識を養おうとするものである。

1.2.2.2　授業例（6）

　映画の前半を見て、後半を自分で考え、200 ～ 300words で構成する英語の文章を書く。「私が主人公ならこう考えて、こうする」という意思がわかるような文を織り込むように指示する。

授業の流れ

　映画の前半を見た後、展開が予想される直前で映画を止める。そこで後半を自分で考え、200 ～ 300words で構成する英語の文章を書くように指示する。生徒たちが作文した後、まず一度自分一人で見直させる。その後、ペアで原稿を交換し、互いに気付いたことを指摘し合い、意味の通じにくいところ、文法事項で気付いた点について互いに指摘し合うように指示する。再度、自分で推敲させる。

授業での生徒の様子と誤りを直していく筋道づくり

　ペアによる推敲の場合、内容だけについてわかりにくいところを指摘し合うときには、「ここどういう意味？」などと尋ねやすいが、文法的なことだけを指摘し合おうとすると、英語の学力差を気にして意見しづらい様子で、教師に指示を仰ぐことが多い。文法事項を訂正するためには、その授業時間で扱う内容に限る方が、発言が出やすい。例えば、「今日は過去形と現在進行形を意識して、物語を展開させよう。」と設定すれば、互いの作文の中で、過去形と現在進行形だけを取り上げ、それがふさわしい場面で使われているかを話題にしやすくなる。文法事項を授業で取り上げる際には、習熟度により問題や課題に対する取り組みに差が生じやすい。しかしながら、互いに説明し合う学習過程は、単に文法問題に対して正解を出す以上に深い理解と説明能力を必要とする。日本語で浮かんだ表現対象を英語にしながら作文していくことは英語を得意とする生徒にとっても容易ではない。ゆえに思考過程を共有しながら作文をしていくことは日本語と英語の両方の能力を伸ばすものとなり得るはずである。

1.2.3　まとめ

　日本語の語順を英語の語順に変えていくにはどうすればよいかを意識させ、英文の骨組みや、節や句の語順に習熟させていくことを狙いとして一連の授業を展開する。例えば、並べ替え問題の場合、1語多いものや少ないものを入れ、起こしやすい誤りを意識させる。日本語話者にありがちな「主語の選定」、「自動詞・他動詞の違い」、「前置詞の抜け落ち」、「態の誤用」、「日本語の『している』から発想した状態を表す動詞と進行形の取り違え」、「be動詞の抜け落ち、または多用」などを意識した出題を試みる。また、生徒自身が同様の意味を表す文を、それぞれ日本語と英語で作ることにより、英語と日本語では表現方法そのものが異なることを意識化していく。

　文法が苦手だと感じる生徒たちは、英語を学習する際にも日本語の頭の回路で考えていて、結果として、英文和訳はできるが、和文英訳はなかなか上達しない。語のかたまりから節、センテンスへと発展させることができない。できあがった英文を見れば、なるほどと思うが、自分で作っている間に、その過程で起こるエラーに気が付かない。それは、日本語としては、要件を満たしていると錯覚するからである。

　もし、教える側も、そのエラーに対して日本人が引き起こしやすいものとして寛容に扱い、注意を喚起すれば、生徒自らが英語を組み合わせた直後に「何かおかしい、今作った部分には誤りがある」と気付くようになる。そうすれば、学習者として成功していくはずである。その気付きは、日常のクラスでもグループによる協働の中でよく見受けられる。このエラーを自らふるいにかけて修正することは、学習の自立につながるだろう。

　しかしながら、頻度の高い間違いをあらかじめ集めて提示すると、正しいものと誤ったものが混在してインプットされ、かえって学習の妨げとなることが予想される。導入する際には、生徒自ら誤りを経験した上で、その誤りに気付くよう仕向けていかなければならない。そこには綿密な計画が必要である。

　エラーの頻度からいえば、「冠詞・不定冠詞の選択」や「単数・複数の使用法」、また、「主語の欠落」や「前置詞の誤用」といった項目が挙げられ

る。しかし、多くの学習者は、その手前の段階で文法的につまずいている。それは間違う個所があまりにも多いからに他ならない。誤りには軽重があり、ものによっては致命的な誤解を生むことがある。冠詞や前置詞よりもまずは文の骨組みで誤らないようにしていくことが肝要である。

　日本語の骨組みと英語の骨組みの順番は違う、という認識を持って練習をすることで、発話の切り出しに躊躇したり、受け身の多い文を作ったり、不定詞や関係代名詞などで必要以上に文を長くして主述が合わない文を作り出したりするようなことは減るであろう。

　学習者がメタ文法意識を身につけるのは、簡単ではない。品詞分類もおぼつかない、1語1語を暗号のように暗記していかなければならない学習者にとっては、さらなる重荷となりかねない。だからこそ、身近に知っていることを英語で伝えることができ、また、自分の間違いに自ら気付いて修正し、乗り越えていく姿勢をつくっていかなければならない。

1.2.4　授業者・実践者として理論と向き合い、今後の展望を図る

　第二言語習得論のうちのいわゆるエラー分析において、例えば Tarone and Swierzbin (2009) が、*Exploring Learner Language* (Oxford: Oxford University Press) で述べるように、「error」は「systematic」なものであり、学習者が繰り返し同じような場面や用法で起こすものであるのに対し、「mistake」は「母語話者でも一時的に起こすような誤り」を指すが、それらを区別する必要がある。また、「error」とは「母語の置き換えによるもの」、「母語の文法を他言語にまで応用してしまうもの」、「言語内でその文法を誤用してしまうもの」、「一つの文法や語法を一般化して他の事例にも当てはめてしまうために起こされるもの」、「母語との意志疎通のあり方の違いによるもの」が原因として挙げられている。また、同じく Tarone and Swierzbin (2009) には「error」の起こりうる場面として「音韻体系」、「言語形態（語形）」、「統語法（構文）」、あるいは「語彙」が挙げられている。

　今回の授業実践においては、日本語の影響による「error」に対する注意を学習者に喚起させ、その典型を自分で考え、また他者に説明することでより

認識を深め、「error」を繰り返さずに済むように仕向けて行くことを意図してきた。学習者が「error」を起こす場面としては、「話すとき」、「書くとき」、「読むとき」、「聞くとき」いずれも想定される。日本語をそのまま英語に置き換えるようないわゆる和文英訳の作業は、誤りの原因がさまざまに想定されるため、まずは、日本語と英語の間で文法構造上の大きな相違点である「語順」に焦点を当て、原因と結果をできるだけはっきりさせられるように、語の並べ替えの問題に取り組んできた。通常、語句の並べ替えの問題は時制などの文法項目や語法、熟語・連語を含む構文などが理解できているかを試すために用いられることが多いが、今回は SVOC などの文の骨組みとなる主述、目的語、補語の語順と修飾・被修飾（かかりうけ）の関係がわかるように問題構成を考えてみた。また、英語が苦手な生徒たちによく見受けられるような日本語の語順配置で英単語を並べてしまうことに対して注意を促すために、あえて日本語とほぼ同じ順番で英語の語句を並べ、そこから英語の語順に並べ直す形をとるなどの試みを紹介した。

　いずれも生徒たちが作文する際に、ピリオドやクエスチョン・マークにたどり着く前に、「あれ、ちょっと何か足りないかな？」とか、話した直後に「あれ、いまのは語順や前置詞、別のやり方があったかな？」と気が付いてやり直してみるきっかけを作ることを考えている。学習者として自立する手掛かりになってもらえたらありがたい。間違いやすい個所を自らチェックできるセルフ・モニタリングの力を身につけるためにもメタ文法の知識と練習は欠かせないと考えられる。

　学ぼうとする対象言語の例を大量にインプットしていくことは確かに有効な習得の手段であろうが、言語学習におけるつまずきは、母語の構造を新しい言語の構造にも当てはめてしまうことから起こるものが多いと言わざるを得ない。苦手意識から逃れられないのは、「日本語とは違うからわからない」と思うことに起因していると考えられる場合が多い。今回の日本語と英語との間のメタ言語的な相違（あるいは類似）を扱った、ある一定期間の調査研究は試みるに値するものと考える。ただ、学習者に題材を提供する際に、間違いの事例を先に提示してしまっては、その間違いがインプットされ

てしまう危険性があるので、その点注意が必要である。日本語と英語の構造的な違いを理解し、英語を用いるときに起こしてしまいがちな誤りに学習者自身が気づき、体系的に認識し、他者に説明することによって、自らがその誤りを未然に防ぐことができるよう、定着させていくことを目標としたい。

　また、今後の研究や指導を進めていく上で、「語順」からスタートするとしても、「書くこと」の要素には「統語法（構文）」のみならず、「音韻体系」、「言語形態（語形）」、「語彙」に関する事柄がある。生徒たちがつまずきを覚える「記述式」テストにおいて、結局間違えてしまうのは、表面上は「文法」であったとしても、「言語形態（語形）」、「語彙」の不十分な知識や誤用が原因のものが多い。それを暗示する先行研究には、Ellis (1994), *The Study of Second Language Acquisition*, Chapter 2 'Learner errors and analysis' に紹介されている、Bardovi-Harlig and Bofman (1981) がある。そこでは、インディアナ大学の語学力認定試験の合格者と不合格者が比較されているが、「その差異は統語的な誤りより語彙や語形の誤りの数によるものが多い」としている。つまり、理解の上では文法が難しいと感じていても、「誤答」の直接的な原因は、過去分詞の形であったり、単語のつづりや場面に応じた選択であったりする場合が多いことは容易に予想されるからである。いずれにせよ、粘り強い学習と指導が必要とされることには変わりはない。

　また、Ellis and Barkhuizen (2005) *Analysing Learner Language*, Chapter 3 'Error Analysis' に紹介されている例として、Schacher (1974) は「日本人と中国人の英語学習者は関係詞の誤りが少ないが、それは彼らがこの構造を習得しているからではなく、関係詞を使うことを避けようとするからである。」としている。つまり、誤用より欠如や非認知による言語習得上の障害があるとことを踏まえた上で指導法や事例の提供を考えていかなければならない。

　実践者・授業者として、日本語であれ英語であれ、また、他の言語であれ、言語の構造に注意を向け、それが興味深いものであることに一人でも多くの学習者・生徒たちが気付いてくれることを願っている。

参考文献・資料

秋田喜代美・藤江康彦・斎藤兆史・藤森千尋・濱田秀行・三瓶ゆき・王林鋒・柾木貴之・濱田秀行・越智豊・田宮裕子 (2012)「国語科と英語科におけるメタ文法授業のアクションリサーチ」『東京大学大学院教育学研究科紀要』52: pp.339-36. 東京大学大学院教育学研究科

斎藤兆史・濱田秀行・柾木貴之・秋田喜代美・藤江康彦・藤森千尋・三瓶ゆき・王林鋒 (2012)「メタ文法能力の育成から見る中等教育段階での文法指導の展望と課題」『東京大学大学院教育学研究科紀要』52: pp.469-478. 東京大学大学院教育学研究科

秋田喜代美・斎藤兆史・藤江康彦・藤森千尋・柾木貴之・王林鋒・三瓶ゆき (2014)「メタ文法能力育成をめざしたカリキュラム開発：実践と教材開発を通したメタ文法カリキュラムの展望」『東京大学大学院教育学研究科紀要』54: pp.355-388. 東京大学大学院教育学研究科

井上ひさしほか　文学の蔵編 (2001)『井上ひさしと 141 人の仲間たちの作文教室』新潮文庫：p.159.

Bardovi-Harlig, K. and Bofman, T. H. (1981) Chapter 2 'Learner errors and analysis' in Ellis, R. (1994) *The Study of Second Language Acquisition*. Oxford: Oxford University Press: pp.47-72.

Chang, J. (2001) 'Chinese Speakers' in M. Swan and B. Smith (eds.) *Learner English: A Teacher's Guide to Interference and Other Problems*. Cambridge: Cambridge University Press: pp.310-324.

Coe, N. (2001) 'Speakers of Spanish and Catalan' in M. Swan and B. Smith (eds.) *Learner English: A Teacher's Guide to Interference and Other Problems*. Cambridge: Cambridge University Press: pp.90-112.

Ellis, R and Barkhuizen, G. (2005) Chapter 3 'Error Analysis': *Analyzing Learner Language*. Oxford New York: Oxford University Press: pp.31-72.

Gass, S. M. and L. Selinker. (2008) Chapter 4 'The role of the native language: An historical overview'. *Second Language Acquisition: An Introductory Course* (3rd edn.) New York: Routledge: pp.79-100.

Gass, S. M. and L. Selinker. (2008) Chapter 5 'Recent perspectives on the role of previously known languages'. *Second Language Acquisition: An Introductory Course* (3rd edn.) New York: Routledge: pp.108-137.

Tarone, E. and Swierzbin, B. (2009) *Exploring Learner Language*. Oxford: Oxford University Press.

Walther, C. (2001) 'French speakers' in M. Swan and B. Smith (eds.) *Learner English: A*

Teacher's Guide to Interference and Other Problems. Cambridge: Cambridge University Press: pp.52–72.

2. メタ文法能力の育成を通じて英語表現力を伸ばす

沖濱真治

2.1 「英語表現Ⅰ」という科目

　2013年度から新しく始まった4年生（高校1年生に相当）の「英語表現Ⅰ」の授業を担当した。この科目は「表現」とうたっているだけに、各社の教科書ではたしかに様々な場面や話題別の表現を紹介し、さらに自分でも表現させるようにはなっている。しかし一方で、一見して「これは文法の教科書？」と思わせるほどに文法項目が網羅されており、その文法項目と場面や話題との関連性は必ずしも感じられないというのが私の印象である。基本的な文法の理解がなければ、表現力も運用力もつくはずもないことは明らかで、実際コミュニケーション重視のカリキュラムと授業により、高校入学時の英語学力が継続的に低下しているという報告もあり（斉田 2014）、振り子が再び文法力をつけようという方向に向かったのはある意味でもっともなことなのかもしれない。ただし、高校でのほぼすべての基本的な文法項目を、相互にあまりつながりの無い例文を次々に与えているだけで習得させようという授業になってしまうと、文法の理解も英語でのコミュニケーション能力育成も両方とも進まないと危惧された。私はある場面や状況の中でその英文が使われる必然性を感じてこそメタ文法能力が育成され、それが表現力・運用力の育成につながるはずなのだから、できるだけそうした気づきのある授業を、限られた授業時間の中でどう実現させていくかを工夫していかなくてはならないと考えた。そのための工夫の一つとして、フォーカス・オン・フォームの考え方を参考に、ワークシートでは生徒同士が対話したり、グループで表現を考えたりするようなタスク形式を多用した。また本校（執筆当時）が 2005 年度から取り組んでいる「協働的な学び」を意識して、教員

も含め、お互いのやりとりの中で一緒に考え、学ぶような場面をできるだけ取り入れるようにした。本稿では、特に日本語と英語の相違性や類似点を意識させることがメタ文法能力の育成に有効であろうと考えて実践した授業の報告を行いたい。

なお、この授業はクラスを機械的に 2 分割し、各グループ 20 人ずつの少人数で行っており、基本的には一人の教員は単独で、もう一人の教員はALT（外国人指導助手）との TT（ティーム・ティーチング）でそれぞれ教科書をもとにしながら授業を行っている。

2.2 2013 年度の授業から

2.2.1 多義性のある日本文から英語の文型の理解を深める

2013 年度は、私は ALT との TT でこの授業を担当した。使用教科書は *Vision Quest English Expression1 Standard* である。第 2 課ではいわゆる 5 文型が取り上げられている。5 文型は英語の基本的な語順を理解させるには一定の有効性がある考え方ではあるが、例えば Do you see the red light? は第 3 文型なのに、Look at the red light. は第 1 文型だというのは生徒には釈然とせず、特にこうした英文に関して「次の英文は第何文型かを答えよ」というような練習問題をやるとかえって生徒を混乱させ、英語への苦手意識を持たせ、自信も無くさせることも多いと感じてきた。したがって先に述べたように、文型学習のワークシートには場面や英文の意味を考えながら運用練習をするようなタスクをできるだけ入れるようにした。

文型に関係して日本人生徒がつまずきやすいのは be 動詞と一般動詞の使い分けだろう。これは日本語ではこの区別がわかりにくい場合があり、日本語に引きずられて英文をつくってしまうことも大きな原因と考えられる。そこで日本語直訳だと妙な英文ができてしまうことに気づくようなワークシートを作成した（資料 1）。

Task 1 では日本文が表している内容から英文を考える必要に気づかせることをねらった。グループで考えさせたが、最も間違いが多かったのは、「あ、ここです。」で、正解は前の質問の「シーフード誰？」Who ordered the seafood pizza? を受けて I did. なわけだが、The seafood pizza is here. を選んだ生徒が多かった。「あれ、ということは、シーフードピザは、もうきていることになるよね。だってもうここにあるんでしょ？」と言うと、ようやく「あ、ここです。」の意味を考えて正解を見つけ出した生徒が多かった。意味がわかったところで、Task 2 では全文を書かせて場面と各英文の意味を振り返らせた。さらにスキットをグループ内で演じさせることもした。Task 3 では同じ日本文が場面によって 2 通りの意味があり、その違いによって be 動詞か一般動詞かの選択が決まり、必然的に文型も異なることに気づかせようとした。グループでその英文の内容をもっともわかりやすく表している絵を推薦してもらい、黒板に描いてもらうと、皆一様に感心していた。ここまでやると Task 4 の英作文を間違える生徒は少なくなった。

2.2.2 過去形と現在完了形の違いを理解させる

　時制の中で、現在完了形は多くの生徒にとって、とっさに正しく運用するのが難しいものである。これは日本語には英語の過去形と現在完了形にそれぞれ独立して対応する表現がないからであろう。日本語に引きずられて、現在完了形であるべきなのに過去形を使ってしまう例が多々見られるのは、先の文型の場合同様である。そこで、ここでも日本語で表されている内容から英語での表現を考えさせることを目標に、ワークシートを作成した(資料2)。

　Task 3 では最初に歌った The Beatles の The Long and Winding Road の歌詞中の現在完了形の英文が、どんな場面で使われうるのかを考えさせた。例えば I've seen that road before. なら、その後には That was when I visited Paul McCartney's house in my dream. Let's go that way! はおかしくないはずだということになる。ただ、この例のように、やはり歌詞に合わせて少々無理をして場面を考えることになり、生徒たちも今一つピンときていなかったように見えた。Task 4 では日本文がどのような場面なのかを補足説明して、単なる過去のできごとなのか、現在に連なるできごとなのかを意識させるようにし、さらに Task 5 では自分で今とどうつながっているのか、つながっていないのかを考えさせながら英文をつくらせるようにした。そして最後の

Task 6 では自分達で現在完了形が必要になる場面を考えさせて、簡単なスキットを作成、発表させた。

2.3　2014 年度の授業から

2.3.1　自動詞と他動詞の違いを意識させて文型の理解を深める

　2014 年度は、私は単独でこの授業を担当した。使用教科書は *Unicorn English Expression1* であった。教科書の最初は UNIT 1「動詞を使いこなそう」というタイトルで、5 課にわたってやはり 5 文型を意識した内容になっている。

　前年度の授業の反省として、結果としてどうしても文型分類を生徒に強く意識させることになってしまい、そのためにやはり目的語と補語の区別でつまずいてしまう生徒が多かったように思えた。そのため大切なことは英文の基本が［主語—（述語）動詞］であり、さらにその動詞の意味や性質によって後ろに何か（目的語か補語）が必要になるものと必要でないものがあるという感覚、その発展として目的語を 2 種類並べられる動詞や、目的語と補語を並べる動詞があるという感覚を身につけさせることを主眼に置いて授業計画を立てることにした。UNIT 1 の「動詞をつかいこなそう」というタイトルも、文型理解が目的ではなく、まさに個々の動詞の意味とそれに合った使い方（語順）を理解し、さらに自分でも使って（表現して）みながら運用力を高めていこうという趣旨だと考えられる。そこで、授業としては基本的には教科書を使い、適宜学習項目を整理し理解を深めるためのワークシートを使っていくこととした。

　教科書の自動詞と他動詞の違いによる文型の違いについての単元を学習した後に、ワークシートの練習問題（資料 3）にグループで取り組ませ、答え合わせを行った。このワークシートのねらいは、まず使われている動詞が後ろに何か（目的語か補語）が必要なのか、それとも必要ないのかを意識させることにある。

　例文は、すべてではないが、同じ 4 年生のコミュニケーション英語 I の教科書の英文をリユースするようにして、意味をとるのにあまり負荷がかか

らないようにした（実際は多くの生徒が忘れていたが）。4. I returned（　　）. では return を「〜を返却する」という他動詞ととらえれば、後ろに the book などの目的語が必要であるとわかり、「戻る、帰る」という自動詞ととらえれば、ここで文章は終わってよいとわかるというように、同じ動詞がその動詞の意味によって異なる構文で使えることを意識させようとした。答え合わせの際には、動詞の意味を日本語でも言わせて確認するようにした。この return の場合だと後ろに home を置いた生徒もいたが、home を目的語と考えた生徒も多かった。副詞だということは前期課程でも簡単には触れられていたはずである。意味を問うと正しく「家に」とは答えられるのだが、「目的語ということは家に何かするの？」と聞くとつまってしまう。To my home と答えている生徒もいたので、それと比較してようやくここでの home が副詞だと理解した生徒が多かった。いわゆる「なんとなく訳せるが正しく英文を理解しているかどうかはわからない」というケースは、品詞に対する意識が弱く、それが正確な構文理解、運用力の弱さにつながっている場合も多いのだとあらためて感じさせられた。そこでこの時には品詞についての説明の時間もとることになった。

　10. He looks（　　）. What happened to him? については look の後に happy や sad を置いた生徒が多かった。正しい英文はつくれるわけだが、やはりこの場合の look を他動詞ととらえる生徒も多かった。「happy に何かするの？」と聞けば「そうじゃない」と答えるので、happy や sad が形容詞だから目的語にはなれないことは理解できるように思われる。そこで「動詞の相手、目的地ではないものは『目的語』とは呼べないので、『補語』という別の名前で呼んでいて、この場合の動詞は自動詞になる」と説明し、また教科書にもあるように［主語＝補語］の関係のことも確認するのだが、なんとなく腑に落ちないという顔が今回も見られた。

　目的語と補語の違いの理解は本当に全員に必要なのか、かえって混乱を招く不要な指導なのか、必要だけれども指導方法が悪いのか、いまだに迷いが多い。

2.4 まとめ

「英語の授業を英語で」というキャッチフレーズは、一般に高校の英語授業が英語の表現力・運用力育成のためにうまく機能していない、ともすれば大学入試対策を理由に演習問題だけにたよって授業がすすんでいくことも多い現状を打破するために、そして生徒がもっと授業に参加でき、主体的に学ぶことができる授業を強制的にでも増やすためには意味はあるのかもしれないとも思う。しかし、それを機械的にすべての場面でというのは、全国の高校生の多様な現状、教員が置かれた条件から考えると無理があると言わざるをえない。また今回の授業に取り組んでみて、あらためて日本語と英語の比較対照を意識させた方が有効な場合があると感じた。またそれに付随して基本的な文法の説明は必要で、それは日本語で行った方が効率的である。なにより生徒たちの多様な解答や質問をきっかけに、生徒のつまずきを発見し、一緒に考えていく授業となっていくことは実に楽しいことであった。

ただ日本語に頼りすぎないよう気を付けなければいけない部分もあると自戒もしている。2013 年度に本校の「卒業研究」で私が指導担当になった M さんは、高校授業をもっと話す力を伸ばすものにするためにはどうしたらよいかを、小グループ対象ながら自分で指導案を考え、授業を行い、たんねんに記録を残しながら改善方法を考えた。M さんの発見の中で印象的だったのは、それまで英語で授業をすすめているのを日本語に切り替えた途端にその場から一気に緊張感がなくなる、英語を使ってみようという雰囲気がなくなる、という指摘であった。これは私自身授業の中で漠然と感じていたことで、高校生がこのように端的に指摘したことに驚くとともに、授業の中での英語使用と日本語使用には必然性がなければならないということだと再認識させられた。

メタ文法能力をつけながら英語での表現力・運用力をのばすための指導について、今後とも実践しながら考えていきたい。

参考文献

和泉伸一(2009)『「フォーカス・オン・フォーム」を取り入れた新しい英語教育』大修館書店

斉田智里(2014)『英語学力の経年変化に関する研究―項目応答理論を用いた事後的等化法による共通尺度化』風間書房

佐藤一嘉(2012)『フォーカス・オン・フォームでできる!―新しい英文法指導アイデアワーク 高校』明治図書

資料1

ENGLISH EXPRESSION Ⅰ ③ ── SVO and SVC

Task 1: Choose the appropriate English sentence for each Japanese sentence and complete the skit.

	［Kaito comes to a restaurant with two of his friends.］	
Kaito:	すみません、オーダーお願いします。	（ A 　　　） We'd like to order.
Waiter:	どうぞ。何になさいますか。	Certainly. What would you like?
Misaki:	海人は何？	（ B 　　　）
Kaito:	僕はシーフードピザ。	（ C 　　　）
Emily:	コーンのピザとカフェラテで。	The corn pizza and a cup of café latte, please.
Misaki:	私はスパゲティーミートソースね。	（ D 　　　）
	［after a while］	
Waiter:	シーフードピザはどちらですか。	（ E 　　　）
Misaki:	シーフード誰？	（ F 　　　）
Kaito:	あ、ここです。	（ G 　　　）
	みんな少し食べない？	Please have some if you like.
Emily:	この店ほんとおいしいわ。	（ H 　　　）
Misaki:	ところでこないだの AKB 総選挙見たでしょ？　私は大島優子が好きだけど、海人は？	By the way, you saw the general election for AKB, didn't you? I like OHSHIMA Yuko. How about you, Kaito?
Kaito:	おれは指原莉乃だな。	（ I 　　　）

① Who is the seafood pizza?　　　　　② I am the seafood pizza.

③ I am SASHIHARA Rino.　　　　　④ I did.

⑤ I'd like the spaghetti Bolognaise.　　⑥ I am the spaghetti Bolognaise.

⑦ Who ordered the seafood pizza?　　⑧ I'd like to eat the seafood pizza.

⑨ I'm sorry.　　　　　　　　　　　⑩ What are you, Kaito?

⑪ My favorite is SASHIHARA Rino.　⑫ The seafood pizza is here.

⑬ Um, this restaurant is really delicious.　⑭ What do you want, Kaito?

⑮ Excuse me.　　　　　　　　　　⑯ Um, this restaurant serves really delicious dishes.

Task 2: Write down the complete skit.
　　　　［Kaito comes to a restaurant with two of his friends.］
Kaito　　：
Waiter　 ：
Misaki　 ：
Kaito　　：
Emily　　：
Misaki　 ：
　　　　［after a while］
Waiter　 ：
Misaki　 ：
Kaito　　：

Emily　　：
Misaki　 ：

Kaito　　：

Task 3: Draw the picture of each underlined sentence.

Hajime：何にする？ What do you want? Papa　 ：僕はうなぎだ。 　　　　I'd like to eat an eel rice bowl.	Policeman：お前は何者だ？ 　　　　　　Who are you? Unagi-inu：僕はうなぎだ。 　　　　　　I am an eel.

Task 4: Put the underlined sentences into English.
1. ただいま、今夜は何？　今夜はすきやきよ。

2. 海人は？　彼はトイレです。

Class　　　No.　　　name

資料 2

ENGLISH EXPRESSION Ⅰ ④ — Tense : Past VS Present perfect

Task 1: Fill in the blanks in the lyrics of "The Long and Winding Road".

Task 2: Practice reading and then sing the song together!

Task 3: Which set of sentences should come after each following sentence?

1. I've seen that road before.
   (   )
2. The wild and windy night that the rain washed away has left a pool of tears.
   (   )
3. Many times I've been alone and many times I've cried.
   (   )
4. Anyway, you'll never know the many ways I've tried.
   (   )

A I wanted you to be by my side.　　But now I'm all right.　　I think it has made me strong.

B You are that kind of person.　　I think we should be away from each other for a while.

C That was when I visited Paul McCartney's house in my dream.　　Let's go that way!

D I know how you feel.　　But every night comes to an end.　　Please don't give up.

Task 4: Complete the following sentences according to Japanese translation.

1. 夏休み終わっちゃったよー。(「もっと遊びたいよー！！」という心の声)
   The summer vacation (   ) !

2. （9月1日のテレビニュースでアナウンサーが読んでいる）
   関東地方の多くの学校では夏休みは昨日終わりました。
   In most schools in the Kanto area the summer vacation (   )
   yesterday.

Task 5: Put the underlined sentences into English.

1. 春がきたなあ…。　　Now let's go hiking
2. （6月にテレビの天気予報で）今年は例年より早く春がきました。　　But summer

will come much later than usual.

3. 千葉先生なら 10 分前に職員室 (the teachers' room) で見たよ。　But I don't know where she is now.

4. その映画なら前に見たぜ。　That's *not* interesting at all.　I strongly advise you shouldn't see it.

5. 私は以前 3 年間楽天イーグルスに所属していました [belong to]。　Now I'm working at a sushi shop.

6. 私はこれまで 3 年間楽天イーグルスに所属していました。　I will try hard next year too and get the championship once again.

Task 6: Make a skit using at least one present perfect sentence by pair.

Class　　　No.　　　name

資料 3

English Expression I class (with Mr. OKIHAMA)

VERBS 1

* Fill in the blanks with the appropriate word (s) or a cross (×) according to the examples.

   ex.) Mr. Ochi likes (singing songs).

        I walk (×   ) every day.

1. We completed (   ).

2. A lot of children are suffering (   ).

3. Tara always encouraged (   ).

4. I returned (   ).

5. Woodland on the Earth is decreasing (   ).

6. Mr. Bill Gates possesses (   ).

7. It's important to recycle (   ).

8. Mr. Ochi is (   ).

9. He became (   ).

10. He looks (   ). What happened to him?

Class   No.   name

第4章

国語科教員による実践

大井和彦

1. 英語科教育と国語科教育と

　日本における英語科教育は、中等教育までにおいては母語教育としての国語科教育に対する外国語教育とほぼ同義であると考える。その点から、国語科教育との決定的な違いは、習得中の第二言語による学習と思考か、獲得された母語による学習と思考か、であると言える。ここに学習スタート段階の差が存在する。母語獲得に比べ第二言語の習得としての外国語学習の難易度は上がることとなり、また、国語科において現代日本語を扱い現代日本語で考えるいわゆる「現代文」的内容での授業における生徒のメタ認知は母語によるものであることから外国語学習に比べ、より高くなる。

　国語科教育の思想の一つに「言語生活」ということばがある。これは、「具体的な場や状況（コンテクスト）において主体的に営まれる、目的をもった個人的及び社会的言語活動」（桑原 2010: 28）のことを指す。またその対極に位置づけられる考え方として「言語」があり、これは「言語そのものの体系で、国語の場合、日本語の文法体系・音韻体系・書記体系・語彙体系・意味体系である」ととらえられる。そして、「言語生活」と、個々の生徒が生活している場での言語と体系そのものの「言語」をつなぐ場としての「言語活動」が設定され、それが国語科の授業で学習する内容と関わっていくという発想となる。

　これは、国語科教育のあくまで一つの考え方であるが、筆者の国語科教育

観は、この考え方に則っているところが大きい。特に、中等教育の制度としては、教科担任制であるために、教員側は往々にして自分の担当する教科に関することのみに意識が向いてしまうことが少なくないと思われる。各教科を学習することの意義を考えた際に、自分の担当教科について強く意識を向けることは勿論重要なことである。しかし、学習する側としての生徒の視点から考えると、それぞれの授業は「多くある教科・科目の中の一つ」である。それらの学習内容が点在・散在する状態であることは、その整理が得意でない生徒からすると、自身の中に体系化することがとても難しいことであるだろう。そのため、筆者は自分ができうる限りのところで他教科との横断ということを念頭に置いてきた。比較的横断がしやすいと思われる教科は、同じ言語の学習として成立しうる英語科と、人文科学という観点からの共通項として多数のことが挙げられる社会科である。勿論その他の教科も各教員の特性によって結びつけられることは可能であると思われる。

　この教科横断は、生徒の視点に立って見るという点において、先の「言語生活」的見方と共通するところがあると考えている。その点から、「言語」としてのメタ文法認知を念頭に置きつつ、生徒の「言語生活」に立脚した授業を構築することを試みた。

2. 英語科と古典と

　英語科教育と国語科教育との決定的な違いは、習得中の第二言語による学習と思考か、獲得された母語による学習と思考かになると考える。また、英語は英語で学習するということが盛んに叫ばれている中とはいえ、日本語を使う授業も少なくないと聞く。そのことを考えた際に、いわゆる「現代文」的授業において、英語の文法の話題を提示しても、英語科の授業との差異を認めることは難しくなってしまう。そこで今回は、生徒の直接の「言語生活」からは少々離れるが、かえって言語を客観的に見つめることを可能にさせると考えられる「古典」を用いて英語とのメタ文法認知学習を試みることとした。

第4章　国語科教員による実践　　123

　国語科における科目としての「古典」は、現在危機的状況であると言わざるを得ない。少し古い資料になるが、「平成十四年度教育課程実施状況調査（高等学校）」（国立教育政策研究所教育課程研究センター）において全国の高校3年生約32,000人を対象とした「質問紙調査」では、「古文は好きだ」「漢文は好きだ」という質問に対して、「そう思わない」「どちらかといえばそう思わない」と答えた生徒は、全体の7割以上に達していた。その理由は、以下のように挙げられていた。

・外国語のようであって、その上使用する機会もなく無駄。そのため、何のために勉強するのかという思いが強かった。
・日本語なのに、外国語として一から習わなければならないことが嫌いになる理由だと思う。まるで使わない外国語を学んでいる感じがした。
・授業で扱うものが色恋ものばかりである。
・学んでも使うところが全くない。また、発見もない。物理ではどうしてそういうことが起こるのかという理屈が発見できるけど、古典にはない。
・苦労してせっかく読み終えても感動がない。
・読解ばかりやっていて、教師がおもしろさを伝えていないのではないかと思いました。
・昔の貴族のものばかりで、あまり魅力を感じない。
・学んで得したという気持ちに一回もなれなかった。

　上記の理由は、「外国語」科目と同じように意識されている点と、古典という授業内容そのものがつまらないという点としてまとめられる（鳴島2007: 7–8）。生徒の「言語生活」の感覚からは、確かに古典のことばは乖離しているところが多くある。そして、体系そのものとしての「言語」のように、価値の確立された「言語文化財」としての古典に対して、生徒が実感を伴わせることに困難を感じているとも思える。しかしながら、挙げられている理由を考慮するに、古典のことばをメタ認知することによって、現代語の感覚と英語の感覚を客観的にみつめることが生徒の「言語生活」の振り返り

の機会となることも考えられる。それは生徒の考えるような直接的実利とは異なるが、「無駄」と思われることも防ぐことができるのではないか。その結果、価値の確立されたものを強要されているような感覚から、「言語生活」感の側に寄っていくような感覚を持たせることもできるのではないかと考える。よって、英語との横断的な学習としてのメタ文法認知は、古典教育の新たな道の一つとして挙げられるとも思われる。

3．英語と漢文と

　以下に、実際の授業について述べる。国語科における科目としての「古典」の場合、その学習材として「古文」と「漢文」とがある。大まかに述べれば、「古文」は日本の和文を中心とした江戸期までの文章であり、「漢文」は中国大陸の文章を対象とした文章となる。ではなぜ「漢文」を「国語科」で扱うのか。その最も大きな理由は、「日本語で読み下している」からであると考えられる。漢字はそもそも大陸のことばを表記するために大陸で生まれた文字であるが、それが日本に輸入される際に、如何に日本語に取り込むかを古人は懸命に考えた。その結果、現在我々は、日本語表記において漢字を駆使することとなった。その取り込みの過程を念頭に置きつつ、古典表現の文法的分析と、英語表現の文法的分析を比較することで、言語表現を文法的観点からメタ認知させることを意図した授業を試みた。

4．授業の実際

　対象は、平成 25 年度の中等教育学校 5 年生（高校 2 年生相当）である。2 週にわたり、計 2 時間（50 分× 2）の授業を行った。
　本時の少し前に、古典文法と漢文句法との比較を念頭に置いた時、似ていると実感したことがある事柄と全く違うと感じたことがある事柄について生徒に尋ねた際に、「漢文では過去の助動詞があまり出てこない」旨の答えが出てきたことがあった。この答え自体が、既にメタ認知的要素を含んでいる

と思われるが、今回の授業はこの質問を受ける形で構成することとした。

　以下がおおよその流れである。

①導入　古典理解の三つの在り方
②語順の類型
③現代日本語の特徴としての「つなぎ」の存在
④時制（テンス）と相（アスペクト）との意識
⑤英語を日本語に訳すときの迷い
⑥現代日本語の助動詞「た」の意味の多様性
⑦漢文の書き下し文でなぜ迷うか

　以下にこの順に沿って、授業の流れの実際について述べる。

①導入　古典理解の三つの在り方
　古典理解の三つの在り方として、「語学的理解」「精神的理解」「歴史的理解」（小西 1965）について最初に触れた。「語学的理解」は語彙や文法について理解を指し、「精神的理解」はいわゆる有職故実的な古典常識を指し、「歴史的理解」は文学史・精神史を指す。その中で、今回は文法に関することを扱うため「語学的理解」の側面を見ると生徒に伝えた。

②語順の類型
　ここで言う語順とは、英語の文型のような SVO の順のことである。SVOの順は、6 通り考えられ、そのどれもが自然言語の語順として存在しているという（Dryer 2011）。漢文においては、英語に似ているとのことを教室で述べることは、そのような固定観念を作り出すことによって、実際には似ていないところが多いことについての対応が難しくなるため、必ずしも正しくないという論もあるが、今回は言語の横断的な観点でのメタ認知を目指すために、取り上げることとした。授業では、図 1 を示し、多言語との比較の上で日本語を見てみるという意図を伝えた。

**図1　多言語の中での日本語を見ることを
意図し、6通りの言語文型を示した
授業スライド**

③現代日本語の特徴としての「つなぎ」の存在

　ここでは、杜甫の「春望」を示し、その読み下しを試みさせた。3年生
(中学)で扱っているのであるが、忘れてしまっていた生徒もいて、改めて
読み下しを確認した。その後、現代中国語(漢字は日本のものに直してある)
で書かれた日本文化についての文章を提示し、おおよその意味を生徒に答え
させた。これらのことから、意味をとらえることと漢文として「読み下す」
こととの差異を感じさせた。

　その後、言語の概念分類としての「孤立語」「膠着語」「屈折語」の紹介を
した(図3)。

　「孤立語」とは、北京語(漢文)に代表されるように、ある単語が語尾変化
そのほか語形の変化によらずに配列の順序のみで文中での意味役割が決まる
ことを中心とする言語である。「膠着語」は、日本語に代表されるように、
単語どうしの間に接続の役割を果たす単語をつけ、屈折と同様の働きを持た
せることを中心とする言語である。「屈折語」は、英語に代表されるよう
に、単語がそれ自身の形を変えることによって、文中の他の単語との関わり
を示すことを中心とする言語である。

　日本語は、この分類では「膠着語」に属するが、動詞等の「活用」は「屈
折語」的であり、それぞれの言語は、これらが混ざった状態であり、その特

徴がより顕著であるところで分類されている旨を説明した。そこで、先の漢詩や現代中国語の文章と比較し（図2）、改めて日本語における「つなぎ」のことばの存在を確認した（以降の漢文例文は（加地2010）に拠る）。

日本文化発展、大体自奈良時代開始（相当於国唐代）、自奈良至京都、由京都至江戸。奈良・京都保存的日本古文物最多。其中、寺廟・皇宮・城堡・仏殿等最有名。

図2　膠着語の代表例としての現代中国語の文章（漢字の順序によって、おおよその意味が子どもにもわかる）

孤立語・膠着語・屈折語

- 孤立語……ある単語が語尾変化そのほか語形の変化によらず、排列の順序によってその文中での意味役割が決まる。
  （例）北京語（漢文）
- 膠着語……単語どうしの間に、接続の役割を果たす単語をつけ、屈折と同様の働きをさせる。
  （例）日本語
- 屈折語……単語がそれ自身の形を変えることによって、文中の他の単語との関わりを示す。
  （例）英語

図3　ことばの接続の特徴からの分類の紹介（文型とは別の観点からの言語の分類を伝える）

④時制と相との意識

　生徒に英文を厳密に訳し分けて貰うために、平叙文・現在進行形・現在完了形・現在完了進行形・過去完了形のそれぞれの英文を与え、グループでその日本語訳を検討させた。文法事項としては、どれも英語科の授業において既習の内容であった。

文法スペシャル　英語から漢文へ

組　　番　　氏名

◇次の英文を訳し分けてみよう！！

・He studies in his room.

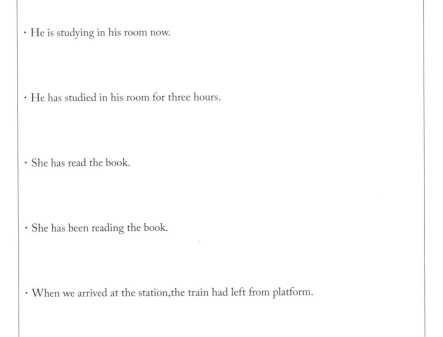

図4 ④に使用したプリント（英語の訳し分けから日本語を観察する）

　このように示されると、英語の文法として既習事項であることは生徒も承知の上だが、いざ日本語訳を明確に分ける際には苦心していた。そこで、これらのことから改めて、時制（テンス）と相（アスペクト）の区別について触れた。

⑤英語を日本語に訳すときの迷い
　以降は、二時限目の内容となる。
　前時の最後に訳し分けを行わせた英文の確認を行った後、現代日本語における「過去」と「完了」について改めて考えさせた。

第4章　国語科教員による実践　129

英語で見てみよう

- He studies in his room.
  彼は彼の部屋で勉強する。
- He is studying in his room now.
  彼はいま彼の部屋で勉強している。　　…現在進行形
- He has studied in his room for three hours.
  彼は3時間(ずっと)彼の部屋で勉強し続けている。…現在完了
- She has read the book.
  彼は本を読み終えた。　　　　　…現在完了
- She has been reading the book.
  彼女は本を読み続けている。　　　…現在完了進行形
- When we arrived at the station, the train had left from platform.
  私たちが駅に着いたとき、列車は既にホームを離れていた。
  　　　　　　　　　　　　　　…過去完了形

図5　④での例文の解説(進行形、過去形、完了形の訳し分けから日本語でのそれらを意識する)

現代日本語で見てみよう

- 大井は長野へ帰る。(非過去形)
- 大井は長野へ帰った。(過去形)

- 大井は走る。　　　(動き・スル形)
- 大井は走っている。(状態・シテイル形)

図6　現代日本語における「過去」「完了」の説明(英語からの流れを受けて、日常言語での「過去」「完了」を再認識する)

⑥現代日本語の助動詞「た」の意味の多様性

時制(テンス)と相(アスペクト)

- 述語が表す事態を時間軸上に位置づける文法カテゴリーを「テンス(tense)」と言う。
- 日本語の時制は述語の非過去形(未来または現在を表す)・過去形(過去を表す)で表し分けられる。
- 「アスペクト(aspect)」とは動きの時間的局面の取り上げ方を表す文法カテゴリーである。
- アスペクトの最も基本的な取り上げ方は、動きをそのまま動きとして捉えるか、状態として捉えるかという点である。

図7　テンスとアスペクトの説明(言語学的に「完了」や「過去」を説明するとどのように言うのかを提示)

古典文法では？

- アスペクトに関係する最も代表的なことばは？

- テンスに関係する最も代表的なことばは？

図8　古典文法におけるテンスとアスペクト(古典日本語ではことばによって区別され得たことを提示)

　⑤において、現代日本語の「た」形がテンスとアスペクトの双方を担っていることに触れ、改めてテンスとアスペクトの定義について触れた(図7)。その上で、「では古典文法でテンスとアスペクトに関係することばは何か」という問いを提示し、過去の助動詞「き・けり」と完了・存続の助動詞「つ・ぬ・たり・り」を確認した。特に「たり・り」は古語動詞「あり」からの変形であることに触れ、これらは「存続」の意味合いが強いことを改め

て確認した。

　そして現代日本語の「帰った」という表現から、英文や古典文法では明らかに語形として過去形も完了形も異なっているが、現代日本語においてはどちらも「た」で表現されることを確認した。また、アスペクトについては「ている」の形をどのように使うかについて触れた。また、古典文法では、テンスに関することばとしての「き・けり」とアスペクトに関することばとしての「つ・ぬ・たり・り」として整理できることについて触れた(図8)。

⑦漢文の書き下し文でなぜ迷うか
　⑥までのことを受けて、今度は漢文の読み下しを考える課題を行わせた。「つなぎ」としての送りがなの候補にどのような種類が挙げられるかを考えさせた。

文法スペシャル　英語から漢文へ　其之弐

　　　　　　　　　　　　　組　　番　氏名　　　　　　　　　　

◇次の漢文を古文にしてみよう

・雨降。

・雷鳴。

・学生、旅行。

・馬車、来往。

・学漢文。

・読漢文。

・友人好漢文。

・君読英文、我読漢文。

図9　⑦で使用したプリント（漢文の翻訳から日本語におけるつなぎのことばを意識させる）

　その上で、ではなぜ漢文の読み下しでの「つなぎ」方に迷ってしまうのかについて説明をした（図10）。漢文は、②の分類で言えば「孤立語」であるためにそもそも「つなぎ」のことばを基本的に必要とせず、「膠着語」である日本語にするために、他の漢字と読み方を間違えないように「つなぎ」のことばを添えてきたものであることを伝えた。よって、異なっても良い性質のものであり、不統一であることが前提であったと伝えた（図11・12）。

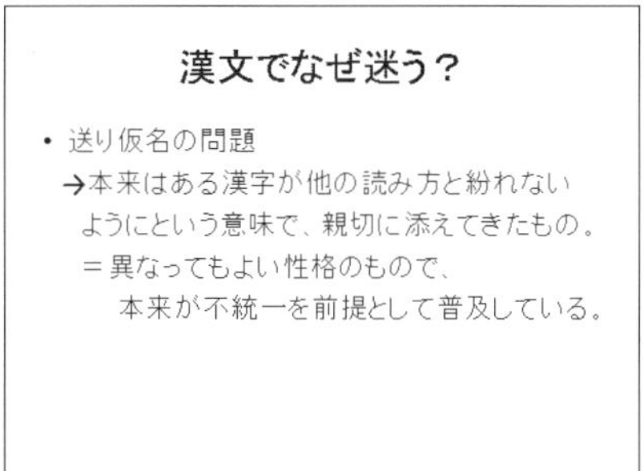

漢文でなぜ迷う？
・ 送り仮名の問題 →本来はある漢字が他の読み方と紛れないようにという意味で、親切に添えてきたもの。 ＝異なってもよい性格のもので、本来が不統一を前提として普及している。

図10　漢文の読み下しの迷いの説明（迷いがなぜ起こるのかを考える意図）

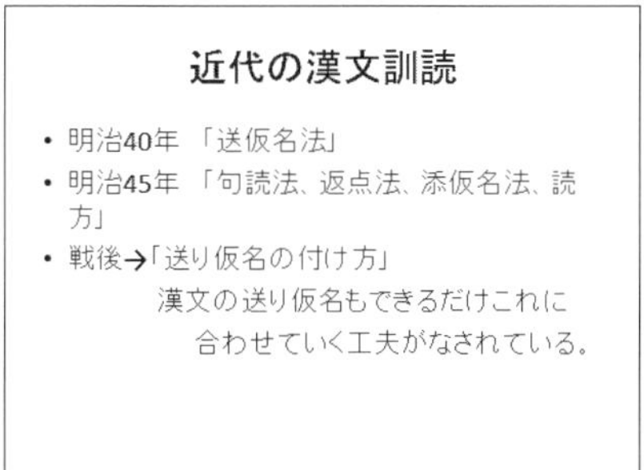

近代の漢文訓読
・ 明治40年　「送仮名法」 ・ 明治45年　「句読法、返点法、添仮名法、読方」 ・ 戦後→「送り仮名の付け方」 　　漢文の送り仮名もできるだけこれに合わせていく工夫がなされている。

図11　漢文訓読の近代における受け入れの歴史の説明（以前においても訓読の受容をどうすべきかが問われていたことを伝える意図）

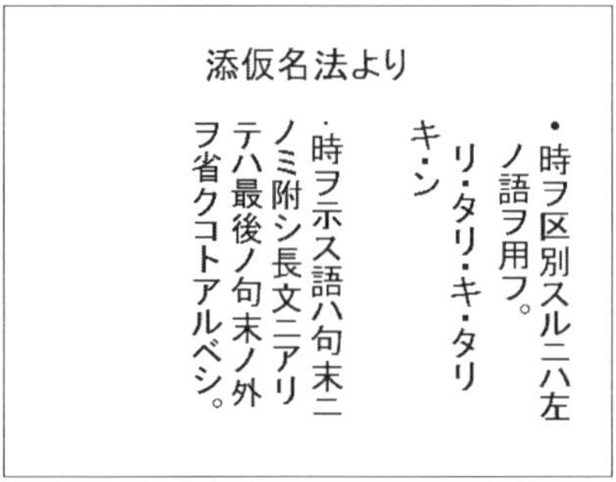

添仮名法より

・時ヲ区別スルニハ左ノ語ヲ用フ。
キ・ン
リ・タリ・キ・タリ

・時ヲ示ス語ハ句末ニノミ附シ長文ニアリテハ最後ノ句末ノ外ヲ省クコトアルベシ。

結論

・漢文は簡潔を以て旨とすべし。
・時制や相に関しては前後の語句で判断される場合は必ずしも句末にそれを司ることばを使わなくとも良い。
・詰まるところ、訓読とは日本語化するということである。すなわち、できるだけ不自然でない日本語に直すということである。
→総合的な国語の力（≒現代文のレベル）

図 12　添仮名法におけるつなぎに関する説明（具体的にどのようにしようという話であったかを伝える意図）

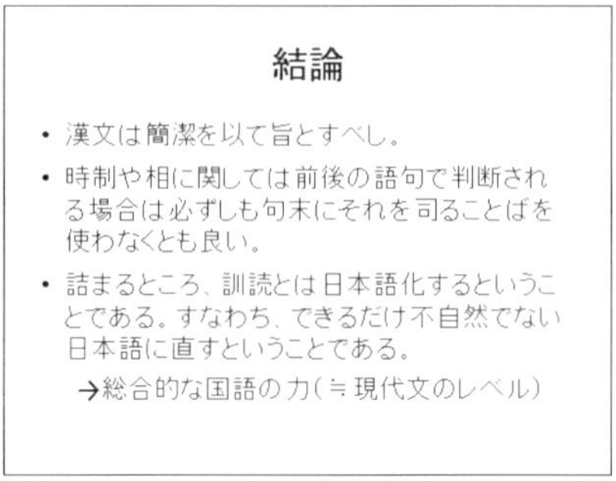

図 13　これまでを踏まえての結論

では、その上でどのようにしていくことが妥当かを考えていく上で、できるだけ不自然でない「日本語化をする」ことを念頭に置き、そのためには総合的な国語の力（≒現代文の力）が必要である旨を伝えた（図 13）。

5．授業後の生徒の感想

以下が 2 コマ終えたときの生徒の感想である。

（女子）
・送り仮名とかいつも迷っていたので、もっと単純に考えれば良いことがわかったのでよかったです。
・漢文は現代語に順番を変えて訳しているので、迷ったら現在形というのはわかった。助動詞の使い分けが難しい。
・今まではどのように現代語訳を書けばよいのか迷うこともよくあったので、方針がわかってよかった。
・送り仮名の本来の役割が理解できたので、もう迷わないと思います。
・簡潔で不自然でない日本語にするのが大切だとわかった。
・漢文や英語と現代文はつながっているとわかっているつもりでしたが、私は隔たりを感じてしまっていました。今回の授業でこれからつながりを意

識できそうだと思いました。

・いつも漢文を読むときに過去形にしないのか不思議だったけれど、今日の授業を聞いて納得しました。英語や古文現文と一緒に漢文を見ていって面白かったです。

・模試などで出される漢文も問題が白文なので、毎回とても難しく辛く感じていました。教科書だとあまり苦労していないのに。。今回白文を書き下しに直してみて、様々な意味がとれてしまい、簡単なところも悩んでしまいました。ちょっとしたルールやコツを知れてよかったです。

・漢文は簡潔にしないといけないことがわかった。漢文の勉強をするときは古文と絡めて考えると勉強になるなぁと思った。

・いろいろと知れてよかった。

・根本的なところで言葉はつながっているんだなと感心した。

・英語と漢文の違いがなんとなくわかった気がする。漢文を古文に直すことも難しい。

・送り仮名の基準が案外緩やかなものだったために気軽に書き下しができそうです。

・現代日本語は文脈がないと、ある文だけでは多様に意味が取れてしまうから、ついニュアンスで言葉を考えてしまいがち。漢文は簡潔に。

・なんか難しいなと思った。でも面白いかもしれない。そもそも古文と漢文の違いがよくわからない。もともとのルールが違うのかな。英語と日本語はかなり近いことがわかった。

・英語と古文がよくわからない。

・過去や現在などを考えなければならないというのが難しかった。

・英語と比べて日本語は時制の区別が大変。漢文の場合、時制は前後の文を見て訳す。必ずしも助動詞を句末に使わなくていい。漢文は難しいと思った。

・日本語を「完了」という概念を持って使うことがあまりないから、完了というのをどう訳していくかが難しいと感じた。

・古文と漢文は難しい。

- 漢文は送り仮名によって意味が変わるので、難しいと思いました。
- 句形に収まっていないものは何形で訳したらいいのか本当に難しい。前後の文脈から読み取ったり様々な読みができるが、分からなかったら今度から現在形にしようと思う。でもやっぱり難しい。
- 現代文の力をもっと上げなきゃなのかなぁと思った。文章理解度はあると思うんですけど、やっぱり古文漢文ができないのはもっと基本的なところに問題があるのかなあと思った。
- 漢文の時制は前後の文や語句で判断しなければならない。総合的な国語の力がなければできない。難しい。
- 古文→漢文→現代文になるにつれて、用いられる語がアバウトになってきたと思う。それを今更文法を気にしてきっちり読もうとするからわからなくなるんだと思う。
- 現文も古文も頑張ります。
- 時間軸などをここまで詳しく気にしたことがなかったので、なおさら頭がぐちゃぐちゃになった気がしました。結果完璧には決められないから、自然な日本語にすればよいとなると話の流れがわからないとダメなのだなということがわかった。少しがっかりではあるが、簡潔で良いということはそれだけ気にすることは減るのかもしれない。
- もともと不統一が前提というのがしっくりこなかった。日本語と感覚が違うので、考えづらい。
- 漢文を上げるためには全部頑張らないといけない。勉強しようと思った。古典やばい。
- 送り仮名が統一してないとなるとますます難しいと思ったけど、人によっていろいろな捉え方ができる漢文は面白いと思う。できるようになりたい。
- 教科書の送り仮名は一例でしかないと聞いて漢文って不統一で難しいと思いました。多少間違っていてもあたっていることになるのでしょうか。
- 「文脈から考える」これが苦手です。漢文は確かに古文が出来るとできるようになると思う。
- とりあえず迷ったら現在形にしようと思った。ひとつ頑張ると全部点数が

上がるなら頑張る。

・漢文が読みを統一していないのに普及していったのは不思議だと思った。

（男子）

・英語の時制と漢文の時制のつながりが少しだけわかった気がした。

・現代日本語の過去・完了の使い分けが明白でないために、英語や漢文でその使い分けが難しいということに納得した。また、送り仮名についてもまだまだその使い方が難しいのだなと思った。とても興味深いと思いました。

・確かに漢文は読み手次第で解釈が異なりあやふやだと思った。漢文も古文も成績を上げるために現国も頑張ろうと思った。

・ずっともやもやしていた。漢文における時制のしくみがわかった。

・漢文から古文へするときに助詞助動詞しだいで無数に訳が出来ることがわかった。漢文にしろ古文にしろ英文にしろ我々が日本語を使う限り現代文の力は必要だとおもった。

・漢文は読み方によっていろいろな解釈ができることがある。

・すべての言葉はつながっている。漢文ができるかも！

・これから頑張ろうと思った。

・頑張ります。英語だとそこまでアレルギーじゃなくなった気がする。

・言語というものはよくできてると思った。

・迷ったら現在形。訓読とは日本語化するということ。

・英語漢文古文現代日本語の関係。わからないときは出来るだけ不自然でない日本語に直す。

・漢文にも普通の現代文の文章力が必要というのが分かりました。訓読の意義を知ることができてよかったです。

・過去と過去完了を区別するのは難しい。意味があっていればいいの？

・漢文ははっきりわからないから難しいと思う。英語の方がはっきりしてくれている。

・最後のシメは少しがっかりしたけどまァそんなもんだよなあと思う。

・日本語が曖昧な表現が多いのと同様に漢文もある意味で感覚的なところが

あるのだと感じた。

・現代語の方が言葉の住み分けが曖昧なところがあるとわかった。古典の方が語尾につく助動詞の使い分けがしっかりとなされていて、現代の人にとってはたとえ母語だとしても訳がしにくい。

・鎌倉時代以降使い分けが曖昧になってきたと言っていたけれども、なぜ鎌倉に曖昧になっていったのか。訓読はできるだけ不自然でない日本語に直すということなので、総合的な国語の方が必要。だが句法は別。

・英語も漢文もできない人は伸びしろがない。

・漢文の読み方は一つではなくバラエティー豊かである。迷ったら現在形。時をあまり考えない。未然形と已然形で未来が過去かを判断できる？

・送り仮名はひとそれぞれで良い。迷ったら現在形。

・少し悩んだ。

・古文がわからないから書き下しにするやり方がわからない。

・漢文は曖昧。

　感想を見てみると、ある程度こちらの意図が伝わったと見受けられるものもあれば、そもそも古典ひいては国語が苦手であるためにどうにもならないと半ば諦念の感とも見受けられるものもあった。そして、「簡潔を旨とすべし」ということに、納得がいった者と腑に落ちなかった者とがいたことも分かった。

6. まとめ

　女子の感想の中に「漢文や英語と現代文はつながっているとわかっているつもりでしたが、私は隔たりを感じてしまっていました。今回の授業でこれからつながりを意識できそうだと思いました。」といったものや「いつも漢文を読むときに過去形にしないのか不思議だったけれど、今日の授業を聞いて納得しました。英語や古文現文と一緒に漢文を見ていって面白かったです。」といったものが見受けられた。これらの感想から、今回のメタ文法認

知の学習において理解が促されたと思われる。

　一方で、「古文→漢文→現代文になるにつれて、用いられる語がアバウトになってきたと思う。それを今更文法を気にしてきっちり読もうとするからわからなくなるんだと思う。」というものがあった。このことは、今回の授業を振り返る上で様々な反省をもたらしてくれる内容であった。確かに、現代助動詞の「た」のみを見れば、テンスとアスペクトの双方の意味を含んでいる点において、彼女の言う「アバウト」さが感じられるかもしれない。しかしながら、では他の部分では「用いられる語がアバウト」なのだろうか。そうであるならば文法を全く気にせずに古文・漢文そして英語を読めるのだろうか。これについては、彼女の中に古典を読むことと、ことばについて振り返ることの意義を認めさせることが叶わなかったと思われる。これは、まだ生徒自身とは乖離した体系としての「言語」そのものも受け入れられず、また生徒自身の「言語生活」にも目を向けさせることがあまりできなかったことを物語っていると言えよう。古典の授業に限らず、現代文の授業においても、体系としての「言語」や文化的価値の定まった「文学作品」を教え伝えるというのみならず（勿論このことは重要なことであると考えるが）、もっとこのような文法的観点からの読解の幅を考えることによって、授業の展開の可能性が広がっていくことも期待できるのかもしれない。それによって、生徒自身の「言語生活」への振り返りとそのよりよい変容を促すことができればよい。

　しかし、この考えも一つの考えであって、教員によっては、体系としての「言語」等を厳密に教えることが重要だと考える者もいる。その幅をどのように考えていくべきか。

　筆者の勤務校では、1年生から2年生（中学1年生〜2年生相当）にかけて国語の時間のうち週1コマを言語事項に充て、主に現代語文法について学習をさせ、3年生（中学3年生相当）では古典文法の学習を中心とした読解を週2コマ充てている。カリキュラムとしてはこれは特殊の類に入ると考えられるが、多くの高校でも中学校での現代語文法既習事項が古典文法の学習の際に多く使用されることがあるだろう。しかしながら、国語科の各教

員における「文法教育観」には差異がある。特に国語科のような場合には、どの学習材で何を学習させるのかということが明確に定められていないため、文法に限らず様々な学習材を扱う上で、各教員の「教育観」がそれぞれで成立しやすい性質を持っている。この差異そのもの(＝教員の教育観に基づく教科の授業自体)が、文法に限らず生徒のメタ認知学習とも言うべきことを促進させる可能性はあると思われる。一方で、いわゆる学力が厳しい生徒にとっては、却って混乱を招きかねない。そこで必要となってくることは、流行のことばではあるが、「説明責任(accountability)」なのではないかと考える。少なくとも教員自らが生徒に行わせている学習について、なぜそれを行っているのか(これは実利的であるかどうかという観点とは別の話で)を語ることができなければならないのではないか。そして、教員自身がspecialistであるとともに、generalistとして自身の担当教科外への関心を向けていくことが肝要と考える。

参考文献

秋田喜代美・藤江康彦・斎藤兆史・藤森千尋・三瓶ゆき・王林鋒・柾木貴之・濱田秀行・越智豊・田宮裕子 (2013)「国語科と英語科におけるメタ文法授業のアクションリサーチ」『東京大学大学院教育学研究科紀要』52: pp.337–366. 東京大学大学院教育学研究科

秋田喜代美・斎藤兆史・藤江康彦・藤森千尋・柾木貴之・王林鋒・三瓶ゆき・大井和彦 (2015)「メタ文法能力育成をめざしたカリキュラム開発―実践と教材開発を通したメタ文法カリキュラムの展望」『東京大学大学院教育学研究科紀要』54: pp.355–388. 東京大学大学院教育学研究科

加地伸行 (2010)『漢文法基礎』講談社

桑原隆 (1996)『言語生活者を育てる―言語生活者＆ホール・ランゲージの地平』東洋館出版社

桑原隆 (2010)「単元学習の思想」日本国語教育学会編『豊かな言語活動が拓く　国語単元学習の創造』pp.22–33. 東洋館出版社

小西甚一 (1965)『古文研究法』洛陽社

斎藤兆史・秋田喜代美・藤江康彦・藤森千尋・柾木貴之・王林鋒・三瓶ゆき (2014)

「メタ文法カリキュラムの開発：中等教育における国語科と英語科を繋ぐ教科横断カリキュラムの試み」『東京大学大学院教育学研究科紀要』53: pp.255–272. 東京大学大学院教育学研究科

鳴島甫（2007）「古典教育再考―七割もの生徒に嫌われている古典教育からの脱却」『日本語学』26（2）: pp.6–13. 明治書院

日本語記述文法研究会編（2007）『現代日本語文法3　アスペクト　テンス　肯否』くろしお出版

Dryer, M. S.（2011）*Order of Subject, Object and Verb*. http://wals.info/chapter/81（2013. 12. 5 参照）

第 5 章

メタ文法プロジェクトの実践と
授業デザインのポイント

藤江康彦

　本章では、メタ文法を主題とする英語科と国語科の授業に対し、参加者である子どもや教師にとってどのような意味があるのか、実践から得られる示唆はどのようなものであるのかについて検討していく。

1. 授業の概要

　本節では、プロジェクトにおいて開発され、実施された授業の概要を示し、教科ごとにその展開を示す。その上で、明らかになる授業の意義と課題について検討する。

1.1　対象および日程

　授業は、2012 年の 5 月下旬と 6 月中旬に、東京大学教育学部附属中等教育学校第 5 学年の国語科および英語科の授業として、表 1 のとおり実施された。

表 1　授業の日程および実施学級

英語科（授業者：越智豊教諭）
　B 組（男子 19 名、女子 21 名）：2012 年 5 月 28 日第 2 校時
　C 組（男子 19 名、女子 20 名）：2012 年 5 月 31 日第 2 校時
　A 組（男子 19 名、女子 20 名）：2012 年 5 月 31 日第 5 校時

国語科（授業者：田宮裕子教諭）
　A 組（男子 19 名、女子 20 名）：2012 年 6 月 12 日第 3 校時
　B 組（男子 19 名、女子 21 名）：2012 年 6 月 14 日第 3 校時
　C 組（男子 19 名、女子 20 名）：2012 年 6 月 14 日第 5 校時

1.2 内容および教材

英語科では、「修飾・被修飾関係として係り受けに関わる日本語と英語の比較」を課題とする授業が行われた。生徒たちは、授業者の越智教諭が作成したワークシートの二つの課題に取り組んだ。具体的には、「『私は、黒い目のきれいな女の子に会った』を与えられた単語カードを並べて英語で表現する」という【課題1】（資料1）、教科書の内容と関連づけられた「オリジナルな自分たちのインスタント・ラーメンを作るとして、その説明を英語で表現する」という【課題2】（資料2）、である。

国語科では、「部分否定に関して、英語と漢文との関係を検討すること」を課題とする授業が行われた。授業の内容は、第1回のA組と、第2回、第3回のB組、C組とでは異なっていた。

A組の授業では、授業の冒頭から授業者の田宮教諭が作成したワークシート（資料3）が配布された。生徒たちは、与えられた単語（① computers, the Internet, are, to, not, connected, these, of, all ／ ② all, dictionaries, edited, carefully, are, not）を並べ替えて、それぞれ2通りの英文、計4文を作成し（正答は：①「All of these computers are not connected to the Internet. / Not all these computers are not connected to the Internet.」、②「All dictionaries are not carefully edited. / Not all dictionaries are not carefully edited.」）、それぞれの対になる文を比較する〈課題1〉（資料3）に取り組んだ。この課題は、部分否定に気づくことが目標とされている。次いで、漢文の課題として「①家 貧、常 不 得 油。」と「②家 貧、不 常 得 油。」を書き下し文にし、比較する〈課題2〉（資料5）に取り組んだ。この課題も部分否定に気づくことが目標とされている。そしてその後、英語と漢文の部分否定の表現を比較することで、英語と漢文との関連を文型の観点から検討した。

B組とC組の授業では、まず、S（主語）、V（動詞）、O（目的語）がどのような順番をとるか、その組み合わせには、日本語や韓国語など、言語によってその全ての可能性があるとの田宮教諭からの解説があった。次いで、ワークシート〈課題1'〉（資料4）が配布され、生徒たちは与えられた英文（「① All of these computers are not connected to the Internet.」と「② Not all of these computers are not connected to the Internet.」) を訳して比較した。この課題は、英語の部分否定の表現に気づくことが目標とされていた。さらに、「①家 貧、常不得油。」と「②家貧、不常得油。」を書き下し文にして比較する〈課題2〉(資料5)に取り組んだ。この課題は、漢文の部分否定の表現の性質に気づくことが目標とされていた。その後、英語と漢文の部分否定の表現を比較することで、英語と漢文との関連を文型の観点から検討した。〈課題2〉で用いられたワークシートは第1回と同様(資料5)であった。

1.3 授業の展開

授業で使用された教材は、このように、英語科は3回とも同じもの、国語科は、A組で英語の部分否定に気づかせる課題が一部異なるものの基本的には同様の課題であった。

各教科、各回の授業の展開は、表2～表7に示したとおりである。

表2 英語科第1回(5月28日第2校時)5年B組の展開

活動の展開	教師	生徒
00'00" 導入	文法プロジェクトの説明(質問紙調査を想起)	覚えている。
03'07" 【課題1】(資料1)説明	(ワークシート配布)「私は黒い目のきれいな女の子に会った」を英文にするとどうなるか思い浮かべてください。(すぐにグループに)	(じゃんけんをして分担を決める) (ホワイトボードと封筒(カード)を取りに行く)
04'26" グループ活動	英文2、英文3、もある意味は?	(カードを整理する) (カードを並べ始める)
13'00" 発表	(グループのまま) (発表する班を決定)	4班：I met a beautiful girl who had black eyes.
	(has と had をめぐって、時制の一致の話)	
		1班：I met a beautiful girl with black eyes.

		5班：I met a girl with beautiful black eyes.
	ほかのもできちゃったっていう班。	邪道だけど、I met a black girl with beautiful eyes.
	なんで邪道だと感じるの？	ほかは「黒い目」「きれいな」が girl の修飾語になるけど、「黒い」と「目」の間で文章が切れる。
20'20" それぞれの英文の訳を考えて発表	（「私は黒い目のきれいな女の子に会った」と同じ点や違いを意識化）	・違う「私は、黒い目をしたきれいな女の子に会った」 ・「私は黒い目をした黒人の女の子に会った」 ・「私は黒い目をしたきれいな女の子に会った」 ・「私は、美しい黒い目をした女の子に会った」
26'00" 【課題2】（資料2）説明 オリジナルのインスタント・ラーメンを作ろう	（自分が買ったカップラーメンの説明）	
	「こうこうこういうラーメン」というのをグループで作ってもらいたい。 （話し合って英語の表現を考える） （ホワイトボードを消して新たに書く） （教科書 Lesson2 に出てくる単語を使用する） （カードの when や where をできるだけ使用する）	
31'15" グループ活動		（味についての話し合いで盛り上がる）
39'10" 発表	（発表する班を決定）	9班：A vegetarian ramen with thin soup which is not eaten in space. 2班：トマト風味のものも有名なブラジルで食べられている

第5章 メタ文法プロジェクトの実践と授業デザインのポイント 145

		チーズ風味のインスタントラーメン。
42'20" 英訳、和訳	発表した班に聞かないで。	（それぞれを英訳、和訳する） （個別に取り組む）
46'15" まとめ	9班を英語にしたやつ、2班を日本語にしたやつ、全く同じかな？ 「黒い目のきれいな女の子にあった」と「名詞を修飾する手段と問題点」について頭の中でめぐらせたことをまとめてほしい。	（ワークシートに記入している）

表3　英語科第2回（5月31日第2校時）5年C組の展開

活動の展開	教師	生徒
00'00"	（ヴィヴァルディの『四季』を流してアルファ波の話）	
02'14" 本時の説明 【課題1】（資料1）説明	Lesson2 の習ったことを総動員して文法についてちょっと深く考えてもらおうという企画なんだ。まずは例題を出すから自分で考えて。（ワークシート配布） 課題の説明「私は、黒い目のきれいな女の子に会った」これを君ならどう英語にするか頭の中で描いて。	
		（個別に取り組む）
05'00" グループ活動	やることを説明するよ。 ・ホワイトボードを真ん中におく ・封筒の中からカードを出す 英文1、英文2、英文3とあるよね。	（じゃんけんで分担を決めて、教卓へホワイトボードとカードを取りに行く） （すぐにカードを並べる） （カードを分類して整理する）
11'23" 発表	（グループのまま） （発表する班を決定）	4班：I met a girl who had beautiful black eyes.
	（6班を指名する）	同じ
		9班：I met a girl with beautiful black eyes.
	これ以外（5班のホワイトボードを借りて板書）。	5班：I met a black girl who had beautiful eyes.

	黒い肌だと白目が凄く白くなって見えて、輝いて見える。	
		3 班：I met a beautiful girl with black eyes.
16'52" 英文の訳を考える	お向かいさんとじゃんけんして。 この英文を日本語にしてくれる？ ・日本語として区別がつくように ・誤解が生じないように日本語を書くとするとどうなるかな？ ・最初の英文の日本語って受けとり方が幾通りもある。	
21'17" 【課題2】(資料2)説明 オリジナルのラーメンを作ろう	(自分が買ったカップラーメンの説明)	
	22'20" 「こうこうこういうラーメン」というのをグループで作ってもらいたい。 ・話し合って英語の表現を考える ・例を見てくれた方が早い (例文：A tomato-flavored instant ramen with thick soup.) ・ホワイトボードを消して新たに書く ・教科書 Lesson2 に出てくる単語を使用する ・カードにある when や where をできるだけ使用する	
24'26" グループ活動		(英文よりどのような味にするかで盛りあがっている)
34'33" 発表		10班：A spicy-tomato-flavored instant ramen with chicken based thin soup which is eaten in the home. 4班：電子レンジでつくられるスープの濃い味噌風味のインスタントラーメン
35'26" 英訳、和訳	その下の欄に、この英文を日本語に、この和文を英文に、個人でやってもらおう。	(個別に取り組む)
42'41" 発表		10班：家庭で食べられる鶏ガラの薄いスープのスパイシーなトマト風味のラーメン 4 班：A miso-flavored instant ramen with thick soup which can be made by a microwave in the school.
44'22" まとめ	近いけど同じ英文に、同じ日本文にならなかった。	

第5章　メタ文法プロジェクトの実践と授業デザインのポイント　147

表4　英語科第3回（5月31日第5校時）5年A組の展開

活動の展開	教師	生徒
00'14" 導入	（ヴィヴァルディの『四季』を流してアルファ波の話）	
02'54" 本時の説明	今日はLesson2を総動員してある文法的な課題に深く入ってみようかな。 最初に考えてほしいのはこれ「私は、黒い目のきれいな女の子に会った」これを、英語にしたいの。	（隣とじゃんけん） （「私は、黒い目のきれいな女の子に会った」を読む）
04'43" グループ活動	06'10" 4人の真ん中にホワイトボードを置いてカードを出して並べて。 Iはいくつあるの？	（じゃんけんをして役割分担を決める） （ホワイトボードと封筒（カード）を取りに行く）
11'49" 発表	（グループのまま）（発表する班を決定）	6班：I met a girl with beautiful black eyes.
		9班：I met a girl who had beautiful black eyes.
		C：I met a beautiful girl who had black eyes.
		C：I met a beautiful girl with black eyes.
		C：I met a black girl with beautiful eyes.
	もう一個技術的にはできるね。 I met a black girl who had beautiful eyes.（板書）	
		黒い目のきれいな女、の子
18'02" 英文を和訳	技術的にさ、この日本語と比べて、どれとどれが…。 これだとわかりづらかったらこれだとわかるように日本語にしてみて。 基本的にはあらわしていること同じ？	
20'16" 【課題2】説明	Lesson2を総復習してみようじゃないか。 自分の買ったカップラーメンの説明	

オリジナルのインスタント・ラーメンを作ろう	「こうこうこういうラーメン」っていう定義を考えてもらおうと。	
	(課題の説明) 例を見てもらった方が早い。 条件を二つ。 ・Lesson2 ででてきた表現を使う。 ・to, with, in , which, where, when のうち三つ以上使う。	
22'56" グループ活動		
32'32" 発表		A hare meat-flavored instant ramen with thick soup which is eaten the moon. ウサギ味の濃いスープで月の上で食べられるインスタント・ラーメン 日本だけで食べられる太麺で味が濃い味噌風味のインスタント・ラーメン Miso-flavored instant ramen with thick soup and noodle.
40'52" まとめ		

表5　国語科第1回（6月12日第3校時）5年A組の展開

0'00" 授業の説明	英語と日本語文法スペシャルを。 英語と漢文を少し比較して始めることにします。		
00'34" 〈課題1〉（資料3）説明 ワークシート前半の英作文の課題	（ワークシート配布） 最初の英単語を見てください。 1番と2番について並べ替えて正しい文を作ってください。 Internet が大文字になっているのは大文字にしないといけないから。		え、できない。／日本語訳がないと。
01'43" 個別活動			（個別に取り組む）
	1番も2番も2通りずつできます。 グループになって。		
04'04" グループ活動		（静かに机を向き合わせる） （グループになり個々の課題に取り組む）	

			みんな若干違うね。
13'04" 解説	（解答を板書） 　All of these computers are not connected to the Internet. 　All dictionaries are not carefully edited. 黒板を見てください。 どういう意味？ （日本語訳）		すべてのコンピューターがインターネットにつながれているわけではない。 すべてのディクショナリーが注意深く作られていない。
	そのようにもとれる。 「すべてがそうじゃない」ってどういう順番にすればいいですか？ 「なんとか、とは限らない」というのを文法用語でなんという？		部分否定。
21'40" 〈課題1〉（資料3）説明 ワークシート後半の漢文の意味を考える課題	1番と2番の意味の違いは何だろう？ 一部だけ語順が違っている。それぞれどういう意味があるか。 英語と漢文が偶然一致してるなら、not all にあたるのは1番と2番のどちらか。 偶然ですが（漢文の語順は）英語と一緒。Not、不を先にもってくると部分否定。		語順的には2番。
26'34" 発表		上は、家が貧しくて常に油がない。下は、家が貧しくて常に油があるわけではないということ。	
	漢字の並び順で意味が変わる。 否定詞が先に来ると部分否定になる。 英語も漢文も語順が大事だという点では似ている。		
28'28" 〈課題2〉（資料5）	漢文を書き下し文にする。 漢文必携の36ページを見ながら。 英語と漢文では語順が大事だったが、日本語に直すときはどうか。		
29'56" グループ活動	（ワークシート配布）		（課題に取り組む）
36'55" 解説	「不」が先だと部分否定になる。副詞「常」が先に来ると全部否定になる。 全部否定と部分否定のまとめ。		

	・副詞＋否定詞→全部否定	
	・否定詞＋副詞→部分否定	
	常　不　有：つねにあらず（いつもいない）	
	不　常　有：つねにはあらず（いつもいるわけではない）	

表6　国語科第2回（6月14日第3校時）5年B組の展開

活動の展開	教師	生徒
00'00" 説明	（文法スペシャルの説明）今日から漢文。	何それ？／英語でやったやつ。
00'58 解説	S、V、O を並べる並べ方は何通り？ ・SVO：英語、中国語（漢文） ・SOV：日本語 　SOV は韓国語、ドイツ語、オランダ語など。 ・SVO 型の特徴 　助動詞が前に出ている（動詞の前） 　英語と漢文が似ているのではなく、SVO 型に共通の特徴。	6通り。 俺が、焼いた、家を。 俺が、家を、焼いた。
07'42" 〈課題1'〉（資料4）説明 ワークシート前半の英文の意味を考える課題	（ワークシート配布）	漢文なのに横書き。違和感。
	次の二つの英文の意味を考えてください。 ① All of these computers are not connented to the Internet. ② Not all these computers are connected to the Internet.	
11'31" 活動		（個別に課題に取り組む）
	自信のない人もいるようなので、近くの人と相談してください。	英語がわかんない。
12'57" 発表	わかった？英文のほうで1番と2番の違い。	
	①全てのコンピュータがインターネットに接続されていない。 ②全てのコンピュータがインターネットに接続されているわけではない。	

第5章　メタ文法プロジェクトの実践と授業デザインのポイント　151

	使っている単語の数も同じだが、①では all が先で not があと。②では、not が先で all があと。①は②と同じ意味にもとれる。	
15'33" 解説	②の not は何を修飾しているか？	all を修飾している。
	全てではない、ということになる。だから、「全てのコンピュータが接続されているわけではない」という意味になる。構成している単語は全く同じだが、語順次第で違う意味になる。	
17'22" 〈課題1'〉（資料4）説明 ワークシート後半の漢文の意味を考える課題	①と②の意味の違いを考えてください。ヒントは、SVO 型の言語で共通する特徴がある。英語の「all not」、「not all」と同じだとしたらどういう意味になるか。	
18'00" 活動		（個別に課題に取り組む）
	では、グループになって確認してください。	
23'07" 発表	英文の①、②と一致していて①は、いつも手に入らない、②は、たまに手に入る。いつも手に入るわけじゃない。 いつもできるわけじゃないというのを何って言いますか？	①いつも手に入れられなくて、②は時々手に入る。 部分否定。
25'29" 〈課題2〉説明	日本語ではどうなっているのかを考えたい、書き下し文にしましょう。 英語では not が先に来ている方が部分否定。漢文では「不」が not にあたる。Not があとに来てる文は全部否定。	
25'56" 課題の説明	（ワークシート配布） 1番と2番を漢文必携 36 ページを見ながら返り点、送り仮名をつけて書き下し文にしてください。	
26'07" 活動		（グループで課題に取り組む）
29'57" 発表	前に来て書き下し文にしてください。 （生徒を指名）	（男子生徒2名が板書）
	①家貧しくして常に油を得ず／②家貧しくして常には油を得ず	
32'37" 解説	日本語では、語順を変えるのではなく「は」をつけることで部分否定を表している。日本語は SVO 型ではないので違う方法で部分否定を表す。	

34'20" まとめ	「常」のような漢字を副詞、「不」のような漢字を否定詞という。副詞が先に来て否定詞があとに来ると、全部否定になる。否定詞が先に来て副詞があとに来ると部分否定になる。 全部否定の時は「油を得ず」というのを「常ニ」が修飾している。部分否定の時は「不」が「常ニ」を修飾している。「不」でなく「否定詞」と書いたのは、否定詞は「不」だけではないから。	
39'00" 演習	（答え合わせ）	（個別に問題演習）

表 7　国語科第 3 回（6 月 14 日第 5 校時）5 年 C 組の展開

活動の展開	教師	生徒
00'55" 解説	どの言語でも S と V と O の三つの要素があって、単純に考えると並べ方は何通りありますか？ 　（板書）　SVO　SOV　VSO　VOS　OSV　OVS　←私たちが 　　　　　　使っているのは何でしょう。 　　　　　　少数ながら 6 通り全部あるらしい。多いのは SVO と 　　　　　　SOV。オランダ語やドイツ語も SOV。	
	漢文の 5 文型をやったときに英語と同じだと説明したが、同じ SVO 型の言語である。 　　語順以外の共通点：助動詞の位置（SOV 型は助動詞は動詞の後 　　　　　　　　　　　ろだが、SOV 型は動詞の前に来る） 　　　　　　　　　　板書：食べない、食べよう ／ 不○、可○ 　　前置詞がある（SOV 型は前置詞なし、SVO 型は前置詞あり。 　　at や to のあとに名詞。漢文も同じ） 　　板書：学校<u>に</u>　　　／　　at＿＿＿＿、to＿＿＿＿	
	SOV 型で日本語と韓国語にも共通点があり、韓国語も助詞が後ろのほうについてその文の中で役割を示す。 英語では、I、my、me、mine と格変化をして文中での役割を果たすが日本語の場合は「が」をつけると主語になり「を」をつけると目的語になる。つける助詞によって役割が決まる。	
09'45" 〈課題 1'〉（資料 4）説明	ワークシート配布：今回はその英語と漢文を比べてみましょう。二つの英文の意味を考えてください。	
10'10" 個別活動	板書　①All of those computers are not connected… 　　　②Not all of those computers are connected…	（課題に取り組む）

13'35" 発表	使われている単語は全部一緒です。順番が違うだけ。	①全部のコンピューターは、それらすべてがインターネットに接続されていない。 ②全部のコンピューターはインターネットに接続されているというわけではない。
	②は not が all を修飾していて、全部じゃない。①を②のようにとる人もいる。①は曖昧な意味になる。 漢文も英語と同じく SVO 型なので、語順が違うと意味が変わってくる。	
17'37" 〈課題 1'〉（資料4)説明 ワークシート後半の漢文の意味を考える課題	次は、漢文の違いを考えてください。 英語の違いを参考に。／使われる漢字は一緒だが 1 番と 2 番で意味が違う。	
21'42" 発表	英語と語順の特徴としては一緒。①は not があとに来ていて、②は not が前に来ている。	1 番は「常ニ」ってなって、2 番は「常ニ」のほうに「不」がかかっているから、たまに油を手に入れられる。
21'55" 解説	1 番は、家が貧乏でいつも手に入らない。2 番は「不」が「常ニ」を修飾しているのでいつもではない。 語順としては英語の 1 番、2 番間一緒。1 番は all が先に来ている。2 番は not にあたる「不」が先に来ている。 こういう否定をなに否定っていうか知ってる？　　部分否定。 英語でも漢文でも語順によって意味を表している。	
23'01" 〈課題 2〉（資料5)説明	日本語だと、どうやってこの二つの違いを表すのかということをみたいので、書き下し文にしましょう。 ワークシート配布：グループになって、漢文必携を使って書き下し文を作ってください。	
24'23" グループ活動		（グループの形態で個別の課題に取り組む）
28'53" 発表		①「家貧しくして常に油を得ず」 ②「家貧しくして常には油を得ず」
31'03" 解説	英語と漢文では語順によって全部否定と部分否定を分けていたが、日本語ではなにで分けてる？	助詞。

	日本語では語順の違いで表さないで「は」という助詞をつけるかつけないかで表しているのがおもしろいところ。「常ニ」というような言葉のことを副詞という。Not にあたる「不」を否定詞とよんでいる。副詞が先に来て、次に否定詞だと全部否定になる。否定詞「不」が先に来ると部分否定になる。	
35'06" 解説	白文でも読めますか？ 　板書：①「常不有」、②「不常有」語順に気をつけて。	①「常にあらず」 ②「常にはあらず」
	英語と同じく not が先に来るのが部分否定です。共通点はあるけど、違うところもたくさんある。 　英語はだいたいの場合は主語があるが漢文の場合は主語がないことも結構ある。 　英語は時制があるが漢文には時制はない。	
37'13" まとめ	同じ型の言語として共通点がたくさんある。	

　英語科については、各回とも授業の基本的構造に大きな違いはない。導入のあり方から、授業の途中になされた教師自身の経験談まで揃っていた。しかしさらに細かい単位で構造をとらえていくと、【課題1】（資料1）で生徒が作成した英文を発表する局面が、第1回（B組）、第2回（C組）が4回であるのに対して、第3回（A組）では6回と増加している。このことに関しては、事後のカンファレンスにおいて、越智教諭自身が「A組（第3回目）の授業では、（文法事項に関する教師の説明を）もう少しダイエットして……」と述べているように、授業者が、できるだけ生徒の意見を引き出そうと意識的に授業を展開したためであるといえよう。

　国語科については、第1回（A組）の授業と第2回（C組）および第3回（B組）の授業との間で、先述のように英文から部分否定に気づかせる〈課題1〉の構成と、それに先立つ教師の解説の有無（第1回はなし）の点が異なっていた。このことに関して、田宮教諭はカンファレンスの際に、次のように述べている。まず、〈課題1〉（資料3）と〈課題1'〉（資料4）の形式が異なっていることについては、「（A組では）英文を並べ替えるのにすごく時間がかかってしまった」という理由である。確かに、A組の授業では、授業開始

早々から課題に取り組んでいたが、ワークシート後半の漢文の意味の違いを考える課題（（資料 3）の二つ目の課題）への取り組みが始まったのは、開始後 21 分 40 秒であった。授業後の生徒の感想をみると、A 組では本授業で授業者が生徒につかませたかった「部分否定」について言及している生徒は、他のクラスに対して少ない。また、授業の冒頭に S、V、O からなる文型の解説をしたことについては「A 組（第 1 回）の授業を終えて（生徒の）感想をみたときに『英語と中国語は似ていると思いました』という感想が少しあったので、そういう理解は間違っているとはいわないけれど、あまり正しくないのではないかと思って」とその理由を述べている。

2. 授業の詳細

本節では、実際の授業がどのようであったのか、発話資料に基づき教科ごとに検討していく。

2.1 英語科
2.1.1 導入

黒板には『名詞を修飾する手段と問題点』と記されてある。しかし、教師はそのことには触れずに授業を展開していく。生徒たちの感想をみると名詞の修飾について言及しているものも少なからずあり、終始意識されていたようである。

どのクラスにおいても、授業開始後比較的早く課題が配布された。教師は、B 組と C 組においては「Lesson 2 の知識を総動員して」本時の課題に取り組むよう働きかけていた。ここで「Lesson 2」とは英語の授業で使用されている教科書の Lesson 2 であり、題材としてはインスタント・ラーメンを、文法事項としては「S ＋ V（V ＝ be 動詞以外）＋ C（C ＝現在分詞）の文型」や「句を指す形式目的語の it」、「関係副詞の非制限用法」を扱っていた。教師は、Lesson 2 のどういったことを活用するのかについての具体的な提示はおこなわなかったが、【課題 1】（資料 1）については係り受けへの注

目、【課題 2】(資料 2)のインスタント・ラーメンづくりへの意識化を促すことにつながっていったと考えられる。

　【課題 1】はワークシートの配布後すぐ開始された。配布後 1 分ほどで小集団学習に展開したが、配布してから小集団学習までの間の活動についての教師の指示は B 組・C 組と A 組とで異なっていた。B 組と C 組においては、ワークシートを配布した後、「私は、黒い目のきれいな女の子に会った」という日本語の文に注目するようにはたらきかけ「自分の中で、これを英文にするとどうかなって、思い浮かべてください」と生徒に告げた。まずは個人で課題と向き合うことを促していたのである。それに対して、A 組においては、当初より黒板に「私は、黒い目のきれいな女の子に会った」と記されており、ワークシートを配布しながら「最初に考えてほしいのはこれ」と黒板を拳で軽くたたきながら板書に注目させたうえで、隣の座席の生徒とじゃんけんをさせ、「勝った人、これ、ゆっくり読んでください」と指示した。先行する 2 回においては、つぶやきはあるものの個別に集中して課題と向き合っていたのに対して、自然と相互作用が生まれ、「目がきれいか、女の子がきれいか」(A 組)など、まずは日本語の解釈を思い思いに語り合っていた。

2.1.2　展開①【課題 1】の小集団活動

　生徒たちは、小集団学習の形態には慣れているようで、4 人ずつ机を向かい合わせにした後、教師の指示を受け、ホワイトボードとペン、イレーサーと単語カードの入った封筒を教卓から自分たちのグループの机にもちかえった。以下では、C 組のある 1 つの班(X 班)の様子を中心にみていく。X 班は女子 2 名、男子 1 名の 3 名からなる班であった。

　生徒たちがホワイトボードの上にカードを出したことを確認すると、教師は、生徒が作成すべき英文が複数あることを示唆する。教師は「英文 1、英文 2、英文 3 ってあるけど、なんでこんなに 3 つも欄があるのかな？」と回答欄が複数あることを意識化させている。加えて、C 組、A 組においては、単語カードの中に同じ単語のものが複数ある(たとえば、"I")ことを指摘

し、複数の英文を作成することを暗黙的ではあるが明確に指示している。しかし、生徒たちは、教師が回答欄の数に言及する以前に、事例1（表8）のX班のように、「黒い目のきれいな女の子」という課題となる文が多様な解釈が可能であることに気づいていた。

表8　事例1：英語科C組X班の活動（1）

X班では、教師の指示通り、グループの中央あたりに置かれていたホワイトボードの上に、封筒の中のカードを無造作に出したあと、メンバーは何らかの意図のもとでそのカードを並べ直していた。その後、女子生徒Aが、「よし。えっとー。」と大きめの声でつぶやき、発話しながら（聞き取り不能）、ホワイトボードからカードを取りのけていった。Aは他のメンバーにも「はずして」とジェスチャーで指示し、その2名も同様に次々とカードを取りのけていった。女子生徒Bが「何したいの？　これ」と尋ねると、唯一の男子生徒Dが、「え、ど、え、どうする？　目がきれいな方でいく？　女の子がきれいな方でいく？」と発話する。それに対して、Aは「えー、目がきれいな方」と答えた。

生徒たちは、活動が始まるとすぐにカードを封筒から取り出して、ホワイトボードに並べ始めた。ただし、その並べ方には、大きく二つのあり方がみられた。一つには、まず単語カードを並べる前にあらかじめ英文を考えた後、すぐにカードを並べ始めて英文を完成させようという志向をもった並べ方である。もう一つの並べ方は、まず、単語や品詞ごとに同じものを分類して単語レベルで整理するという志向をもった並べ方である。こちらの並べ方をしたグループも結局は英文を完成させる作業に入るのだが、手順が一つ多いことになる。しかし、単語ごとに整理をするという行為は、これから作ろうとする文について、単語の組み合わせという視点でとらえることにつながる可能性がある。本授業においては、文法や文の構造を意識することをねらいとしており、その意味では単語の整理という手順を踏むことには意味がある。さらに、X班の様子をみてみよう。

158　藤江康彦

表9　事例2：英語科C組X班の活動（2）

> 　教師が、回答欄が複数あることを示唆している頃から、X班では、単語カードを並べる活動が始まっていた。男子生徒Dが手に持ったままだった「I」というカードをホワイトボードに置くと、女子生徒Aが続けて「met」のカードを続けて並べ、更にDが「a」、「girl」、「who」のカードを続けて並べる、といったように、交互にカードを出し合うかたちで、英文が作成されていった。
> 　その後も、DとAが英単語を口にしながら、ほとんど交互に近いタイミングでカードを並べ続け、活動開始後2分30秒ほど経過する頃には、「I」「met」「a」「beautiful」「girl」「who」「had」「black」「eyes」という英文と、「I」「met」「a」「girl」「with」「beautiful」「black」「eyes」という英文が完成していた。

　X班では、カードゲームをするように、AとDカードを並べていった（表9）。しかし、この2名が専制的にグループの活動を進めていたわけでは必ずしもない。小集団学習であるため、その活動が他のメンバーにも可視化されており、たとえば、事例3（表10）のように、Bが2人のやりとりに直接的、間接的に介入する場面もあった。

表10　事例3：英語科C組X班の活動（3）

> 　すでに2文を作り上げたDとAが更に「I」「met」「a」「girl」「black」とカードを並べていくと、女子生徒Bは「あー、そっち？」と納得したような口調でつぶやいた。その後、DとAが一緒に「girl」と「black」の順番を入れ替えていくと、Bは「あーあーあー」とやはり納得しているような口調でつぶやいた。
> 　しかし、その後の作業がなかなか進まず、Aが手に「with」のカードを持ったまま、ホワイトボードには置けずに考えている様子をみせた。そこへ、Bが「黒い、目のきれいな女の子に会った」と発話した。それにDが「目がきれい。きれいな目」と続けた。

　Bは単語カードを持たず、AとDのやりとりに直接的に参加することをしてはいなかった。しかし、AとDがあたかもカードゲームをするかのように進めるやりとりに、自らも次の手を考えながら参加していたといえるだろう。そのことは、「あー、そっち？」という発話、つまり自らの考えていたのとは別のカードが切られたことへの驚きとその適切性への納得が、「あーあーあー」という感嘆を込めた発話に現れている。さらには、Aが手元に残ってしまったwithのカードを切れずにいたとき、そのカードを出す

第5章　メタ文法プロジェクトの実践と授業デザインのポイント　159

ことが可能であることを示唆する助け船をAに示している。それにDも同調することで、英文を完成させるという課題解決が協調的になされたといってよいだろう。

　その後、X班では、「I」「met」「a」「black」「girl」「with」「beautiful」「eyes」という三つ目の英文が完成し、メンバーはそれぞれワークシートに記入した。

2.1.3　展開②【課題1】の発表

　概ね、6分〜7分の活動を経て、発表場面に移った。教師は、時計をみながら、生徒に「ストップ」というかけ声をかけさせ、そのかけ声が発せられたタイミングによって発表する班を決めているようであった。指名された班は代表者が発表し、教師が確認しながら板書していった。一つの発表が終わると、教師は「これと同じの（同じ文）ができたところ」と教室全体にはたらきかけ、同じ文を完成させた班が挙手をした。また、三つ目の発表が終わると、「他のもできちゃったところ」を確認し、発表を促した。このように、教師によって指名された班が発表し、それを教師が板書するという発表場面の流れは3クラスとも基本的には同じであった。それぞれの授業で発表された英文は表11のとおりである。

表11　英語科【課題1】の解答

第1回（B組）
I met a beautiful girl who had black eyes.
I met a beautiful girl with black eyes.
I met a girl with beautiful black eyes.
I met a black girl with beautiful eyes.

第2回（C組）
I met a girl who had beautiful black eyes.
I met a girl with beautiful black eyes.
I met a black girl who had beautiful eyes.
I met a beautiful girl with black eyes.

第 3 回（A 組）
　I met a girl with beautiful black eyes.
　I met a girl who had beautiful black eyes.
　I met a beautiful girl who had black eyes.
　I met a beautiful girl with black eyes.
　I met a black girl with beautiful eyes.
　I met a black girl who had beautiful eyes.　（ただし、教師から提示）

　発表場面の様子を一つ紹介してみたい。事例 4（表 12）は、B 組における出来事である。第 1 回の B 組においては、上述した四つの文のうち、三つめまでが発表された段階で、教師が、他の文ができた班を確認した。事例では、ある一人の生徒と教師とがやりとりをしている。

　この生徒は、「邪道」という表現で、自分たちの班の完成させた英文を自己評価している。研究者側が越智教諭に提案する授業デザインの原案を検討した際、「黒い目のきれいな女の子」を課題文として選定した際に「黒い」「女の子」(black girl) が差別表現にあたる可能性があるのではないか、ということが危惧され議論となった。議論の結果、そういったことも含めて生徒にとっては学びであり、意味があるのではないかと結論づけられ、あらかじめ授業者である越智教諭にも伝えた上で授業をデザインしていただいた経緯がある。生徒が、自らの表現を「邪道」としたのは「黒い女の子」という意味合いの文を作成したことへの後ろめたさがあったのかもしれない。あるいは、他の班の発表した文が、girl を修飾する語として「黒い目」を措定しているか「きれいな」を措定しているか、でしかないのに対して、「黒い目」を「黒い」と「目」で区切って「黒い」部分だけを取り出していることは、この授業で求められている操作ではないのではないかとの危惧があったのかもしれない。とはいえ、「課題文は読点を打つ場所によって多様な解釈をもつ」ことがより強く教室で共有されることになったといえよう。

　なお、「黒い女の子」という表現の扱いについては、授業者の越智教諭は「光るような黒い肌だと白眼が映えて美しい」という所感を述べることで対処してくださった。

第 5 章　メタ文法プロジェクトの実践と授業デザインのポイント　161

表 12　事例 4：英語科 B 組の発表場面

教　師	生　徒
三つの案があったけど、これじゃない、他のもできちゃったって。 はい、邪道だけどとりあえず聞かせてよ。	えっ、あのう、邪道だけども。 はい。 I met a black girl
I met a black girl 、はい。 with beautiful eyes. うん。なんで邪道だと考え、えー、感じるの？	with beautiful eyes. えっと、だから黒い目のきれいな女の子じゃないですか。
うん。	だから、上の三つだったら、その「黒い目」というのが一つと、その「きれいな」というのがあって、それ、その二つのどっちかが、その girl の修飾をされるのかっていう話なんですけど。
うん。	これだと黒いと、その、だからなんて言えばいいのかな。だから、黒い目のきれいな女の子の、あっと、「黒い」と「目」の間で文章を切るみたいな感じで、ちょっと違うかなと。
うん。 これ、黒い、目のきれいな女の子に会った、だったらオーケーじゃないね。 いや、だってさ、これは「私は」で切れるとはなっているけど、その後は、「黒い」、「目のきれいな女の子」に会ったってことだって。なくはないよね。	

2.1.4 展開③【課題1】英文の日本語訳

ここでは、A組の様子をみていく。発表が一通りすんだところで、教師は、向かい合っている生徒同士でじゃんけんをさせた。そして、勝った生徒に対して「これ日本語にしてみて」と働きかけた。この展開は他のクラスでもほぼ同様であった。

A組では、板書された英文を「これだとはっきり分かるように」、「誤解されないように」訳すよう、教師は生徒に働きかけた。教師は、6文ある英文のうち、上から2文に図1のように矢印と下線と波線を加筆し、指し棒で上記2箇所の「a girl」を指しながら「僕が会ったのは女の子なんだよね」と付け加えた。それに対して生徒からは「私は、きれいな黒い目をもった少女に会った」という回答があり、教師は「うん、よかったよ」と肯定的な評価を示した。

```
I met a girl ← with beautiful black eyes.
I met a girl ← who had beautiful black eyes.
```

図1 英語科A組における【課題1】和訳時の板書（1）

また、次の2文については図2のように「a beautiful girl」に波線を引き「美しいのが先に来た。ね、目に入った。わーきれい」と発話した。それに対して生徒からは「黒い目をもっている」という発話があった。先の2文との違いを明確にした訳としては、「私は、黒い目をした美しい女の子に会った」が適切である。そこで教師は評価を示すことを明確にはせず「黒い目をもったとか、美しい女の子じゃなきゃだめだし」と補足した。

```
I met a beautiful girl who had black eyes.
I met a beautiful girl with black eyes.
```

図2 英語科A組における【課題1】和訳時の板書（2）

第5章　メタ文法プロジェクトの実践と授業デザインのポイント　163

　さらに、最後の2文については図3のように、矢印と下線を加筆し、「あるよー。もう真っ黒に、すっごい光るような肌をした女の子が、ね、すっごい白目がくっきりとしてて…」と発話し、さらに自ら「これも美しい目をした黒人の女の子、美しい目を持った黒人の女の子」と続けた。

```
I met a black girl ←   with beautiful eyes.
I met a black girl ←   who had beautiful eyes.
```

図3　英語科A組における【課題1】和訳時の板書（3）

　以上のように、当初「私は、黒い目のきれいな女の子に会った」という日本語の1文だったものが、英語に訳した際には、6文になり、さらにそれをもう一度日本語に訳し直すと、ここでは、三つの異なった事柄を指し示す文となることを生徒たちは経験した。この経験が、生徒のどのような感想として現れたかは、第6章で詳しくみていくこととなる。

2.1.5　展開④【課題2】の小集団活動

　ここでは、再びC組の様子をみていく。【課題1】に引き続き行われた【課題2】では、教科書のLesson 2で主題となった「インスタント・ラーメン」について、自分たちのオリジナルのインスタント・ラーメンを考え、その説明を英文で表現する、という活動に取り組んだ。ワークシート（資料2）に示されたような「Lesson 2 pp.19–29に出てくる単語、表現を使うこと」、「to, with, in, which, where, whenのうち、いずれか3語を必ず使うこと」という二つの条件が教師から示された。さらに、「英文例（和文例）」として「a tomato-flavored instant ramen with thick soup which is eaten in space（宇宙で食べられるスープの濃いトマト風味のインスタント・ラーメン）」も提示された。

　生徒たちは、【課題1】と同じグループで話し合いを始めた。基本的な授業の展開は3クラスとも同様であった。【課題1】と比べるとどのクラスも話し合いは活発になされていた。以下では、先にみたX班の活動を例にみ

ていく。話し合いは、事例4（表13）のように始まった。

表13　事例4：英語科C組X班の活動（4）

　話し合いは、課題1と同様に、女子生徒Aと男子生徒Dとのやりとりを中心として進行した。Aはおそらく授業の配布物と思われるプリント類の入っているバインダーを開き、確認しつつDとやりとりをしている。Bは発話をせず、やや所在なさげであった。
　おそらく、味についてのやりとりが始まったのであろう、Aが「スパイシー」と言うと、Dが「よし、じゃあ、とうがらしとか」と答える。少し間を置いてから、Aが「チキンベースでスパイシー」とつぶやくと、BがAのほうを見て笑いながら「トマト味の」と発話し、DとAとのやりとりに入ってきた。それを受けてAが「トマト味の」と発話すると、Dは「結局トマト味かよ」とそれぞれ応じた。

　ここでも、AとDのやりとりが中心である。当初、所在なさげであったBも時宜をみてやりとりに加わっている。しばらく味についてのやりとりが続いた。基本的にはAが自分の味付けを主張するが、それがうまくDに伝わらず、かみ合わないやりとりが展開されるのを見て、Bが笑うという状態が少し続いたが、次第に英語で表現する作業に入っていく。

　事例5（表14）のように、作文をする段階においては、AよりもむしろBのほうが、Dと協調的であるようにみえる。Aはこの間、自分のプリントに目を通すなど、英文を作成する作業からは少し距離を置いているようであった。

表14　事例5：英語科C組X班の活動（5）

　Dは、自分の机にあるプリントを見ながら、ホワイトボードに「a tomato」と記入を始める。Bは自分のプリントを左手で持ち、右手で指差しながら、発話をした後、笑いながらプリントを置き、右手でホワイトボードイレイサーを持ち、Dが書いた「a」を消す。その間に男子生徒は「tomato」続けて「-flavored」と書き足しており、「tomato」の前にも「-」と書いて、何かを足そうと思案している様子であった。

　さらに、事例6（表15）の段階に進むと、味について議論しながら、同時に英文を作成する作業にも取り組んでいた。他のグループも同様で、教室内は生徒たちの議論する声や笑い声があちらこちらで聞かれた。しかし、生徒

第5章　メタ文法プロジェクトの実践と授業デザインのポイント　165

たちの関心は、インスタント・ラーメンの味であり、文法や文の構造について言及するようなやりとりは、記録されている範囲では、この段階では把握できなかった。

表15　事例6：英語科C組X班の活動(6)

> 　その後、Dが「スパイシー」と言って「-tomato」の前に「a spicy」と書き足した。Bと口頭や、互いに手にしていたホワイトボードマーカーを用いたやり取りを交わしながら、改行して「instant ramen with」と記入し、更に改行し「chi」まで書いたところで、Aも自分のペンでホワイトボードを指しながら、やりとりに加わってきた。
> 　Dが、味の条件を指折り数え、笑いながら「え、チキンベースドスパイシートマトフレイバー？」と発話し、Bはそれに対して大きく笑った。
> 　Aが「じゃー with」と発話したのを受けてDが「with chicken based」と発話し、続けてAが「thin soup にしようよ、じゃー。thin soup」と発話した。これらをとりまとめてDが、「chicken based thin soup」と記入した。
> 　その後、X班の英文は、教師に促されて黒板にて学級全体に示された。

　話し合いを経て、X班は「A spicy-tomato-flavored instant ramen with chicken based thin soup which is eaten in the home.」という英文をつくった。話し合いのさなか、教師はX班には英語で、また別の班には、自分たちの作成した英文を日本語に訳した上で、それぞれ板書するよう求めた。

　話し合い開始から7分ほど過ぎたあたりで、教師は学級全体に対して「じゃあこれを日本語にして」と自分たちの作成したインスタント・ラーメンについての英文を日本語訳するよう生徒たちに促した。日本語訳を考えている際のX班の様子を見てみよう。

　事例7(表16)でのやりとりは、単に英文の日本語訳を考えるというだけではなく、「薄い」や「スパイシー」という語相互の係り受けの関係について生徒が意識していることを示している。

表16　事例7：C組X班の活動(7)

> 　Dが、「鶏がらの、鶏がらの薄いー」と発話すると、AあるいはBが「薄いだっけ？」と返す。再びDが「薄いスパイスのきいた」と発話すると、AあるいはBが「違うよー。スープが薄いんじゃない？」とさらに返す。Dは「地球で食べら

れる、鶏がらの、あれ。薄い鶏がらの、あれ…」と詰まっていたため、A あるい
は B が「やばいよー」と危惧の念を示した。D が「あ、薄いスープ。最後、薄い
スープ。鶏がらのー」とあらためて提案すると、A あるいは B が「スパイシー」
と補足するので、D は「スパイシーなー」と返した。それに対して、A あるいは
B から「え、トマトがスパイシー？」と返答があった。D は「スパイシー、スパ
イシーとは？」と発話し、A あるいは B が「スパイシーなトマトのー風味のす
る？」と返した。

　先述のように、英文作成の段階では、どちらかというと生徒たちはどのよ
うな味のインスタント・ラーメンを作るかに意識を向けていた。そして、考
えた味を英語で表現することについては、英文例が示されているので、単語
を入れ替えれば完成することができた。それゆえなおさら生徒たちは、係り
受けや文法事項を意識しないで済んだのである。

　しかし、その英文を日本語に訳すという課題に直面して生徒たちは初めて
英文を作成する段階で意識しなかった文の構造を意識せざるを得なくなっ
た。これは、【課題1】と同じように、英語と日本語を一方向的に訳す（英語
→日本語／日本語→英語）のではなく、それをさらにもとの言語に戻すとい
う一往復の作業を行う活動が仕組まれていたからこそ生徒たちが実感をもっ
て直面する課題となったのだといえるだろう。

　授業の展開としては、このあと板書された英文の日本語訳と日本語の英語
訳について作成した班に発表させたあと、本時の感想を生徒に書くよう指示
をして、終了した。

2.2　国語科

2.2.1　導入

　国語科では、漢文の授業として行われた。授業者の田宮教諭は、「文法ス
ペシャル」と称して生徒に説明し、文法について学ぶ授業であることを意識
づけた。

　先述のように、授業の展開は第1回（A組）と第2回（B組）、第3回（C
組）とで、大きく異なっている。次節では、第2回、第3回にとられた文型

についての教師の解説をまずはみていくことにする。

2.2.2　展開① S、V、O という観点から見た文法についての解説

　B 組および C 組の授業の展開はほぼ同じである。いずれも、○○語という個別の言語内の規則性という観点から文法事項をとらえるのではなく、S、V、O という要素からなる「文型」という視点を生徒に与えている。個別の言語を超えた汎言語的な文法の枠組みで思考できるようにうながす試みであるといえるだろう。

　授業が始まると、教師は黒板に「S　V　O」と板書し、「だいたいどの言語でも S と V と O と三つの要素があって、単純に考えると並べ方は何通りありますか？」と生徒に問いかけた。生徒からはすぐに「6 通り」あるとの応答があり、教師は 6 通りの並べ方のすべてを板書した。そして、日本語や韓国語は SOV 型であること、英語や中国語は SVO 型であること、他の組み合わせ（VSO 型、VOS 型、OSV 型、OVS 型）をとる言語も少数ではあるが存在することを説明した。生徒たちは、S、V、O という要素に着目して文を把握する経験は、英語科ではあるものの国語科ではおそらくなかっただろう。ある特定の言語を超えてメタレベルで言語をとらえる枠組みを生徒に与えることになっていた点で、本時の導入としては意味があったといえる。

　続けて教師は、SVO と SOV 以外の文型を消した上で、「『主語、述語、目的語』という語順が漢文と英語では同じである」ことを以前の授業で説明したことを取り上げ、「英語と漢文がっていうよりは、同じ SVO 型の言語だからってことなんです」と述べた。具体的な個別の言語間の関係ではなく、S、V、O からなる「文型」のもつ特徴として「語順」があり、英語と漢文は同じ文型をとる言語であるがゆえに語順が同じであるのだという理解をうながそうとしていた。

　教師はさらに、SVO 型であるがゆえの語順以外の共通点を例として示すことで、文型の概念を拡張しようとする。すなわち、助動詞の位置である。教師はまず、日本語では助動詞は動詞の後に来るが、英語では動詞の前にく

ることを確認して、図4のように板書した。そして、SOV 型の言語では助動詞は動詞の後に来る場合が多く、SVO 型の言語では助動詞は動詞の前に来る場合が多いと説明した。教師は「日本語」、「英語」という個別の言語で語るのではなく「SOV 型の言語」、「SVO 型の言語」という呼称で語っている。さらに、漢文の「可（べし）」や「不（ず）」も動詞がその後に続く点でSVO 型の特徴を有していること、SVO 型の言語には前置詞かそれに類するものがあること、などの例をあげた。「文型」という枠組みの理解を深めようとしている。

| 食べ<u>ない</u> | 食べ<u>よう</u> |
| <u>can</u> swim | <u>will</u> swim |

図4 国語科 B 組 C 組における解説時の板書（1）

2.2.3 展開②「文法 SPECIAL」のワークシート〈課題 1'〉（資料 4）を用いた活動（英語編）

授業開始後7分〜8分で次の活動へと展開した。教師は、SVO 型の言語の中で、「たまたま私たちが知っているのが英語と漢文しかないので、その英語と漢文を比べてみましょう」としたうえで、「All of these...」から始まる英文と「Not all of these...」で始まる英文の意味を比較し、その違いがどこにあるのかを検討するという〈課題 1〉を生徒に提示した。教師は、A 組での授業の振り返りに基づいて、英単語を正しく並べる形式ではなく、最初から英文を与えている。加えて、A 組の授業の課題は、二対の問題からなっていたのに対して、B 組、C 組の授業の課題は一対の問題からなっていた。この変更により、並べ替えにかかる認知的負荷を軽減して、比較するという活動へと深く専心することが可能となった。

　まず、英文が示していることの意味については、両クラスとも指名された生徒は、①は「すべてのコンピュータがインターネットに接続されていない」、②は「すべてのコンピュータがインターネットに接続されていないというわけではない」（C 組）と回答した。並べ替え課題に取り組んだ A 組に

おいては、完成した英語の訳について、指名された生徒は当初間違えて回答したが、A組でのみに使用された二つ目の対である「All of dictionaries are not...」、「Not all dictionaries are...」の訳も併せて行うことで、computerについての課題にも正解することができた。

　この課題解決場面においては、多くの生徒が比較的容易に英文を訳すことができた。しかし、複数の英文を訳すことによって訳し方が理解できる生徒がいたかもしれない。

　次いで、その意味の違いの由来について、田宮教諭は「『修飾関係』に注目してください」と注意を喚起したうえで、図5のように板書に下線と矢印を引いた。

All of these computers are <u>not</u> connected...
<u>Not</u> → all of these computers are connected...

図5　国語科B組C組における解説時の板書（2）

そして、「2番のnotはallを修飾していいますよね。全てっていうのを否定しているんだから、全てではないっていうふうになる。①のほうはallをnotで否定しちゃってるので『全てが接続されてない』という意味にとられやすい」（B組）と解説した。

　そのうえで、教師は「（構成している単語は全く一緒でも）語順が違うと、意味が変わります」（C組）と述べた。この後、漢文の意味を考える課題に取り組む際も、教師は語順の違いということに何度か言及した。そのせいか、生徒の感想でも、語順の違いが意味の違いにつながることについて触れているものが比較的多くみられた。

　なお、A組の授業においては、英文の課題の終末において教師が「部分否定」について生徒に想起させ、Notが冒頭に来る文は「部分否定」の文であると説明していた。

2.2.4 展開③「文法 SPECIAL」のワークシート〈課題 1'〉(資料 4)を用いた活動(漢文編)

続いて教師は、同じワークシートにある漢文の課題に取り組むよう生徒に指示をした。漢文の課題は、3回とも同様であった。

教師は、①の「常不得油」と②の「不常得油」とでは、「使われている漢字は全く同じで語順が違う」と告げた。A組ではすでに「部分否定」を導入していたためか「どちらかが部分否定である」と、B組では英語も漢文もSVO型であることを再確認したうえで「これももし、英語のこの『all not』と『not all』と同じなんだとしたら、1番と2番はどういう意味になるでしょう」と、C組ではしばらく机間巡視をした後に「1番のほうはnotが後に来ていて、2番のほうはnotが前に来ています」と、それぞれ補足説明をした。

その後、いずれのクラスでも①は「いつも油が手に入らない」という意味、②は「油が手に入らないときもある」という意味であり、意味が異なっていることを生徒が発表し共有された。そしてB組、C組ではここで②が「部分否定である」ことが確認された。この場面で教師が強調したのは「語順」ということである。「英語も漢文も語順が大事」(A組)と述べ、語順が異なると意味が異なるということを生徒に意識させようという意思がみられた。

では、SOV型の日本語では、全否定と部分否定の違いをどのように表すのか。そのことを明らかにするために、教師は課題文を「書き下し文」にすることを生徒に求めた。

2.2.5 展開④漢文のワークシート〈課題 2〉(資料 5)を用いた活動

教師は、漢文だけが縦書きになっているワークシート〈課題 2〉を生徒に配布した。そのうえで、『漢文必携』を用いたり周囲と相談するなどして取り組むよう、指示をした。

4分〜7分経過した後に、生徒を指名し、黒板にて回答するよううながした。指名された生徒たちは一、二点やレ点などを付し、書き下し文を板書し

た。書き下し文にした際に異なっていたのは「常」の送り仮名が①は「ニ」で②が「ニハ」であるという点であった。そして、日本語の場合は助詞（ここでは「ハ」）の有無で全部否定と部分否定とを分けているのだと説明して、図6のように板書をした。

```
副詞＋否定詞→全部否定
否定詞＋副詞→部分否定
```

図6　国語科B組C組における解説時の板書（3）

　さらに教師は、同じSVO型であっても、英語と漢文とでは異なる点があると述べ、その例として、「英語は主語が必ずあるが、漢文は主語がない場合もある」こと「英語には時制があるが漢文には時制がない」ことをあげた。最後の教師の説明が印象に残った生徒も少なからずいたようで、ここでの教師の説明に言及している者がいた。

　授業の展開としては、この後、授業の感想を記述したうえで、A組については終業時間となり授業は終了し、B組とC組については教師の用意した問題演習に取り組んだ。

3.　授業分析に基づく考察

　以上、英語科と国語科において行われた授業を検討してきた。分析に基づき、取り組みの成果と課題についてまとめてみたい。

3.1　成果

　第一に、生徒にとっての成果である。授業を通して、生徒たちは「文法」と「解釈」との関連づけが可能になったという点があげられる。中高生たちは、「文法」は言語における規則体系で、重要な学習事項であることは認識しているであろう。しかし、どちらかといえば知識として暗記し、試験に際

してのみ活用するもの、というイメージが一般的であるということもまた事実である。その規則性に対して興味関心を抱く者はいるかもしれないが、実際の読解や日常の言語活動における有用性を感じている者はそう多くはないだろう。本授業で取り組んだことの一つは、文と自分との接点に実は「文法」があるのだということに気づかせることであったのではないだろうか。授業で扱った文は、短く、構造も単純でいわば「文法を学ぶための文」といえるようなものであるが、そのような単純な文であっても多様な解釈があり得るのだということを、英語科においては、和文の英訳そして再度の和訳という往還を通して、国語科においては、部分否定という一つの事象のメカニズムを考えることを通して、実感したのではないだろうか。この一度の授業の経験だけでは十分ではないかもしれないが、解釈しようとするときに、実は文の意味を文法という形式的側面とともにとらえているのだということに気づくことがメタ文法の授業において目指すことの一つかもしれない。

　第二に、教師にとっての成果である。文法学習を主題とする授業デザインのあり方が示されたという点があげられる。文法指導は、読解や作文の指導とは異なり、生徒にとってもそうであるようにそこに創造や思考を差し挟むことが難しく、教師にとっても、あらかじめ規定された規則体系を少しずつ切り分けて知識として生徒に受け渡すものとなってしまいがちである。そのため、指導もルーティンワークになりがちである。しかし、今回の取り組みでは、2人の教師はそれぞれの教科内容をふまえつつ本取り組みの趣旨を十分に理解し、教科の枠を超え、ことばの学習として授業をデザインしていた。また、メタ文法の授業は新教科として実施したのではなく臨時に設定されたものである。本来の担当授業の進行や定期テスト範囲との関連づけに苦労しつつ、しかもクラスごとに展開を変えてなされていた。この点に意味があるのだといえるのではないか。つまり、従来の教科の枠や展開の中にうまく収まるように、新しい観点を取り入れつついかにデザインしていくのかを考えていただいた結果としての授業であるという点で、結果としてことばの学習としての文法授業の現実的なデザインのあり方を示していただくことになったのではないかと思われる。

3.2 本取り組みの課題

第一に、生徒の感想にもあるように、今回の授業では日本語の曖昧さが強く印象に残った生徒がいるようであった。文法に焦点化しているために、言語のあり方や社会文化的文脈のあり方が反映されたといえるのかもしれないが、さらに多様な言語のあり方（たとえば、曖昧な英語）を示していくことで多様な言語のあり方や言語への見方に気づくような取り組みにもしていく必要があるのではないか。

第二に、文法の学習はルールの学習である。ルール学習やルール理解の発達については他教科において研究や実践の取り組みが蓄積されている。学習者がどのような既有知識としてどのようなルールを有しており、どのような教材や課題の設定によってより深い理解がもたらされたり、より興味関心を高め、質の高い学習が実現するのかを検討していく必要があるだろう。カリキュラム開発における開発の原則を明らかにするという点からも必要である。

第三に、それゆえデザイン実験的な発想に立ち、ルール学習の先行研究に学び、教室における生徒の文法学習のあり方に沿って授業デザインやカリキュラムデザインの原則を明らかにして、検証していくことも必要であろう。

4. 授業実践のポイント

以上で紹介したような授業をどのようにデザインしていけばよいのか。

本取り組みの成果に基づき考えてみたい。まず、本取り組みの成果のうち、授業デザインに対して示唆的と思われる知見を整理する。

第一に、メタ文法課題テストや質問紙調査の結果から示唆されるのは、「文法有用感」の重要性である。「文法有用感」が文法学習方略の使用や「文法好意度」に影響を与える（秋田他 2013）。文法学習の達成を認知の側面からも情動の側面からも成り立たせるものであり、授業デザインにあたり「文法有用感」を高めることがまず必要であるといえるだろう。第二には、文法に関する既有知識が基盤となってメタ文法的知識の獲得がなされるということである。先述のように、授業後の生徒の記述の分析からは、文法用語を用

いることができるか否かが、課題遂行結果の成否に関わることが明らかと
なった。文法に関する概念や知識が十分である生徒に対しては、事前に文法
的知識についての補充的指導が必要である。第三には、文法に焦点化された
学習環境の重要性である。メタ文法が苦手な生徒の特徴として、授業の感想
の分析から以下の3点が示唆された（秋田他 2013）。①日本語を対象化して
いるが「曖昧である」といったような単純化された認識である。②授業中の
文法課題の遂行を問題の解き方の習得としてとらえている。③脱文脈的に成
立する文法を文脈依存的な文の解釈に結びつける学習の仕方をとっている。
これらの生徒は、文法を問題解決のための手段としてとらえたり、あるいは
日常の言語生活における素朴な文法理解に基づいてとらえているといえる。
課題文や教材の設定にあたり、文法事項に焦点化したり適切な課題や教材の
設定が求められる。

　以上、本プロジェクトの取り組みから明らかになったことに基づくと、文
法学習の授業デザインのポイントとして表17の6点が挙げられるだろう。

表17　授業デザインのポイント

①すべての生徒が既習事項を活用できること
②文法に焦点化されていること
③理解と表現産出の両面を同時に扱うこと
④教材の真正性を保障すること
⑤文法構造を可視化するツールを用意すること
⑥板書やワークシートを活用すること

4.1　すべての生徒が既習事項を活用できること

　メタ文法知識の獲得は文法知識の獲得を前提としている。日本文学作品と
その英訳を題材に、日本語と英語の文法を意識化させる課題への生徒の回答
の分析（秋田 2013）からは、文法用語を用いて説明できることが重要である
ことが明らかとなった。文法の意識化がなされるためには、文法についての
知識ベースが構築されておりその知識ベースの上に、課題に応じて知識を活
性化させるようなメタ文法的知識が構築されている必要がある。教師には、

生徒の文法的知識の状態を事前に把握したうえで、既有知識のあり方に合わせた課題設定や教材選択がなされることが求められる。加えて、知識ベースの不十分さや誤った理解に対しては、教師が正しい知識を教えるという補充指導の手続きが求められる。

4.2　文法に焦点化されていること

　文法的知識の知識ベースの構築を支援することとメタ文法的知識の獲得を支援することの連続的、一体的な活動をデザインする場合に、当該言語についての多様な活動の中から「気づかせる」のではなく、文法事項に焦点化された課題の遂行を通して一連の活動がデザインされる必要がある。このことは、生徒の言語生活という点からも説明できる。先述のようにメタ文法の苦手な生徒は文脈依存的な文の解釈と文法とを結びつけてしまっていた。文法は生徒にとっては日常の言語生活に埋め込まれている。日常の言語生活においてつまずく原因としては語彙や意味理解などのほうが意識されるため、文法事項への気づきは優先順位が低く、生徒の中からは課題化されにくいのである。

4.3　理解と表現産出の両面を同時に扱うこと

　翻訳や訳文作成などの活動を取り入れることで、多様な表現に触れ、吟味、解釈し、さらに自らも表現を行うことをうながす。本取り組みにおいては、和文英訳とその英文の和訳の往還や日本の小説とその英訳との対照の中で生徒は英文理解における文法の有用性に気づく可能性がみられた。また、別の英語科の授業においては、和文の英訳そして再度の和訳という往還を通して、国語科においては部分否定という一つの事象のメカニズムを考えることを通して、単純な構造の文であっても多様な解釈が成立することを実感した。なんらかの表現を吟味、解釈しその解釈を表現するという活動をとおして、文の解釈においては文の意味内容を文法という形式的側面とともにとらえていることに気づく可能性があった。

4.4 教材の真正性を保障すること

　良質な文や文章と生徒の出合いが文法有用感を高めるのだとしたら、教材選択にも充分な配慮がなされなくてはならない。特にさまざまなジャンルでより質の高い言語テキストとの出会いが必要である。文法の有用性を感じることは、文法に着目したことでとらえた意味に価値を見いだせるような教材の設定が不可欠である。

4.5 文法構造を可視化するツールを用意すること

　4.3 のように文法に焦点化した課題設定が必要であるが、文法構造を可視化できるツールが用意されることで、生徒は文や文章の中から文法事項を、脱文脈的に切り出してとらえることが可能となる。例えば、本実践で扱った係り受け等では、その関係や並べかえの操作をいれることで可視化できるようなカードを事前に作成したり、他者の考え方を見やすくしたり、保存することで学習の変化を実感できるポートフォリオの活用が有効であることも予想された。これらは、生徒にとっての学習ツールであるだけではなく、教師にとっての形成的評価のツールでもある。とりわけ、少ない回数やあるいは 1 単位時間内のさらに数十分の活動を重ねていく場合などには、生徒の学習履歴が保持されるような仕組みが必要となる。ICT（Information and Communication Technology）の活用によってそれも可能となるだろう。

4.6 板書やワークシートを活用すること

　カードや ICT は個人や小集団を対象として用いられる場合が多いが、教室全体で小集団活動の成果を交流し、また小集団活動や教室全体で共有された事象の個人への定着を図るにあたっては、板書やワークシートを活用することが必要である。ワークシートは、全体を通した課題の設定、それにアプローチするための設問の設定、また設問への生徒の応答の様式などに教師の授業デザインを反映することができる。小集団学習を導入することで、学習活動が拡散的になることや生徒間の相互作用が生徒同士ではマネジメントし難い状況に陥ることもある。その際に共通の参照点として板書やワークシー

トがあると、学習過程の確認や修正を生徒自身が遂行することも可能である。

　ワークシートは生徒や教師にとっての形成的評価のツールとしても活用できる。教師にとっては、生徒のワークシートを通して理解の程度を記述の構造化、使用する語彙などから抽象的、具体的に把握することができる。また、実感や興味をもった学習であったかを知る手掛かりを得ることもできる。生徒にとっては、自らの学習のプロセスやメタ文法的知識の定着について省察することをとおして、以降の学習をデザインすることや既習のメタ文法的知識を活性化することにつながる。

　以上、授業や関連するデータの分析にもとづいて、授業デザインのポイントを提示した。本取り組み自体は、実施された実践も「修飾―被修飾関係」に焦点化した内容のみである。今後、他の文法事項についても検討することで、同様の結果が得られるかの検証を行い、メタ文法カリキュラムのための教材や学習の道具、環境などを考えていくことが必要だろう。今回は実施学年を高校1年生と2年生に限定しているが、それが最適な実施時期であるのかは、それ以前の両教科のカリキュラムや指導との関連性からの検討が必要である。そして文法の学習だけではなく、メタ文法能力の育成がこれからに求められる学力や高次の思考育成にどのように関わるのかという点からさらに研究を進め理論構築をしていくことが今後に残された課題である。

5. 事後カンファレンス

　本取り組みはアクションリサーチとして行われた。その流れとしては、「研究者側からのモデル提示―モデルに基づく授業者による授業デザイン―授業実践―研究者によるデータ採取―データ分析に基づく成果と課題の析出」であるが、さらに授業ビデオの視聴を軸に授業者と国語科、英語科教諭、研究者の参加の下でビデオカンファレンスが行われた。

　アクションリサーチの社会的基盤は参加、教育的基盤は改善（McNiff 2013）と指摘される。取り組みの結果から、実践者と研究者それぞれがなに

を学ぶのかもアクションリサーチの評価観点としては重要である。

　以下では、実施されたカンファレンスの概要を示し、カリキュラム開発への課題としてどのようなことが明らかになったのかを論じる。

5.1　カンファレンスの概要

　カンファレンスは、2012 年 5 月から 6 月にかけて実践された文法プロジェクト授業の映像記録に対して、授業者も含めた国語科、英語科の先生方と大学側のプロジェクトメンバーとが、生徒の姿を中心に検討し意見交換を行うことを目的として、研究者側からの提案によって計画された。具体的には、授業においてどのようなことが起こっていたのか、生徒は教材とどのように出合い、向き合っていたのか、授業者の先生方がどのように工夫して授業を進めてくださったのか等について語り合うことを通して、本プロジェクトの目的や意義を確認するとともに課題や改善点を明らかにし、今後のカリキュラム開発への示唆を得ることをねらいとした。日時、場所、内容は表 18 の通りである。

表 18　カンファレンスの日程、会場および内容

日時：2012 年 7 月 25 日（水）9 時 30 分〜 12 時
場所：東京大学教育学部附属中等教育学校 CALL 教室
内容
1. タイムテーブル
　　9 時 30 分：検討会の流れ、授業の概要についての説明
　　9 時 35 分：英語科授業ビデオ視聴
　　10 時 15 分：英語科授業についての討議
　　10 時 45 分：国語科授業ビデオ視聴
　　11 時 20 分：国語科授業についての討議
　　11 時 50 分：まとめ、連絡など
2. 討議
　　①授業の背景（授業者の先生）：研究者側の意図（依頼）をどのように受け止め、
　　　授業をデザインしたか、など
　　②授業の感想（附属中等教育学校の先生）
　　③教材提案者から（英語：柾木さん、国語：三瓶さん）
　　④自由討議
　　⑤総括（英語：斎藤先生、国語：秋田先生）

当日の出席者は、附属中等教育学校から英語科が授業者を含め 2 名、国語科が授業者を含め 5 名、大学側から 7 名の計 14 名であった。以下、カンファレンスで議論されたことから、特に今後の課題となる事柄について検討していく。

5.2 カリキュラム開発への課題

　第一に、日常化の問題である。先にみたように、授業は、本取り組みのために通常の教科課程において実施された。同時に、授業者の教諭はそれぞれ、前回までの教科授業や定期試験との関連づけを行ったり、英語や国語（漢文）の学習に困難を感じる生徒にとって参加しやすいことなどを念頭においていた。日常の授業実践にどのように位置づけるかの工夫がなされていたのである。他方で、カンファレンスにおいてはこういった取り組みを継続していくことの難しさも議論された。とりわけ、国語の授業で英語の事項を、英語の授業で国語の事項を取り入れることで、かえって生徒の学習を難しくするのではないかとの意見があった。単元レベルで行うのがよいのか、1 単位時間程度のスポット授業として行うのがよいのか、あるいはそれぞれの教科における学習活動の一つとして扱うのがよいのか、検討する必要があるだろう。

　第二に、適時性の問題である。今回、国語科においては漢文の部分否定の学習の中でメタ文法にかかわる学習が取り組まれた。そのことに対して、基本構文が身についていないと難しいとの意見があった。本取り組みのように、文法というメタレベルの思考を生徒に求める学習であれば、むしろ基本構文の学習（導入期）にあたる 4 年生（高校 1 年）の時点で扱うべきではないかとのことであった。今回の取り組みにおいて、学年は研究計画を優先して設定した。カリキュラム開発という観点からいえば、現行の学習指導要領における配当学年を超えて様々な学年において試行されてよいが、他方で英語科、国語科双方における文法学習の順序性や生徒の学習経験や生活経験なども踏まえたうえで、学習の適時性について検討する必要があるだろう。

　第三に、教材研究の問題である。今回の取り組みにおいて、各教科で用い

られた課題文は、文としては若干不自然な「文法を学ぶための文」であり、生徒がリアリティを感じながら向き合うことができないのではないか、文法への意識を高めることと課題解決を楽しみながら学習に取り組むこととのバランスをどのように考えるか、との指摘があった。今回は１単位時間に限定した取り組みであったことから、本取り組みの趣旨が１単位時間で実現できるよう、教材や課題文が選択された。それらは、国語科、英語科の各教科の文脈で端的に文法への意識が向くようなものであった。情報量が最小限であったために、英語科であれば解釈の多様性（英訳時に複数の訳が可能）、国語科であれば「語順」の重要性に生徒の意識が焦点化されたといえるだろう。他方で、メタ文法的な知識や能力の汎用性という観点からすれば、多様な情報を含んだ文に対処できる必要がある。メタ文法的知識の獲得やメタ文法的能力の発達のメカニズムを明らかにしたうえで、学習環境のデザイン、学習課題の設定とともに教材開発を進めていく必要があるだろう。

　第四に、文法学習に英文和訳や和文英訳を取り入れることの難しさである。カンファレンスにおいては、生徒が「英語は論理的だが日本語は曖昧という印象を生徒が強くもったのではないか」という懸念が示された。たしかに、生徒の感想においてもそのような意見は散見される。本取り組みは、教科を超えて、広く言語学習のなかで文法学習をとらえた。その中で、生徒は、漢文と英語の文の構造を比較したり、和文英訳と英文和訳を往還する活動に取り組んだ。それぞれの活動においては、結果的に日本語の曖昧さと英語の論理性が示されたが、それは意図してのことではない。カンファレンスで議論されたのは、このことはそもそも言語学習における「英文和訳」と「和文英訳」のあり方によるものではないかということである。英文和訳はどちらかといえば英語の構造理解の確認に、和文英訳は模範解答を覚える、というところにとどまっているということである。英語教師によれば、そもそも和文英訳においては、目的語を中心に作文することが多く、受け身的になったり動詞が欠落するなど、エラーが多いという。カンファレンスでは、だからこそ、そのエラーのメカニズムについて考えるような学習活動を展開する可能性が意見として示された。また、そもそも教科の目標として国語科

と英語科が相互に乗り入れしやすいような視点でとらえ直すことの可能性も議論された。

　以上のようにカンファレンスでは、実践者と研究者が交流するなかで、教科指導論や言語論が議論され、カリキュラム開発において検討すべき重要な案件がいくつか提出された。他方で、授業や生徒の学習そのものについての議論は十分になされなかった。カンファレンスの場の設定自体についてもさらに検討する必要があるだろう。

注

本稿は、下記に所収の拙稿をもとに加筆修正を行ったものである。

秋田喜代美・藤江康彦・斎藤兆史・藤森千尋・三瓶ゆき・王林鋒・柾木貴之・濱田秀行・越智豊・田宮裕子 (2013)「国語科と英語科におけるメタ文法授業のアクションリサーチ」『東京大学大学院教育学研究科紀要』52: pp.337–366. 東京大学大学院教育学研究科

斎藤兆史・秋田喜代美・藤江康彦・藤森千尋・柾木貴之・王林鋒・三瓶ゆき (2014)「メタ文法カリキュラムの開発：中等教育における国語科と英語科を繋ぐ教科横断カリキュラムの試み」『東京大学大学院教育学研究科紀要』53: pp.255–272.

引用文献

秋田喜代美・藤江康彦・斎藤兆史・藤森千尋・三瓶ゆき・王林鋒・柾木貴之・濱田秀行・越智豊・田宮裕子 (2013)「国語科と英語科におけるメタ文法授業のアクションリサーチ」『東京大学大学院教育学研究科紀要』52: pp.337–366. 東京大学大学院教育学研究科

McNiff, J. (2013) Action research: principles and practice (3rd ed.). NY.: Routledge.

資料1　英語科【課題1】のワークシート

メタ文法能力に関する授業プリント案——英語&国語編

英語と日本語　文法 SPECIAL　『名詞を修飾する手段とその問題点』

> 【課題1】次の日本語の文を英文にしてください。
> 「私は、黒い目のきれいな女の子に会った。」

◎グループで話し合い、カードを並べ替えて英語の文をつくろう。

英文1
英文2
英文3

◎【課題1】の日本語の文を意味が区別できるように書き直してみよう。

和文1
和文2
和文3

第5章　メタ文法プロジェクトの実践と授業デザインのポイント　183

資料2　英語科【課題2】のワークシート

メタ文法能力に関する授業プリント案——英語&国語編

【課題2】オリジナルのラーメンをつくろう。
Lesson 2 で使った表現でラーメンの定義をつくろう。

◎　グループで話し合い、英語の文をつくろう。
　　（条件1）Lesson 2 pp.19 -29 に出てくる単語、表現を使うこと。
　　（条件2）to, with, in, which, where, when のうち、いずれか3語を必ず
　　　　　　使うこと。
　英文例：a tomato-flavored instant ramen with thick soup which is eaten in space
　和文例：宇宙で食べられるスープの濃いトマト風味のインスタント・ラーメン

英文

和文

他のグループが作った例文を1つ取り上げて、英文は和文に、和文は英文にしてみよう。

英文 →和文

和文 →英文

◎この授業を振り返り、日本語と英語の文法についてわかったことや考えたことを書こう。

資料3　国語科〈課題1〉第1回のワークシート

英語と漢文　文法 SPECIAL

次の語を並べ替えて英文を作ってみよう。

① (computers, the Internet, are, to, not, connected, these, of, all)

②(all, dictionaries, edited, carefully, are, not)

次の①、②の漢文の意味の違いは何だろう。

①　家　貧、　常　不　得　油。

②　家　貧、　不　常　得　油。

この授業を振り返り、わかったことや考えたことを書こう。

（　　　　）組（　　　　）番（　　　　　　　　　　　　　　　）

第5章　メタ文法プロジェクトの実践と授業デザインのポイント　185

資料4　国語科〈課題1'〉第2回、第3回のワークシート

英語と漢文　文法 SPECIAL
次の2つの英文の意味を考えよう。

①All of these computers are not connected to the Internet.

②Not all of these computers are connected to the Internet.

次の①、②の漢文の意味の違いは何だろう。

①　家　貧、　常　不　得　油。

②　家　貧、　不　常　得　油。

この授業を振り返り、わかったことや考えたことを書こう。

（　　　）組（　　　）番（　　　　　　　　　　　　　）

資料 5　国語科〈課題 2〉のワークシート

書き下し文の学習　①課題 2 のプリント

漢文必携36ページを見ながら、返り点・送り仮名をつけて書き下し文にしよう。

① 家　貧、　常　不　得　油。

② 家　貧、　不　常　得　油。

部分否定と全部否定のまとめ

第6章

メタ文法能力の育成を目指した
英語授業の分析

藤森千尋

1. メタ文法能力の育成の必要性

1.1 本章の目的と意義

　本章は、メタ文法能力の育成を目指したメタ文法授業を、研究的視点に
よってデータ分析した結果の報告が主である。しかし、その前にまず実践上
の必要性という視点から本章の意義を確認しておきたい。外国語を学習する
際、その言語の仕組みを理解しなくてはならないのは当然のことである。そ
れにもかかわらず、外国語学習において文法不要論が起こるのは、個別言語
の文法項目の暗記を強いるような文法指導によって抽象的概念操作が苦手な
学習者が落ちこぼれてしまうためである。学校教育における外国語としての
英語学習の目的は多様にあり、時代と共に変遷する。抽象的概念操作による
アカデミックスキルの向上よりも実社会での即戦的な対応処理能力の必要性
がより重視されると、外国語学習の二重モードシステム (dual-mode system)
(Skehan 1998) のうち、規則基盤 (rule-based system) の学習が軽視されるよ
うになる。そして、特定の文脈においてのみ通用する表現の丸暗記につなが
る可能性のある模範例基盤 (exemplar-based system) に過剰に注目が集まる
と、文法学習不要論が出てくる。しかし、一方、第二言語習得研究における
気づき (Schmidt 1994) や注意 (Schmidt 2001, Tomlin and Villa 1994) の重要
性、また自己モニタリングによる自己調整学習 (e.g., Zimmerman and Shunk
2001) など、学習におけるメタ認知の役割に着目する研究が進む中、実践上

での教師の経験的信念とも符合して、現在は文法学習の重要性がまた、見直されているところである。

　本章では文法指導が必要か不要かではなく、どのように文法指導する必要があるかについて検討する。全体を通して、英語教育において文法を教えることの意義に関する根本的な問題に立ち返り、言語の仕組みの本質に迫る文法指導の必要性を提案する。言語の仕組みの本質に迫る文法指導を行なうためには、そもそも、その文法項目を学ぶことの意義について教師自身が熟考しておくことが前提となる。例えば、関係代名詞ならば、関係代名詞は何のためにあるのか、関係代名詞を学ぶことで何ができるようになるのかに関する、言語的に、また運用的に深い認識が必要である。その上で、学習者に深い文法処理を行なわせるための文法指導、個別言語を超えた言語の仕組みへの気づきに繋がるような文法指導の方法を探究することになるであろう。

1.2　メタ文法授業とは

　「メタ文法授業」の定義であるが、これは「個別言語の文法規則を超えたところにある大きな言語の法則を理解することを狙いとして計画した授業」を指している（秋田他 2015: 367 参照）。したがって、例えば、関係詞の種類を覚えることを直接的な目的とした英文法の授業や過去を表す助動詞の種類を覚えることを直接的な目的とした古文の授業のように、ある個別言語における特定の文法項目の学習にのみ焦点を当てた授業とは対照をなすものである。メタ文法授業では個別言語の規則や個別文法学習を超えて、より抽象化された言葉の仕組みへの気づきを促すことを目的としている。そのため具体的には、複数の言語間の比較といった共時的な比較や時代的な言葉の変遷を扱う経時的な比較のように、言語や言葉を何らかの形で比較対照しながら、言語の仕組みへの意識化を図る方法が一般的に用いられる。

　しかしながら、文法を学習することを目的としたある一つの授業を取り上げて、それがメタ文法授業であるか個別文法項目の学習の授業であるかと明確に二分できるわけではない。例えば、例文を繰り返し音読することによって丸暗記するような授業ではなく、文法規則について母国語を用いて分析的

に説明や解説を行い、母語との比較対照のもとに言語の仕組みに対する気づきを促すような授業の場合、メタ文法授業により近いと言えるだろう。メタ文法授業と個別文法授業との間には連続性があり明確に二分されるものではないことをここで確認しておきたい。

メタ文法能力の育成を目指した授業について考えたとき、メタ文法能力とは、いつ、どのように育つのか、実際に授業で伸ばすことが可能なのか、メタ文法能力を伸ばす授業を行なうことで個別文法能力（英語の場合、英文法の能力）も伸びるのか、またメタ文法授業はいわゆる英文法の授業とはどのように違うのかなど様々な疑問が浮かんでくるであろう。本章では、言語の仕組みに対する気づきを促し、メタ文法能力の育成を目指してデザインされた授業を通して、生徒がどのようにメタ文法能力や英文法能力を伸ばしていくのか、実際の授業データを様々な視点から分析した結果を報告する。

具体的には 2012 年から 2014 年までの 3 年間で行われた「メタ文法プロジェクト」の研究（秋田他 2013, 2014, 2015; 斎藤他 2013, 2014）を基に (1) 生徒は文法学習をどのように捉えているのか、(2) メタ文法能力はどのように向上するのか、(3) メタ文法能力をつけると英文法の力も伸びるのか、(4) メタ文法授業で生徒は何を学んでいるか、という大きく四つの問いに答える形で、メタ文法授業の意義について述べる。

2. メタ文法授業とメタ文法能力の向上との関連

2.1 生徒は文法学習をどのように捉えているのか

教師がメタ文法授業をどのようにデザインし、実践し、その授業ではどのような学習が生起しているかとの問いに入る前に、まず学習者である生徒は文法学習をどう捉えているかについて考えてみたい。中等教育現場では、文法が苦手、文法が嫌いという生徒が多いと実感している教師もいることであろう。しかし、文法の好き嫌いのような移ろいやすく多様な要因によって左右される主観的な感情は、学習に大きな影響を与えていることが予想されるものの、客観的に実証しにくく研究の俎上にのりにくいため利用可能な先行

研究がほとんどない。そのような中、ここで 5 年間行なった高校の新入生
対象 (200 数名) の英語共通テストを基に、英文法の基礎学力と英文法が得
意・苦手といった学習者の文法に対する主観的意識との関係を調査した研究
(田村 2009) を取り上げる。それによると、基礎的な英文法を身につけてい
る生徒が 5 年間で 6 割減少し、全学年の 1 割程度しか基礎文法を学びきれ
ていないこと、また質問紙調査により 9 割の生徒が英語を苦手としている
ことなどが報告されている。苦手な理由としては、英単語や文法を覚えられ
ないとの回答を挙げており、英語が得意とした生徒に共通しているのが何度
も繰り返し書いて覚えたとのことである。このことから、英文法学習は繰り
返し書いて覚えるという、いわゆる暗記学習と捉えられており、暗記が苦手
な生徒は文法が嫌いになり、更に基礎的な文法が身につかないという悪循環
を生んでいると推測される。

　ここで、文法学習に関する全体像を把握するために、文法が好きかどう
か、つまり文法好意度と用いている文法学習方略及び文法得点にはどのよう
な関連があるかについて行なった調査 (秋田他 2014) を紹介する。調査対象
は首都圏にある中高一貫校の中学 1 年から高校 2 年までの生徒 (1 学年 3 ク
ラスで 5 学年) である。文法学習に関する質問紙は、A：文法好意度に関す
る質問、B：文法の有用性に関する質問、C：授業中に使用している文法学
習方略に関する質問、に分かれており、5. 当てはまる、4. まあ当てはまる、
3. どちらともいえない、2. あまり当てはまらない、1. 当てはまらない、の一
つに○をつける 5 件法である。メタ文法能力を捉える課題テストは、品詞
の概念、修飾関係や係り受けに焦点を当てたもので、日本語文と英文の混合
問題である (次節の例文参照)。この研究に関する詳細は秋田他 (2014) にあ
るので、そちらを参考にしてもらいたい。

　研究の概略としては、まず質問紙調査項目に関して因子分析を行ない、
「文法学習方略使用度」及び「文法有用感」に関する下位尺度を抽出した。
その後、「文法好意度」と「文法有用感」及び「文法学習方略使用度」、「メ
タ文法得点」の各概念にどのような関連があるかを検討するため、共分散構
造分析を用いて文法学習に関する生徒の意識状況をモデル化した。

第6章　メタ文法能力の育成を目指した英語授業の分析　191

　「文法学習方略使用度」に関する質問 16 項目について探索的因子分析を行なった結果、四つの因子を抽出した[1](Table 1 参照)。第 I 因子は文章読解の際や読解後、また読み始めにおいて重要な文法に注意を向けているところから、読解時の〈文法構造注目〉学習方略とした。第 II 因子は、言語(言葉)の枠を越えて文法を結びつけて考えているところから、言語横断的〈文法関連づけ〉学習方略とした。第 III 因子は、文章読解の際、単語や文法を予想して読むところから、読解時〈予想〉学習方略とし、第 IV 因子は、問題解法の際にそのような答えになる理由を考えるところから、解法時〈理由説明〉学習方略と命名した。

　「文法有用感」に関する質問 22 項目については、3 因子[2]、〈国語 4 技能有用感〉、〈英語 4 技能有用感〉、〈言語横断的有用感〉を抽出した。これら抽出した因子の各得点(5 段階尺度)やメタ文法得点(15 点満点)の平均点及び標準偏差 (*SD*) が Table 2 に示されている。

Table 1　「文法学習方略使用度に関する因子分析結果」

項目番号	項　目　内　容	因子負荷量			
		I	II	III	IV
	〈文法構造注目〉				
8 国	文章を読むとき、文章中に重要だと思う文法が出てきたら意識して読んだり書きだしたりする。	.844	.057	-.148	-.057
9 国	文章を読むとき、読み終わってから重要だと思った文法を振り返る。	.776	.031	-.083	-.008
8 英	文章を読むとき、文章中に重要だと思う文法が出てきたら意識して読んだり書きだしたりする。	.773	-.208	.092	.081
9 英	文章を読むとき、読み終わってから重要だと思った文法を振り返る。	.673	.205	-.076	-.079
7 国	文章を読むとき、はじめに文法に注目する。	.634	-.103	.089	.175
(2 国)	(読んだことのない文章を初めて読むときには、どういう文法の規則に基づいているかを予想して考える。)→III	.475	-.012	.182	.065
7 英	文章を読むとき、はじめに文法に注目する。	.427	.219	.214	-.094

〈文法関連づけ〉

5 英	英語の授業で文法を学ぶときには、国語の文法と結びつけて考えるようにしている。	-.135	.810	.056	.005
3 国	国語の授業で文法を学ぶときには、英語の文法と結びつけて考えるようにしている。	.099	.704	-.057	.029
6 英	英語の授業で文法を学ぶときには、日本語の文法との違いを意識するようにしている。	-.078	.565	.142	.094
4 国	国語の授業で国文法の基礎を学ぶときには古文や漢文の文法と結びつけて考えるようにしている。	.238	.478	-.053	.017

〈予想〉

1 英	読んだことのない文章を初めて読むときには、用いられている単語や前後の流れから予想して考える。	-.148	.008	.858	-.058
2 英	読んだことのない文章を初めて読むときには、どういう文法の規則に基づいているかを予想して考える。	.248	.004	.571	-.008
1 国	読んだことのない文章を初めて読むときには、用いられている単語や前後の流れから予想して考える。	.033	.116	.401	.020

〈理由説明〉

10 英	文法の問題を解くときには、答えだけではなく、なぜそうなるのか、理由も一緒に考える。	-.035	-.001	.031	.982
10 国	文法の問題を解くときには、答えだけではなく、なぜそうなるのか、理由も一緒に考える。	.089	.118	-.113	.615

因子間相関	I	II	III	IV
I	—	.536	.458	.533
II		—	.345	.245
III			—	.464
IV				—

Table 2 「各構成尺度の平均及び標準偏差 (SD)」

	文法学習好意度 (5段階尺度)		文法学習方略使用度 (5段階尺度)				文法有用感 (5段階尺度)			文法得点 (15点満点)
	国語	英語	構造着目	関連づけ	予想	理由説明	国4技能	英4技能	言語横断的	
平均	3.03	3.19	2.76	2.42	3.38	3.25	3.95	4.06	3.66	7.90
SD	(1.17)	(1.22)	(0.92)	(0.94)	(0.81)	(1.08)	(0.75)	(0.67)	(0.82)	(3.02)

授業中の「文法学習方略使用度」が高い方が「文法得点」に結びついていると予想してパスを想定し、また「文法学習方略使用度」に影響を与える要因として「文法有用感」と「文法好意度」からのパスを想定して作成したモデルが Figure 1 である[3]。

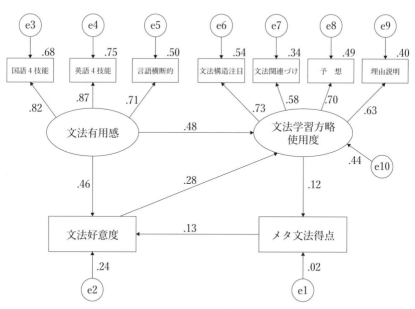

Figure 1 「文法学習モデル」

この文法学習モデルを概観すると、文法有用感の高い生徒は授業中に文法学習方略をより多く使用しており、それが文法得点に結びつく可能性を示している。また、文法有用感が高い生徒は文法学習を好きだと感じ、文法学習が好きな生徒は授業中に文法学習方略をより多く使用する可能性を示唆している。ここで注目すべきは、文法得点の高い生徒は文法が好きになる可能性があるが、文法好意度により大きな影響を与えると考えられるのは文法有用感の方である。今回のデータでは、文法学習の方略使用度がメタ文法得点に与える影響はそれほど大きくはない。

　学習は本来、相互に関連し合う循環サイクルを形成する各種要因によって構成されており、本モデルは「文法有用感」を起点としている。学習モデルにおいて何を起点とするかは研究によって異なっており[4]、その起点となるものが学習者の学習方略使用のための原動力となり、学習方略の使用が最も直接的に学習成果に影響を与えると見なされている。このモデルの数値にも着目してより詳細に見てみると、本データにおいては「文法有用感」が文法学習方略の使用に中程度の影響を与えていることが示されている。一方、「文法学習方略使用度」から「メタ文法得点」への影響は大きくなかった。その原因については、メタ文法能力を測定した課題テストの妥当性の問題が一つの要因として考えられる。しかし一方で、他の先行研究においても学習方略と学習成績との関連については、本研究のデータと同様に弱い影響関係を示す結果しか得られていない（小山 2009、佐藤 2004、中山 2005、前田2002）。そのため、そもそも学習成果に関してはテストの妥当性の問題とは別に学習方略使用以外にも様々な要因の影響を受けていると考えらえる。

　また、「文法が好きか嫌いか」という極めて主観的で変化しやすい心的態度には、複雑で多様な要因が絡んでいると考えられる。そのような中、「文法有用感」が「文法好意度」に中程度の影響を与えているという結果からは、文法学習が好きになるためには文法の有用性を実感する授業が行なわれる必要があるとの教授的示唆が得られる。「文法有用感」は〈国語4技能有用感〉、〈英語4技能有用感〉、〈言語横断的有用感〉の三つの下位尺度で構成されている。したがって、文法学習にあたっては、国語と英語の各4技

能だけでなく、教科横断的な文法有用性を実感する学習指導に今後着目する
余地がある。つまり、メタ文法指導を充実させることで、「文法有用感」か
ら「文法学習方略使用度」、あるいは「文法好意度」への影響の度合いがど
のように変化するか、このモデルを基に検討することが可能である。

　文法学習に関する全体的なモデルとするには、今回分析に使用したメタ文
法問題が、品詞や係り受けといったある特定の文法規則に限られているた
め、この結果は試作的なものにすぎないが、このモデルが意味するところは
次のようにまとめられる。

まとめ

　文法有用感が高まるような、例えば「この文法学習には意味がある」と思
わせるような授業を行なうことで、生徒は文法が好きだと感じ、文法学習方
略をより多く用いて授業に取り組み、その結果、個別言語を超えた（英語で
あろうと国語であろうと）文法の力が向上する可能性を示している。数値に
着目すると今回のデータでは、文法が好きだと感じるためには文法得点より
も文法有用感の方が影響力は大きい。また、文法有用感が文法学習方略にも
影響を与えているということは、教師が文法授業をデザインする際、その文
法授業は学習する意味があると生徒に感じさせるような文法授業をいかにデ
ザインし、生徒に様々な学習方略を使用させて授業に取り組ませるかが大切
であると示唆される。

2.2　メタ文法能力はどのように向上するのか

　メタ文法能力とは、言語を高次から観察し分析するメタ言語能力の一部で
あり、特に言語の統語的仕組みや規則を意識化させる能力である（斎藤他
2014）。では、メタ文法能力は、いつ、どの段階で、どのように向上するの
であろうか。日本では、中学 1 年生から外国語教科としてほとんどの生徒
が英語を学び始める。個別言語を超えた言語の仕組みに対する意識化を行な
うような授業をあえて行なわなくても、外国語を学ぶ中で自然とメタ文法能
力も身につくのであろうか。そのような疑問に対する研究を紹介する。

2.2.1 中学 1 年生から高校 2 年生までを対象としたメタ文法能力課題テスト

2012 年 3 月、ある国立大学附属の男女共学中高一貫の中等教育学校において、1 年生（中学 1 年生）から 5 年生（高校 2 年生）まで（1 学年 3 クラス）を対象に「メタ文法能力課題テスト」を行なった。課題テストはメタ文法能力を調べる目的で実施された。国語科と英語科において共通する文法項目として、品詞・係り受けの概念[5]（語句レベルと節レベル）に焦点を当てて作成した。品詞・係り受けの概念を選んだ理由は、英語学習において不定詞、分詞、関係代名詞などは、形容詞句（節）や副詞句（節）を形成し、メタ文法能力に大きく関わる概念と考えられるためである。

メタ文法に関する選択肢式問題 15 問と自由記述式問題 1 問の他に、品詞・係り受けに関する国語文法問題 3 問と英語文法問題 5 問もあわせて行なった。選択肢式問題では、曖昧なまま正解が選択されるのを避けるため、「全く分からない」という選択肢も用意した。

◇メタ文法選択肢式問題例

(1)〜(8)の各文の下線を引いた部分は、文の中でどのような働きをしているか、ア〜エの中から <u>1 つ選び</u>、記号に○をつけてください。

(1) <u>新宿に行ったとき</u>、人が多くてびっくりした。
　　ア　「もの」や「こと」を表す
　　イ　「動き」や「行い」を表す（〜をする、〜になる、など）
　　ウ　「もの」や「こと」の性質や状態を表す（どのような、どんな風な、
　　　　など）
　　エ　「動き」や「行い」の状態や状況を表す（どのように、どの程度に、
　　　　いつ、どこで、など）
　　オ　全く分からない

(2) <u>人が言ったこと</u>をちゃんと聞きなさい。
　　ア　「もの」や「こと」を表す
　　イ　「動き」や「行い」を表す（〜をする、〜になる、など）
　　ウ　「もの」や「こと」の性質や状態を表す（どのような、どんな風な、

など）

エ 「動き」や「行い」の状態や状況を表す（どのように、どの程度に、いつ、どこで、など）

オ 全く分からない

(3) When he comes, we will start.　　＊ When he comes　彼が来たとき

ア 「もの」や「こと」を表す

イ 「動き」や「行い」を表す（〜をする、〜になる、など）

ウ 「もの」や「こと」の性質や状態を表す（どのような、どんな風な、など）

エ 「動き」や「行い」の状態や状況を表す（どのように、どの程度に、いつ、どこで、など）

オ 全く分からない

(4) I don't know when he will come.　　＊ when he will come　いつ彼が来るか

ア 「もの」や「こと」を表す

イ 「動き」や「行い」を表す（〜をする、〜になる、など）

ウ 「もの」や「こと」の性質や状態を表す（どのような、どんな風な、など）

エ 「動き」や「行い」の状態や状況を表す（どのように、どの程度に、いつ、どこで、など）

オ 全く分からない

◇メタ文法自由記述式問題

　次のAとBの2つの文の意味の違いを自分の言葉で説明してください。

　A　彼女は素敵なスカートをはいておどった。

　B　彼女はスカートをはいて素敵におどった。

◇国語文法問題と英文法問題

　ア〜オの下線を引いた部分が例文における下線部と同じ働きをしている語を1つ選び、記号に○をつけてください。

（1）例 日本にも寒い冬が来た。

　ア　よかったら今度遊びに来てね。

　イ　今年は冬の寒さが身にしみる。

　ウ　流れ星に願いごとをしてみる。

　エ　さいわいにもぼくは助かった。

　オ　丸くて大きな月が顔を出した。

　カ　全く分からない。

（2）例　She works hard.

　ア　She is a hard worker.

　イ　It rained very hard last night.

　ウ　The work is hard.

　エ　It is hard to believe.

　オ　Don't ask me such a hard question.

　カ　全く分からない。

メタ文法課題テストの学年ごとの平均点および標準偏差（SD）の結果は次の Table 3 に示す通りである。

Table 3　メタ文法課題テストの平均及び標準偏差（SD）

項目	メタ文法（15 点）	国語文法（3 点）	英文法（5 点）
学年	平均（SD）	平均（SD）	平均（SD）
1 年	8.05（3.15）	2.14（0.86）	1.50（1.16）
2 年	7.99（2.63）	2.26（0.74）	1.59（1.24）
3 年	7.73（2.87）	2.42（0.68）	2.28（1.24）
4 年	8.33（3.0）	2.53（0.71）	2.83（1.24）
5 年	7.32（3.42）	2.38（0.85）	2.46（1.52）
全体	7.90（3.02）	2.40（0.77）	2.12（1.38）

　この表に関して説明すると、メタ文法問題は 5 学年全体として 15 点満点

中、平均点が 7.90 点 (標準偏差が 3.02) である。分散分析及び Tukey の多重比較を行なった結果、1 年生から 5 年生まで各学年平均間に有意差が見られなかった。つまり、今回のメタ文法課題テストに関しては中学 1 年生から高校 2 年生まで同じ能力レベルを示したということになる。

　同様に国語文法問題に関して学年平均の有意性検定を行なった結果[6]、1 年生よりも 3 年生と 4 年生が有意に高いことが分かった。国語文法問題[7]に関しては、国文法的な正解とメタ文法的な正解の両方を正解としてある。解答状況をより詳細に調べると、国語文法問題を国文法的に答えて正解したのは 2 年生が 3 年生、5 年生よりも高く、メタ文法的に正解したのは、1 年生よりも 3 年生、4 年生、5 年生が高く、2 年生は 3 年生、4 年生、5 年生よりも低かった。この結果は、調査対象となった中等教育学校のカリキュラムと関係していると考えられる。この学校では中学 2 年生で集中的に国文法を学習しており、この課題テストは学年度末に行なわれているため、中学 2 年生は学習したばかりの国文法的解答を行なったものと推察される。その後、学年が上がるにつれて、メタ文法的に解答する傾向がある。

　英文法問題に関しては、1 年生が 3 年生、4 年生、5 年生よりも有意に低く、また 2 年生が 3 年生、4 年生、5 年生よりも有意に低く、3 年生が 4 年生よりも有意に低いという結果が示された[8]。この結果は、次のように考察される。英文法の品詞の概念に関しては、中学 1 年生と 2 年生では大きな差は見られないが、中学 2 ～ 3 年生あたりから理解が進み、高校 1 年生から 2 年生にかけて伸びると考えられ、それ以降は頭打ちになるのではないか。学習指導要領でも学校英文法は高校 2 年生までに必要事項を学習し終える。今回は中学 1 年生から高校 2 年生まで同じ問題を使用しており、高校になって初めて習う類の文法問題は扱っていない。英文法問題に関して学年による差が明確に出た結果は、基礎的な英文法の力は英語学習経験年数に伴い、定着し、順調に伸びることを示している。

2.2.2　文法好意度と文法学習方略との関連

　参考までに、文法好意度と文法学習方略使用度との関連 (秋田他 2014 に

詳細）についても簡単に紹介する。

Table 4　「文法好意度から学習方略使用度への重回帰分析結果」

項目内容	文法構造注目 $R^2 = .111$		文法関連づけ $R^2 = .084$		予想 $R^2 = .186$		理由説明 $R^2 = .371$	
	(β)	(r)	(β)	(r)	(β)	(r)	(β)	(r)
国語文法好き	n.s.	.201	.177**	.246	.132**	.279	.134**	.257
英文法好き	.292**	.325	.170**	.242	.360**	.414	.300**	.355

注）** $p < .01$

「文法学習方略使用度」の各尺度間には相関関係があるため、文法学習が好きな生徒が用いている学習方略を特定する解釈はできない。そこで解釈は相関係数に基づいて行なう。「文法学習方略使用度」の４尺度すべてが英語の文法好意度と弱から中程度の相関があることから英語の方が国語よりも文法好意度と学習方略使用度との間により関連性があるということ、また文法学習方略の中では〈予想〉学習方略が国語と英語ともに四つの方略の中で好意度との相関が高いということが分かる。またその次に〈理由説明〉の相関が高いことから、文法構造に注目して書き出したり、覚えたりするという単純な確認作業と結びつく学習方略よりも、文法を予想したり、なぜそのような答えになるか理由を考えるというような、より深い思考処理や理解重視の学習方略使用が文法好意度と関連していると言える。この結果は文法学習における意味理解のための深い処理方略の有効性を示唆するものであろう。

　この結果と関連して、参考までに自己効力感と英語学習方略との関連を調べた他の研究（森 2004）を紹介する。その研究は大学生を対象に推測方略、熟考方略、作業方略の三つの学習方略と自己効力感の高い群、低い群との関連を調べたものである。結果としては、自己効力感の高い群は低い群と比べすべての方略をより多く使用していること、また大学では中学時と比べて推測方略をより使用していることが明らかになった。この結果から、推測方略は発達にともなって増加し、熟考方略は変化せず、作業方略は減少したと報告されている。

本研究における、重要な文法事項を書き出してみるという〈文法構造注目〉方略は、森（2004）の作業方略と類似しており、推測方略が〈予想〉方略、〈理由説明〉が熟考方略と同様の方略と見なすことができる。したがって二つの研究から、中学や高校において作業方略よりも深い学習処理や理解と関連している〈予想〉方略や〈理由説明〉方略を促すことで、丸暗記のような単純作業に繋がる学習方略よりも文法を好きになる生徒を作り、その後大学において自己効力感のある学習者を作る可能性が示唆される。

今回、報告した調査対象者は、メタ文法プロジェクトを開始する前は、個別言語の文法や言葉の規則を超えたところの言語の仕組み、つまり、メタ文法ということを特に意識した授業を受けてきたわけではない。そのような一般的な中学1年生から高校2年生までを対象として行なわれたメタ文法能力に関する課題テストの結果は次のようにまとめられる。

まとめ

今回のメタ文法課題テストは特定の文法項目に焦点を当てた問題であり、必ずしもメタ文法能力の全体を測定したものではないが、ある一定の結果が示された。英文法問題、国語文法問題に関しては、学年が上がるにつれて平均点が向上しているところから、それぞれ個別に言語学習を進める中で、学年が進むにつれて、それぞれの文法力が向上していくことを示している。しかし、言語横断的な言葉の仕組みに対して気づく能力、つまり、メタ文法能力を問う問題に関しては、中学1年から高校2年まで5学年間の平均点に差が見られなかった。このことは、メタ文法能力を向上させるためには言語の仕組みについて気づきを促すような授業を意図的にデザインする必要性を示唆している。そして、単純に文法構造に着目させて覚えさせる学習方略よりも、言語の仕組みについて予想させたり、何故そのようになっているのかを考えさせたりするような深い思考と結びつく文法学習方略の使用が文法を好きになる学習者を育成することも示唆している。

2.3　メタ文法能力をつけると英文法の力も伸びるのか

2.3.1　メタ文法デザイン実験授業（その1）

　ではここでメタ文法授業を意図的にデザインして実践したメタ文法デザイン実験授業を簡単に紹介し、メタ文法授業を行なうことで実際にメタ文法能力を向上させることができるのか、また個別言語の文法力（例えば、英文法力）も伸びるのか、という問いに答える。調査対象は前節と同じ中高一貫の男女共学校5年生で、2012年の5月及び6月に、英語科と国語科の担当教諭がそれぞれのテーマを設定して行なった授業を取り上げる。事後に課題テストを行い、事前課題テスト（前述の2012年3月、当時は4年生）の得点と比較した（Table 5）。

　メタ文法デザイン実験授業は、英語科の授業では「名詞を修飾する手段と問題点」というテーマで、「私は黒い目のきれいな女の子に会った」という日本語が、係り受け上、多様な解釈が可能であることに気づかせ、それを多様な英文で表現させるという授業であった。生徒たちは単語カードを並べ替える作業をグループワークで行ない、発表し、クラス全体で検討した。一方、国語科は漢文の授業において、部分否定と全否定の、否定語の係り受けの違いを取り上げ、それを漢文と英文の共通性に気づかせる授業が行なわれた。英語と漢文との関連を文型の観点から検討する内容であった（詳細は秋田他 2013）。

　事後のメタ文法課題テストの内容に関しては、選択肢問題は単語の一部を変更したり、選択肢の一部を入れ替えたりするなど最小限度の変更にとどめた。前回の課題テスト後に答え合わせのようなものは行なわれておらず、メタ文法デザイン実験授業でも直接的に課題テストと関連する問題は扱っていない。事前課題テストは総受験者数109名で、事後課題テストの総受験者数は115名であった。

第 6 章　メタ文法能力の育成を目指した英語授業の分析　203

Table 5　事前・事後課題テストの項目別平均点と標準偏差 (*SD*)

	メタ文法 (15 点)	国語文法 (3 点)	英文法 (5 点)
	平均 (*SD*)	平均 (*SD*)	平均 (*SD*)
事前	8.33 (3.0)	2.53 (0.71)	2.83 (1.24)
事後	10.05 (2.69)	2.76 (0.54)	3.17 (1.30)

　事前・事後課題テストの平均点の差の有意性検定を行なった結果、メタ文法、国語文法、英文法のいずれも、事後テストにおいて事前テストよりも有意に点数が高かった[9]。この結果が意味するところは、前述したように中学1 年から高校 2 年までの 5 年間で、有意差が見られなったメタ文法問題の得点が、2 〜 3 回のメタ文法デザイン実験授業後に伸びたということである。また、英文法と国語文法問題においても事後に伸びているということは、個別言語の文法規則を超えたところにある言葉の仕組みへの気づきを促す授業を行なうことで、より個別言語の文法規則への理解が深まる可能性も示唆している。

　そこで事前・事後課題テストのメタ文法、国語文法、英文法問題の得点に関して相関を調べてみると、これら三つの相互間に弱い相関があることが分かった (Table 6)。これらの結果から、今後、メタ文法に関する意識、つまり、個別言語を超えたところでの言語の仕組みに対する意識を高めるような授業を数回、デザインして実践することでメタ文法的意識が高まり、英文法能力の向上を促進する可能性に繋がることが示唆される。

Table 6　国語文法・英文法・メタ文法得点の相関

事前テスト	国語文法	英文法	メタ文法	事後テスト	国語文法	英文法	メタ文法
国語文法	1			国語文法	1		
英文法	0.25 **	1		英文法	0.25 **	1	
メタ文法	0.28 **	0.27 **	1	メタ文法	0.24 *	0.23 *	1

* = $p < .05$, ** = $p < .01$

では、課題テストのどのような点において伸びたのか、問題項目別に正答状況を更に検討し、メタ文法デザイン実験授業によって得点が伸びたと言えるかどうかを検証した結果を報告する。事前と事後の解答状況の変化を調べるために、メタ文法問題、国語文法問題、英文法問題の各問題の正解、不正解、全く分からないを選択した人数について事前テストと事後テストの表を作成し、2 × 3 の χ 二乗検定を行い、どの項目の正解数が伸びたかを調べた（秋田他 2013 に詳細）。国語文法問題の解答状況が Table 7 である。

Table 7　国語文法問題の解答状況

H1（1）*	正解	不正解	全く分からない	総計
事前	90 *	15	3	108
事後	109 *	6	0	115
H1（2）	正解	不正解	全く分からない	総計
事前	100	6	2	108
事後	111	4	0	115
H2	正解	不正解	全く分からない	総計
事前	82	13	12	107
事後	96	12	5	113

　国語文法問題において事後テストで得点が向上した背景は、H1（1）の問題、つまり、文における単語レベルの係り受け機能に関する問題の正答数の割合が増えたためと考えられる。H2 の問題のように節レベルの係り受け機能に関しては、明確に得点率が向上したとは言えない。

　次に、英文法問題の事前と事後テストの解答状況が Table 8 である。

Table 8　英文法問題の解答状況

H1 (3) *	正解	不正解	全く分からない	総計
事前	55 *	49	5 *	109
事後	93 *	21	0 *	114
H1 (4)	正解	不正解	全く分からない	総計
事前	30	67	9	106
事後	50	58	5	113
H3 (1)	正解	不正解	全く分からない	総計
事前	78	24	7	109
事後	77	33	3	113
H3 (2) *	正解	不正解	全く分からない	総計
事前	78	19 *	11 *	108
事後	77	36 *	1 *	114
H3 (3) *	正解	不正解	全く分からない	総計
事前	64	34	9 *	107
事後	64	47	2 *	113

　この結果を見てみると、英文法問題で事後テストにおいて得点が向上した背景としては、H1 (3) の問題（複数の品詞を持つ英単語の品詞を選ぶ問題）での正答数が増えたことによると考えられる。しかし、H3 の問題のように品詞と関連する統語的知識を問う問題（例えば die、dead、death、dying の中から正しい使用を選択する問題）では、正答の割合は変わっていない。この問題はメタ文法デザイン実験授業の内容からは応用できないような、特定の言語知識に関する問題である。また、H3 (2) の問題では不正解を選んだ割合が高くなっているが、これは「全く分からない」と答える生徒が減少したことを示している。

　次にメタ文法問題の解答状況について検討する。メタ文法問題の H4 は、正解と思うものをすべて選ぶ形式の問題である。この問題に対して「全く分からない」との回答数を Table 9 に示した。

Table 9　メタ文法問題（国語・英語混合、複数選択回答問題）

H4 (1) *	正解	不正解	全く分からない
事前	256	15	6 *
事後	336	9	0 *
H4 (2) *	正解	不正解	全く分からない
事前	122	44	21 *
事後	166	63	0 *

　この結果は、複数回答可の問題で事前テストでは H4 (1) で 6 名、H4 (2)
で 21 名の生徒が「全く分からない」と答えていたのに対し、事後テストで
「全く分からない」と答えた生徒がいなくなったことは偶然ではなく、生徒
全員が自分なりの答えを見出そうとして何かしら解答したことを示している。
　次にメタ文法問題の国語系問題の解答状況を Table 10 に示す。

Table 10　メタ文法問題（国語系）

H5 (1)	正解	不正解	全く分からない	総計
事前	86	15	6	107
事後	95	17	2	114
H5 (2) *	正解	不正解	全く分からない	総計
事前	60 *	40 *	8 *	108
事後	87 *	26 *	1 *	114
H5 (3) *	正解	不正解	全く分からない	総計
事前	72 *	28	8 *	108
事後	91 *	23	0 *	114
H5 (4) *	正解	不正解	全く分からない	総計
事前	69 *	31 *	7 *	107
事後	106 *	7 *	1 *	114

　この表は、H5 (1) を除き、事後テストにおいて「全く分からない」がほ

とんどいなくなり、不正解も減り、正解する生徒が増えたことを示している。H5（2）、（3）、（4）の問題が語句レベルの文における働きを問う問題であるのに対し、H5（1）の問題は節レベルの問題であった。デザイン実験授業で扱ったのが語句レベルであるため、節レベルの問題は正解できなかったのではないかと考えられる。

次に英語系のメタ文法問題の解答状況について検討する。

Table 11　メタ文法問題（英語系）

H5（5）*	正解	不正解	全く分からない	総計
事前	59	41	8*	108
事後	74	39	1*	114
H5（6）*	正解	不正解	全く分からない	総計
事前	49*	50	9*	108
事後	69*	44	1*	114
H5（7）*	正解	不正解	全く分からない	総計
事前	75	24	9*	108
事後	86	28	1*	115
H5（8）*	正解	不正解	全く分からない	総計
事前	27	67	14*	108
事後	37	75	3*	115

英語系メタ文法問題に関しても、事後テストにおいて「全く分からない」を選ぶ生徒が減少し、ほとんどいなくなったことが明らかになった。また正解数の割合が有意に増えたのは H5（6）の文における句の働きに関する問題で、H5（7）や H5（8）のように節の働きに関しては有意な伸びは見られない。

まとめ

メタ文法問題全体に関して事後に得点が向上した背景としては、文における語句レベルの問題において正解を選ぶ生徒の割合が増えたためであり、節レベルでの働きに関しては正答数が増えているとは明確に言えない。今回の

メタ文法デザイン実験授業では語句レベルを扱い、節レベルは扱っていなかったためと考えられる。また「全く分からない」と答えた生徒が全体を通して減少しほとんどいなくなったという結果は、文における語句の働きに対する意識が高まり自分なりの答えを見出そうとするようになったことを示している。「全く分からない」として答えの選びようがない状態から、解答に向けて思考するための手立てを手に入れたという状態への移行は、必ずしもその時点では正解に至っていないとしても学習における重要なプロセスと考えられる。このように詳細な分析により、今回の事後テストによる伸びはメタ文法デザイン実験授業によるものと結論づけられよう。

2.3.2　メタ文法デザイン実験授業（その2）

　前述の同じ学校の同じクラス（5年生3クラス）において、2012年10月末に関係代名詞節の係り受けに焦点を当てたメタ文法デザイン実験授業が行なわれた。これは前述のデザイン実験授業が語句レベルの係り受けを取り上げたものであったのに対し、節レベルの係り受けに発展させたものである。このデザイン実験授業の事前（授業直前）と事後（12月に実施）に授業を担当した越智教諭が作成した文法テストが行なわれた。課題テストは並べ替え（15問）と自由記述の問題から成るが、ここでは並べ替えの問題の分析結果を紹介する。

◇大問1の例（1語追加して、並べ替える問題）
・何羽の鳥が見えますか。
　　［how / birds / you / many / see/ ?］
・私が訪れたい国は韓国です。
　　［I / visit / want / the place / Korea / to］

　大問1の事前テストと事後テストの正答数及び不正解のエラー分類の結果はTable 12に示した通りである。

Table 12　事前・事後文法テスト

事前	1 (1)	1 (2)	1 (3)	1 (4)	1 (5)	1 (6)	1 (7)	1 (8)	1 (9)	1 (10)	1 (11)	1 (12)	1 (13)	1 (14)	1 (15)
正解数	89	101	103	104	90	72	54	88	53	42	50	72	42	70	3
不正解	24	13	11	8	23	43	56	19	47	64	61	37	57	32	83
ア	0	9	2	6	3	2	13	2	0	19	10	2	1	11	24
イ	9	0	8	0	0	1	21	3	13	0	35	10	10	8	2
ウ	11	2	0	1	0	1	15	8	34	8	15	22	45	13	57
エ	4	2	1	1	20	39	7	6	0	37	1	3	1	0	0
解答数	113	114	114	112	113	115	110	107	100	106	111	109	99	102	86

事後	1 (1)	1 (2)	1 (3)	1 (4)	1 (5)	1 (6)	1 (7)	1 (8)	1 (9)	1 (10)	1 (11)	1 (12)	1 (13)	1 (14)	1 (15)
正解数	93	102	100	107	86	82	48	100	52	58	68	65	64	70	24
不正解	17	8	10	2	22	28	58	8	50	49	42	40	36	28	61
ア	0	7	3	1	0	1	6	1	0	14	5	3	1	4	24
イ	7	0	6	0	2	2	32	2	20	0	28	9	2	4	3
ウ	7	1	1	0	2	2	17	3	30	7	8	20	32	15	34
エ	3	0	0	1	18	23	3	2	0	28	1	8	1	5	0
解答数	110	110	110	109	108	110	106	108	102	107	110	105	100	98	85

注) ア：単語レベル（which と where、別の動詞を使用など）、イ：句レベル（修飾関係、副詞の位置、語句の位置）、ウ：文構造、構文レベル（主語と述語動詞、目的語が不完全）、エ：単純ミス（三単現の s、現在形と過去形など）

　大問1（15点満点）に関して、生徒104名の事前・事後テストの平均点と標準偏差はそれぞれ、事前テストは平均点が9.15点（$SD = 2.91$）と事後テストの平均点は10.24点（$SD = 3.01$）であり、平均点の差は有意であった。またメタ文法能力が低いと見なされ追跡調査している注目生徒（12名）の事前テスト（平均点 = 7.08, $SD = 2.64$）と事後テスト（平均点 = 8.17, $SD = 1.90$）の平均点の差も有意であった [10]。したがって、学年全体平均点も注目

生徒の平均点も事後テストにおいて伸びていることが分かった。

　この大問 1 の各問題の正解者数と不正解者数の分布を詳細に検討した結果、15 問中 6 問において事後テストの正解が増えていることが分かった。伸びている 6 問は従属節のある複雑な文であり、簡単な単文に関しては伸びていなかった。つまり、簡単な文に関しては、そもそも正解率が高いため頭打ちで伸びなかったものと考えられる。特に、1(11) に関してはデザイン実験授業の内容と関連しており、事後テストにおいて伸びたことが示された。

2.3.3　メタ文法デザイン実験授業の事前・事後テストのまとめ

　ここで、前述した 2012 年の春(6 〜 7 月)と秋(10 〜 11 月)に行なわれたメタ文法デザイン実験授業に関する事前課題テストと事後課題テストの結果をまとめて考察する。事前課題テストは 2012 年 3 月に 1 年生から 5 年生までの 5 学年を対象に実施されており、メタ文法課題テストにおいては五つの学年間に差が見られなかった。そのような中、2012 年 6 月に調査対象学年である 5 年生にメタ文法デザイン実験授業が行なわれたところ、7 月の課題テストの結果、メタ文法問題、英文法問題、国語文法問題、すべての問題において 3 月実施テスト時(当時 4 年生)よりも向上が見られた。その後、その年度の秋にもメタ文法デザイン実験授業が再度行なわれた。

　2013 年 3 月に最終テストが調査対象学年に再度実施された。メタ文法課題の問題は比較対象のため、前年度の 2012 年度版とほぼ同じ(15 点満点)であるが、国語文法問題と英語文法問題は各 10 点満点で新たに作成したものである。最終課題テストを行なった結果については Table 13 に示す通りである。

Table 13　メタ文法問題（15 点満点）の事前・事後・最終テスト比較

課題テスト名	人数（N）	メタ文法 平均点（SD）
事前テスト（2012 年 3 月）4 年生	101	8.33（3.00）
事後テスト（2012 年 7 月）5 年生	110	10.06（2.70）
最終テスト（2013 年 3 月）5 年生	116	10.22（3.01）
比較対照群（2012 年 3 月）5 年生	87	7.32（3.42）

　上記の平均点に関して有意性検定を行なった結果[11]、事後テストは事前テストよりも有意に高く、最終テストも事前テストよりも有意に高かった。また、比較対照群としての前年度の 5 学年と比べても、調査対象学年の平均点は有意に高かった。事前テストにおいては 1 年生から 5 年生までに平均点に有意差が見られなかったことから、この結果は学年が上がったことによる自然な伸びではなくメタ文法デザイン実験授業による効果と考えられる。

　また、第 1 回のデザイン実験の事後テスト（2012 年 7 月実施）と最終テスト（2013 年 3 月実施）の平均点には有意差は見られなかった。このことは次のように解釈される。英語科と国語科で 2 ～ 3 回のメタ文法授業を行なえばメタ文法得点は伸びるがその後大きくは伸びない。つまり、メタ文法を意識した授業は長期間にわたって何度も行なう必要はないのではないか。特定の項目に焦点を当て（今回は係り受けや修飾関係）、個別言語を越えた深い理解を促すようにデザインした授業は 1 ～ 2 回行なうだけで効果が期待でき、その効果は半年以上経っても持続していると言える。個別文法項目を「覚える」とか「暗記する」という授業ではないため、1 ～ 2 回の授業で「分かった」という認識的な変化が起これば忘れないためではないかと考えられる。この解釈を裏付けるためには、今回のメタ文法課題テストが品詞の概念や係り受けに限定した問題であったことを考えるならば、メタ文法課題テストを開発し（例えば、時制の概念などに焦点を当てて）、それについてもデザイン実験授業を行ない、1 ～ 2 回の授業で効果があるのか、その効果は持続するのかを調べる必要があるだろう。

2.4 メタ文法授業で生徒は何を学んでいるか

ここではメタ文法デザイン実験授業を受けた生徒の感想を取り上げ、メタ文法授業において生徒は何を学んでいるかについて検討し、メタ文法授業の特徴を明らかにする。

2.4.1 メタ文法授業の感想分析

2012年の6月及び7月に、メタ文法デザイン実験授業として5年生を対象に英語と漢文の授業が行なわれた。その時の生徒による授業感想をもとに生徒がメタ文法授業で何を学んだかについて検討する。自由記述による授業の感想内容を帰納的にカテゴリー分類した結果がTable14である（秋田他2013に詳細）。

Table 14　デザイン授業の感想内容の分類

カテゴリー	英語	漢文
文法関心	45	51
言語関心	31	19
運用	15	1
問題解法	11	19
授業方法	2	7
その他	3	6
合計（人数）	107	103

ここで取り上げた英語と漢文のデザイン実験授業は次のような展開であった。英語授業は英語と日本語の一般的な修飾関係の違いに注意を向けつつ、日本語の文を英文に置き換え、更に英文を日本語の文に置き換える作業を行なう中で、日本語と英語の修飾の仕方における語順の違いに注意を促すことを意図していた。漢文授業は、漢文と英文の部分否定の語順の類似性に焦点を当て、漢文の構造理解に結びつけることを意図していた。一方、類似性だけでなく英語には必ず主語があるが漢文には主語がない場合があることや漢

文には時制がないことを説明し、言葉に対する多様な関心を促す展開であった。

　英語授業において【言語関心】の感想が漢文よりも多い背景として、一つの日本文から複数の英文を作成したり、英文からもとの日本文を推測させたりする活動が、翻訳の際の言語間の意味のずれ、言葉の多義性や複雑さなどへの感想に繋がったと考えられる。一方、漢文授業では、部分否定における漢文と英文の類似性に対する意外性や、漢文における語順の違いが意味の違いに一目瞭然で直結する明示性などが言語構造への注意喚起を促し、【文法関心】の感想に繋がったと考えられる。【運用】に関しては、生徒にとって漢文は日本文や英文と比べて実生活での身近な使用機会と結びつきにくいことが、感想の数の差に表れたと考えられる。【問題解法】については、英語授業では「分かりにくい日本語は複数のパターンの英文を作ってから日本語に訳すと分かりやすかった」とか、漢文授業では「部分否定を熟語として暗記しなくても助動詞の位置で訳の判断ができる」といった感想が見られた。文法が苦手な生徒にとって「分かる」という感覚は言語学習への動機づけとして重要であると考えられる。

　これらの感想からメタ文法授業の特徴をまとめるならば、【文法関心】のみならず【言語関心】のような個別言語の特定の文法項目への関心を超えた言語の仕組みや言語の複雑さへの関心を示す感想が見られるということであろう。この点については更に調べて検証した結果を後述する。

2.4.2　メタ文法の苦手な生徒への影響

　メタ文法授業が生徒に与えた全体的な影響については前項で触れた通りである。ここではメタ文法的思考が不得意と思われる生徒に注目し、彼らがメタ文法授業においてどのような点に関心を持ち、授業を通してどのように変化したかについて詳しく調べた結果を報告する。メタ文法が苦手な生徒の学習過程に着目すると、学習の躓きの起こる原因や学習が促進されるきっかけなどがより顕著に観察されるものと考えられる。それは今後、他のすべての生徒への対応に役立つであろう。

そこでメタ文法プロジェクト開始前の 2012 年 3 月に行なわれた事前テストとしてのメタ文法課題テストにおいてプロジェクトの調査対象学年である高校 2 年生（5 年生）の解答に着目し、メタ文法的思考が苦手と見なされる生徒を選び出して追跡調査した研究を紹介する。選択問題 8 問について 5 問以上「全く分からない」を選択した 7 名と、自由記述問題で「分からない」と書いた生徒、もしくは全く的外れな解答を書いた 5 名の合計 12 名をメタ文法が苦手な生徒として抽出した。メタ文法が苦手な生徒が実験授業を受けてどのような感想を抱き、事後課題テストでは事前テストと比べてどのように変化したかを具体的な記述をもとに検討する。

　メタ文法選択問題については事前テストと事後テストは同じ内容の問題である（2.2 の問題例を参照）。自由記述問題は事前と事後で異なる。事前テストは「A：彼女は素敵なスカートをはいて踊った。B：彼女はスカートをはいて素敵に踊った。」の違いを説明する問題で、事後テストは「警官はあわてて逃げる泥棒を追いかけた。」の文の意味が曖昧である理由を説明する問題である。

　メタ文法の選択問題 8 問すべてで「全く分からない」を選択した生徒（すべて仮名）は須田君、川合さん、平沼君、石橋君、大垣君の 5 名であった。7 問を「全く分からない」とした清原君、5 問を「全く分からない」とした芦沢君を合わせて合計 7 名の生徒を選択問題に関する注目生徒とした。事前テストの自由記述問題で「（全く）分からない」と書いた生徒が神田君、塚沢君、峯田さんの 3 名であった。また「スカートが先か、踊るのが先か」と書いた牧田君と「スカートをはきながら踊ったと、スカートをはいてから踊った」の違いであると書いた新海さんを合わせて合計 5 名の生徒を自由記述問題に関する注目生徒とした。彼らがデザイン実験授業で何を学び、事後課題テストにおいてどのように「全く分からない」状態から自らの答えを見出すようになったか、事前事後課題テスト及び実験授業の感想の記述をもとに検討する。

第6章　メタ文法能力の育成を目指した英語授業の分析　215

注目生徒の全体的傾向

Table 15 は、メタ文法選択問題（日本文と英文の混合問題 8 点満点）の事前テストと事後テストにおける得点の変化を調べた結果である。

Table 15　メタ文法の苦手な生徒の事前と事後テスト結果

抽出群	名前	事前テスト	事後テスト
メタ文法選択問題	須田君	0	2
	平沼君	0	7
	石橋君	0	3
	大垣君	0	5
	清原君	1	5
	芦沢君	2	4
	川合さん	0	2
自由記述	神田君	2	4
	塚沢君	4	6
	峯田さん	1	7
	牧田君	3	6
	新海さん	3	7
平均点		1.3	4.8

　事前テストで 8 問すべてに「全く分からない」を選択した生徒 5 名は当然のことながら全員 0 点だが、事後テストでは「全く分からない」を選択する生徒が一人もいなくなった。この表から分かる通り、少なくとも全員 2 問以上は正解している。12 名の平均点は事前テストの 1.3 点から事後テストの 4.8 点と大幅に向上した。また全員の平均点だけでなく個別に見ても一人ひとりすべての生徒の点数が上がっていることが分かる。「全く分からない」を選択しなくなったことが必ずしも正解に至ったわけではないが、考える手立てを得て、自分なりの答えを見出すようになったと言える。自由記述問題の方で「分からない」と書いた生徒についても事後の選択問題テストで

点数が伸びていることを考えるならば実験授業はメタ文法に関する選択問題及び自由記述問題のどちらにおいても伸びるような学習の機会を提供したと言える。

　自由記述問題の解答に関しては、文の意味の解釈のみの場合、言語的に文法的説明をしている場合、図を用いて文法的説明をしている場合の三つに分けて検討した。事前テストで「分からない」や的外れな解答をしていた5名は皆、事後テストでは適切な答えを書いていた。その中で解釈のみの生徒が3名、図を用いた説明の生徒が2名であった。選択問題の方で抽出した7名の解答状況は多様であるが、事前テストで解釈のみであった4名の生徒が事後では言語的文法説明または図による文法説明を行っていた。残り3名については事前テストでも事後テストでも図による説明が1名、事前テストでは言語的な文法説明を行い、事後テストでは言語的な説明に加えて図による説明をしている生徒が2名という結果であった。このように全体として、事後テストでは単なる文意の解釈だけでなく、言語を言語で、あるいは図を用いて説明するというメタ認知的活動を行うことができるようになったと言える。

　メタ文法デザイン実験授業の感想に関しては英語授業と漢文授業の両方の感想が提出された生徒8名について、英語授業と漢文授業の感想内容が同じカテゴリー項目に分類されている場合が4名に見られた。別々の授業の感想が同じカテゴリーに分類されたということは授業の学習内容の受け止め方、つまり授業で何を学んだかについての個人の学習傾向が明確に反映されていると考えられる。そこで実験授業における学習傾向が顕在化した事例として次の3名の生徒を取り上げて紹介する。

事例1　芦沢君の場合

　英語授業の感想も漢文授業の感想も、日本語の文は意味が多様で曖昧であり、英語の文は意味が一義的で明快であるという単純な言語比較を示す内容の【言語関心】である。【言語関心】に分類された感想の中には言葉の豊かさや複雑さに言及する深い認識を示すものもあった。芦沢君のような単純な

言語比較が最終的な言語認識として望ましいとは言えないが、日英の言語構造の違いに意識が向くということはメタ文法能力が育成される一過程として必要なことと考えられる。芦沢君は事前テストでのメタ文法選択問題の8問中五つの項目に「全く分からない」に○をつけており正解は2問であった。しかし、事後テストでは「全く分からない」がなくなり4問正解していることから、日本語と英語の修飾関係や係り受けといった言語構造について理解が進んだと考えられる。また事前テストの自由記述問題では文法的な説明がなかったが、事後では不十分ながら文法的な説明を試みていることから、理解したことを言語化しようと試みるようになったと考えられる。

事例2　塚沢君の場合

　英語授業の感想でも漢文授業の感想でも、分かりにくい不完全な日本語であるものの、どちらの感想も授業で扱った文法の語順や文構造に関する感想である【文法関心】について書いていた。塚沢君は事前テストでのメタ文法選択問題の8問中4問正解であったが、事後テストでは6問正解している。事前テストでの自由記述問題に対する解答が「分からない」と書いていたのは、文の意味の違いが分からないのかどのように説明すれば良いか分からないのか判断できないものの、選択問題では半分は正解していた。このことから、メタ言語能力を言語の仕組みに対する意識的な気づきとその言語化に分けた場合、文の意味の理解はできるが感覚的な理解に留まっており、言語を言語で説明するという意識的でメタ認知的な言語操作が苦手な生徒と考えられる。そのように考えるならば、塚沢君は事前テストでは日本文の意味の違いを言語化して記述できなかった状態から、事後テストではまだ文法用語を用いたメタ言語的説明はできないものの、理解したことを言語化できるようになったと言える。

事例3　清原君の場合

　英語授業の感想も漢文授業の感想も【問題解法】であり、授業課題の遂行を問題の解き方の習得として捉えていると言える。事前テストでのメタ文法

選択問題では 8 問中 7 問で「分からない」を選択しており 1 問のみ正解で
あったが、事後テストでは「分からない」がなくなり 5 問正解している。
事前テストでの自由記述では句読点や係り受けに関連する文法説明の語句を
用いて、曖昧な理由を言語的に説明していた。清原君の学び方を【問題解
法】型と特徴づけるならば、事前テストから事後テストへの得点が大幅に伸
びていることや、事後テストの自由記述問題においてデザイン実験授業を踏
まえその意図に沿った解答を行なっていることへの説明がつく。【問題解
法】型の学習はテスト得点と結びつきやすい、身近な目標に直結した効率的
な学習の仕方と言えるかもしれない。その一方で多様な関心から言語に接近
し言語に対するより深い気づきが起こりにくいのではないかと危惧される。

まとめ

　実験授業がどのような学習の機会を与えたかについて、メタ文法が苦手な
生徒に着目し、事例を挙げながら検討した。実験授業ではクラスの生徒全員
にある特定の文法項目を同一レベルの理解を目標として行なうことが目的で
はない。それぞれの理解の仕方や学習傾向、興味関心に応じて多様に学ぶ機
会が与えられる授業となる。それが特に文法が苦手な生徒にとって事後テス
トにおける得点の向上につながったと考えられる。一般的に文法が苦手とさ
れる生徒は、個別言語の特定の文法項目を覚えるといった一定の目的と目
標、それに向けた一定の指導方法のペースに適応できなかった生徒と言える
だろう。今回のメタ文法デザイン実験授業のように、言葉の仕組みに対する
気づきや意識を促すという大きな目的のもと、各生徒は言葉の仕組みに対し
て様々な視点から様々な関心を持ち、それぞれの学習傾向に応じて各自の理
解に至ったのではないかと考えられる。

2.4.3　メタ文法授業の特徴

　先の項では、メタ文法授業における個人の学習傾向に焦点を当てた。ここ
では更に英語以外のメタ文法授業を取り上げ、生徒による授業の感想をもと
に、メタ文法授業の特徴をまとめる。ここでメタ文法授業の定義を再確認す

ると「個々の言語の規則を超えたところにある大きな言語の法則を理解する」（秋田他 2013: 339）ことを狙いとして計画した授業を指している。それは個別言語における特定の文法項目を習得することを直接的な目的とした文法の学習に留まらない、より一般化及び抽象化された言葉の仕組みへの気づきを促すことが目的である。しかし先に述べたように、ある一つの授業を取り上げ、それがメタ文法授業であるか個別文法学習の授業であるか、二分できるわけではない。メタ文法授業と個別文法授業との間には複層的で濃淡をもった連続性があることを踏まえつつ、メタ文法授業にはどのような特徴があるかについて考察する。

　ここで取り上げるのは 2013 年 12 月に高校 2 年生に対して行われた漢文の授業である。その授業についての自由記述の感想内容を秋田他（2013）に基づき、【言語関心】、【文法関心】、【運用】、【問題解法】、【授業方法】、【その他】の六つの項目にカテゴリー分類した結果が Table 16 である。参考までに秋田他（2013）で紹介したデザイン実験授業における感想の分類結果についても合わせて示す。

Table 16　メタ文法デザイン実験授業の感想内容

感想内容のカテゴリー	メタ漢文授業（2013 年）		メタ文法デザイン実験授業（2012）			
			英語授業		漢文授業	
	％	人数	％	人数	％	人数
文法関心	22.0	13	42.1	45	49.5	51
言語関心	45.8	27	29.0	31	18.4	19
運用	0	0	14.0	15	1.0	1
問題解法	23.7	14	10.3	11	18.4	19
授業方法	0	0	1.9	2	6.8	7
その他	8.5	5	2.8	3	5.8	6
合計	(100)	59	(100)	107	(100)	103

どのメタ文法授業でも【文法関心】だけでなく【言語関心】への感想が見られる。そして、漢文授業（以降、メタ漢文 2013）では秋田他（2013）におけるメタ文法デザイン実験漢文授業（以降、メタ漢文 2012）や英語授業（以降、メタ英語 2012）と比べ、【言語関心】の割合が多い。その理由としてはメタ漢文 2012 は「部分否定」と「語順」に焦点を絞って英文と漢文を比較検討しており、メタ英語 2012 は「品詞」と「係り受け」に絞って英文と日本語文を比較検討している。それに対し、メタ漢文 2013 は過去の時制と完了形に焦点を当てている一方で、諸言語の語順や孤立語・膠着語・屈折語といった言語による語形変化への言及、更に過去形や完了形に関しても英語、現代日本語、古文、漢文の比較が行なわれ、授業で扱われた題材が多岐に渡っていた。特にメタ漢文 2013 の感想の特徴として「すべての言葉はつながっている」や「根本的なところで言葉はつながっているんだなと感心した」というように、言語や言葉の「つながり」に対する気づきが起こっている点が挙げられる。また「漢文にも普通の現代文の文章力が必要というのが分かりました」というように、他の言語や言葉の理解の基盤となる母語の重要性を反映した「国語力の必要性」の認識についても複数が言及していた。

　【文法関心】について詳細を見てみると「ずっともやもやしていた漢文における時制のしくみがわかった」とか「現代日本語の過去・完了の使い分けが明白でないために、英語や漢文でその使い分けが難しいということに納得した」など他の言語との比較検討によって漢文の時制についての理解が深まり、わかった、納得した、という腑に落ちる文法学習が起こっていることが指摘される。【問題解法】に関する感想は「送り仮名の基準が案外緩やかなものだったために気軽に書き下しができそうです」のような感想が挙げられる。文法の苦手な学習者にとって「分かる」という感覚は大切であり、それは言語学習への動機づけにつながるであろう。英文法でも漢文でも文法の苦手な生徒は暗記が苦手であり、文法学習＝暗記、暗記できない＝文法が苦手となっている傾向がある。「これで、暗記しなくても、助動詞の位置で訳の判断ができる」といった感想も見られ、メタ文法授業では、暗記によらない文法学習を生徒に示すことができる。

まとめ

ここまでメタ文法デザイン実験授業における生徒の感想を分析してきた。その中から浮かび上がったメタ文法授業の特徴は次のとおりである。メタ文法授業では、ある個別文法項目を一定に一律に習得するというところに目的があるのではなく、各学習者の興味や関心に応じて言語や言葉の仕組みに対する深い理解や気づきを促し、多様な学びを授業の中に創り出していると考えられる。個別文法項目を教えることが必ずしも悪いというわけではない。本稿で提案しているのは、個別文法学習における目標の単一性と学習の均質性によって的を絞ったある一定の知識や技能を習得させることの大切さと、メタ文法授業における関心や理解の多様性とのバランスをどのように取るかを教師は考える必要があるだろうということである。各言語を扱う教科においてその言語についてのある一定の文法的知識を習得させることは必要である。その際、メタ文法の授業を念頭におくことで、より深い言語処理と理解を促すような授業の構想に役に立つのではないだろうか。

注

1　各因子の α 係数は次の通り。第 I 因子（ $\alpha = .861$ ）、第 II 因子（ $\alpha = .767$ ）、第 III 因子（ $\alpha = .705$ ）、第 IV 因子（ $\alpha = .778$ ）。

2　各因子の α 係数は次の通り。国語 4 技能（ $\alpha = .900$ ）、英語 4 技能（ $\alpha = .891$ ）、言語横断的（ $\alpha = .647$ ）。

3　Amos 7.0 を使用して共分散構造分析を行い、モデル適合度指標を基に複数のモデルを比較した結果、想定したパスが有意で、モデル適合度指標の望ましいモデル（適合度指標の値は GFI $= .973$ 、AGFI $= .950$ 、CFI $= .973$ 、RMSEA $= .057$ ）を採用した。

4　例えば、久保（1999）や前田（2002）は学習動機、佐藤（2004）は達成目標、中山（2005）は目標志向性を起点としている。

5　「品詞・係り受け」という言葉を用いているのは、英語科と国語科においては文法用語の扱いが異なるためである。例えば、英語科では beautiful を形容詞、beautifully を副詞とするが、国語科では「美しい」は形容詞の連体修飾形であり、「美しく」は形容詞の連用修飾形である。

6 国語文法問題に関しては、3 年、4 年 > 1 年（$F_{[4,550]} = 4.24, p < .01$）。2 年 > 3 年、5 年（$F_{[5,663]} = 3.77, p < .01$）。3 年、4 年、5 年 > 1 年、また 2 年 > 3 年、4 年、5 年（$F_{[5,660]} = 13.01, p < .01$）。

7 例えば、国語文法問題に関しては国文法的に答えるとアの「よい」が正解となるが、メタ文法的に捉えると「大きな」も例文と同じように名詞を修飾する形容詞であるため、正解となる。

8 1 年 < 3 年、4 年、5 年、また 2 年 < 3 年、4 年、5 年、更に 3 年 < 4 年（$F_{[5,648]} = 29.23, p < .01$）。

9 メタ文法（$t_{(210)} = 4.42, p < .01$）、国語文法（$t_{(196)} = 2.73, p < .01$）、英文法（$t_{(212)} = 1.99, p < .05$）。

10 t 検定の結果、事前と事後テストの得点平均の差は 1% 水準で有意であった（$t = 5.958, p = .000$）。

11 事後テスト > 事前テスト（$t_{(210)} = 4.42, p = .00^{**}$）、最終テスト > 事前テスト（$t_{(215)} = 4.64, p = .00^{**}$）。また、調査対象学年 > 比較対象群（$t_{(201)} = 6.41, p = .00^{**}$）。

参考文献

秋田喜代美・藤江康彦・斎藤兆史・藤森千尋・三瓶ゆき・王林鋒・柾木貴之・濱田秀行・越智豊・田宮裕子（2013）「国語科と英語科におけるメタ文法授業のアクションリサーチ」『東京大学大学院教育学研究科紀要』52: pp.337–366. 東京大学大学院教育学研究科

秋田喜代美・斎藤兆史・藤江康彦・藤森千尋・柾木貴之・王林鋒・三瓶ゆき（2014）「文法学習に関わる要因の教科横断的検討—文法課題遂行と有用感・好意度・学習方略間の関連—」『東京大学大学院教育学研究科紀要』53: pp.173–180. 東京大学大学院教育学研究科

秋田喜代美・斎藤兆史・藤江康彦・藤森千尋・柾木貴之・王林鋒・三瓶ゆき・大井和彦（2015）「メタ文法能力育成をめざしたカリキュラム開発—実践と教材開発を通したメタ文法カリキュラムの展望」『東京大学大学院教育学研究科紀要』54: pp.355–388. 東京大学大学院教育学研究科

久保信子（1999）「大学生の英語学習における動機づけモデルの検討—学習動機, 認知的評価, 学習行動およびパフォーマンスの関連—」『教育心理学研究』47: pp.511–520. 日本教育心理学会

小山義徳（2009）「英単語学習方略が英語の文法・語法上のエラー生起に与える影響の検討」『教育心理学研究』57: pp.73–85. 日本教育心理学会

斎藤兆史・濱田秀行・柾木貴之・秋田喜代美・藤江康彦・藤森千尋・三瓶ゆき・王林鋒(2013)「メタ文法能力の育成から見る中等教育段階での文法指導の展望と課題」『東京大学大学院教育学研究科紀要』52: pp.467–478. 東京大学大学院教育学研究科

斎藤兆史・秋田喜代美・藤江康彦・藤森千尋・柾木貴之・王林鋒・三瓶ゆき(2014)「メタ文法カリキュラムの開発：中等教育における国語科と英語科を繋ぐ教科横断カリキュラムの試み」『東京大学大学院教育学研究科紀要』53: pp.255–272. 東京大学大学院教育学研究科

佐藤純(2004)「学習方略に関する因果モデルの検討」『日本教育工学会論文誌』28(Suppl.): pp.29–32. 日本教育工学会

田村聡子(2009)「英文法の基礎力低下と英語嫌いの原因を探る：新入生アンケートと英語診断テストから分析される要因」『釧路工業高等専門学校紀要』43: pp.75–79. 釧路工業高等専門学校

中山晃(2005)「日本人大学生の英語学習における目標志向性と学習観および学習方略の関係のモデル化とその検討」『教育心理学研究』53: pp.320–330. 日本教育心理学会

前田啓朗(2002)「高校生の英語学習方略使用と学習達成―学習動機と学習に関する認知的評価との関連―」『Language Education & Technology』39: pp.137–148. 外国語教育メディア学会

森陽子(2004)「大学生の自己効力感と英語学習方略の関係」『日本教育工学会論文誌』28(Suppl.): pp.45–48. 日本教育工学会

Skehan, P. (1998) *A Cognitive Approach to Language Learning*. Oxford: Oxford University Press.

Schmidt, R. (1994) Deconstructing Consciousness: In Search of Useful Definitions for Applied Linguistics. *AILA Review* 11: pp.11–26.

Schmidt, R. (2001) Attention. In P. Robinson (eds.) *Cognition and Second Language Instruction*, pp. 3–32. Cambridge: Cambridge University Press.

Tomlin, R. and Villa, V. (1994) Attention in Cognitive Science and SLA. *Studies in Second Language Acquisition* 16: pp.185–203.

Zimmerman, B. J. and Shunk, D. H. (eds.) (2001) *Self-regulated Learning and Academic Achievement: Theoretical Perspectives*. New Jersey: Lawrence Erlbaum Associates. (塚野州一編訳 (2006)『自己調整学習の理論』北大路書房)

第7章
メタ文法能力の育成に向けた授業案

三瓶ゆき・柾木貴之

1．教材作成の方法

　言語横断的授業に向けて教材作成を行うとき、二つの方法が想定される。一つは先に扱いたい教材を決め、そこに含まれる様々な文法項目に広く着目させるという方法である。これは例えば、国語教科書で扱われている作品について、英訳がどうなっているかを参照させるといった場合にとる方法である。この方法の長所は、日本語と英語を比較することをきっかけに読みを深めることができれば、文法の有用感を自覚しやすいという点を指摘することができる。一方、短所としては特定の文法テーマに授業目標を絞るということをしない限り、学習者が着目する文法項目にばらつきが生じ、その時間に何を学んだかを学習者が実感しにくいという点があげられる。ここではこの方法をタイプ A としたい。

　もう一つの方法は先に扱いたい文法テーマを決め、それを考えるのに適した教材を選ぶという方法である。これは例えば、通常授業を行う中である文法項目の理解が不十分だと感じ、それを特別授業、補習、講習などで補いたいといった場合にとる方法である。この方法の長所は指導目標となる文法項目が明確であるため、学習者がその時間に何を学んだかを実感しやすい点である。一方、短所はそこで学んだ文法項目がどのように読解や表現に役立つかを示さない限り、学習者が文法を学ぶ有用感を自覚しにくいという点をあげることができる。ここではこの方法をタイプ B とする。

上記二つの方法はそれぞれ一長一短であり、最終的には実践者が状況に合わせて選択することになるが、いずれの場合においても、ある程度、着目させたい文法テーマを定めておくことが必要になる。本プロジェクトにおいて文法テーマを定める際に参考にしたのは、主に次のような文献である。

①安藤貞雄（1986）『英語の論理　日本語の論理』大修館書店
②中島文雄（1987）『日本語の構造―英語との対比』岩波書店
③池上嘉彦（2006）『英語の感覚・日本語の感覚―"ことばの意味"のしくみ』日本放送出版協会
④大津由紀雄・窪薗晴夫（2008）『ことばの力を育む』慶應義塾大学出版会
⑤森山卓郎（編著）（2009）『国語からはじめる外国語活動』慶應義塾大学出版会
⑥大津由紀雄（編）（2011）『ことばワークショップ―言語を再発見する』開拓社
⑦菅井三実（2012）『英語を通して学ぶ日本語のツボ』開拓社
⑧益岡隆志（1992）『基礎日本語文法　改訂版』くろしお出版
⑨森山卓郎（2000）『ここからはじまる日本語文法』ひつじ書房
⑩庵功雄（2012）『新しい日本語学入門―ことばのしくみを考える　第二版』スリーエーネットワーク

①～③は対照言語学的な視点をもった著作である。とくに③は具体例が非常に豊富であり、『竹取物語』の英訳や、『奥の細道』の英訳などの分析が示されている。④～⑦は教育現場での活用を視野に執筆されたもので、実践で用いることができるアイデアが多く掲載されている。⑧～⑩は日本語学の基礎についてわかりやすく説明したもので、これらを読むと学校国文法を相対的にとらえることが可能になる。
　本プロジェクトでは以上の方法にしたがって教材を作成し、第5章及び第6章では、その教材を用いて行った授業について分析を行った。しかし、そこで示した授業だけでは、メタ文法能力の育成を目的とした実践が具体的にどのようなものか、十分にイメージできないかもしれない。そこで以下では中学校、高等学校、大学の実践例を示す中で、メタ文法能力の育成に向け

た道筋をよりはっきりとしたものにしたい。

2. 中学校での実践

2.1 「主語」に着目した授業

2.1.1 教材作成の主旨

　文法学習では、「文法の有用感をいかにして自覚させるか」という点が主要な課題の一つと言える。前項「教材作成の方法」に述べられているように、指導目標に基づいて特定の文法事項を習得するために用意された例文を用いた授業では、習得すべき文法事項が明確になるが、反面、文法の有用感を自覚しにくいという状況が考えられる。本授業では、作品の内容を読み深めることや、作者の思いを読み取るために、文法の知識や文法の学習が生かせるということを学習者自身が実感できる授業として、前述のタイプAによる教材作成の方法をとり、短歌を教材として設定する。短歌や俳句といった定型の韻文では、使用される言葉は作者の意図のもとに厳選され、その意味を最大限に引き出し作品世界を表象化させるために文法や修辞法に工夫が凝らされる。日本語の短歌とその英訳を用いることにより、文法の差異によって読み手が生み出す作品世界の表象の違いや、短歌から伝わる作者の思いの違いに気づかせることができると考える。

　本授業では、俵万智の次の2作品を教材として使用する。

【作品1】「寒いね」と／話しかければ／「寒いね」と／答える人のいる／あたたかさ

【作品1】英訳

　　"Cold out, isn't it?"

　　you say, and get an answer,

　　"Yes, it sure is cold."

　　How warm it makes you feel

　　that someone's there to answer.

【作品2】江ノ島に遊ぶ一日／それぞれの／未来があれば／写真は撮らず

【作品2】英訳

　　　　　We enjoy our day

　　　　　on Enoshima island.

　　　　　We take no pictures

　　　　　because you have your future

　　　　　and I, too, have my future.

　これらの英訳は J. スタムの対訳である。

　まず、日本語で書かれた【作品1】の短歌について情景を想像し、鑑賞した後に、英訳との比較を行う。【作品1】は中学2年の教材として国語の教科書に掲載されてきた短歌である。「寒いね」という言葉を繰り返し合うだけの何気ない会話の中に、思いを共感し合える相手が存在するということの幸せを実感した日常のささやかな一瞬を歌ったものである。話しかけた人物、応えた人物、その2人の様子を見ている人物の三者のうち、作者をどの人物として読むかによって、歌の解釈が変わる。英訳の空欄にあてはまる主語を考える過程で（2.1.3 指導案参照）学習者は、三者の関係や情景を想像することとなる。英訳の主語を「I」と「you」のどちらにするか、また、目的語を「you」と「me」のどちらにするかを考える活動を通して、それぞれの言葉を入れた場合に生じる解釈の差異に気づかせることができる。その上で、動作主や人物相互の関係、状況を必要以上に説明せず、読み手の解釈に委ねるという日本語の短歌がもつ特徴と、主語や目的語を特定し、人物相互の関係性を明確に表現する英訳の特徴をとらえさせたい。どちらの表現がよいかという視点ではなく、それぞれの表現の特徴を確認することによって、文法の差異がもたらす作品世界の表象の違いや、短歌から伝わる作者の思いの違いに気づかせていきたいと考える。

　本指導案では、【作品2】を応用課題として設定している（配付資料1参照）。この短歌は、主語が明示されていない。遊んでいるのは誰か、何人なのか、「それぞれの未来」の意味はどういうものか、なぜ写真を撮らないの

かなど、読み手の想像によって多様な解釈が生まれる短歌である。学習者は、日本語の短歌の意味と英訳の文章を関連づけることによって空欄にあてはまる人称代名詞を考えるという学習活動を行う。この活動を通して、遊んでいるのが「I」と「you」という2人すなわち「We」であり、2人はこれから別々の未来を過ごすであろう関係にあること、今日という「一日」が2人にとってどのような意味をもつ日なのか、写真を撮らないことに決めた理由について考え、作者の思いを読み取っていくことになる。英訳では、主語が「We」「I」「you」と明示されることにより、読み手に2人の別れをより強く実感させる表現になっている。授業では、日本語と英訳を比較した場合に感じる作品世界の印象の違いや、主語の有無による解釈の差異について考えを交流する活動を行い、文法的差異が作品の読みに影響を与えることを学習者に実感させたいと考える。

2.1.2　目的

・短歌を英訳と比較し、主語を特定する活動を通して、主語の働きが作品の解釈にどのような影響を与えるかを考えることができるようにする。
・文法事項を手がかりとして短歌を読み、英訳と関連させて解釈することにより、多様な視点から作品を鑑賞することができるようにする。

2.1.3　指導過程

段階	学習活動・内容	時間	形態	指導上の留意点	○メタ文法
課題把握	1．本時の学習課題をとらえる。 英訳と比較して短歌を味わおう。	2分	一斉	○短歌①を黒板に提示し、歌の内容や情景をイメージさせることで、授業の目的が短歌を読むことであることを確認する。 ○本時の課題は設問2への着目の際に提示する。	

課題追究	2. 短歌①の情景をイメージし、鑑賞文を書く。（設問1）	8分	個	○歌の中の人物は誰か、人数、人物の関係や状況を具体的にイメージさせる。	○国文法 ・主語
	3. 英訳②（ア）（イ）にあてはまる人称代名詞と、その理由を考える。（設問2）				
	(1)（ア）（イ）に入る語と、その理由を考える。	10分	個	○短歌①と英訳②を照合させ、（ア）（イ）に入る語と、その理由を【配付資料1】に記入させる。 ○会話部分が直接話法によって示されていることやHowによる感嘆文であることに気づかせ、（ア）と（イ）には人称代名詞が入ることをとらえさせる。	○英文法 ・付加疑問文 ・感嘆文 ・makeの用法 ・直接話法 ・人称代名詞
	(2)記入した内容について交流する。	10分	班	○個々が記入した内容を相互に発表し合い、考えを交流させる。交流の際に考えたことや気づいたことをメモしておくように指示する。 ○本来の英訳②で（ア）と（イ）に入る語を提示する場合は、自分の考えを正誤にこだわるのではなく、異なる考えの一つとしてとらえさせる。 ○考えを交流し合うことにより、主語の相違によって、情景のイメージや解釈に違いが生じることを意識させる。	
	4. 短歌①とその英訳②を比較し、表現上の特徴を考える。（設問3）				
	(1)表現上の特徴を考える。	5分	個	○主語がなく話者や登場人物の関係性が明示されない短歌①と、主語があり、誰が	○国文法 ・主語の働き ○英文法

				どう感じたのかを明示している英訳②を比較し、読み手として鑑賞する立場から、それぞれの表現の特徴を考えさせる。	・主語 ・目的語
課題追究	(2) 表現上の特徴について交流する。	10分	一斉	○表現の特徴を比較しにくい場合には、それぞれの表現の長所や短所という形で考えてみるよう助言する。 ○どちらの表現がよいかを結論とするのではなく、表現の特徴としてどのようなことを見出しているかを確認する。 ○応用課題として【配付資料2】を示し、短歌とその英訳を比較させる。	
まとめ	5. 本時の学習内容を振り返る。	5分	個	○本時の授業でわかったことや考えたことを記述させることにより、主語に関する関心の方向性や文法的思考が行われたかどうかを確認する。	

配付資料 1

◎推論して語彙を推測する ⓪

1 次の英語の単語から、情報をベースにして語彙を推測しよう。

> ① 「寒い」と言って返ってくる「寒い」と言われるとどんな感じがするか

【解答欄】

2 次の英文は、①の語彙を推測したものです。(ア)(イ) にあてはまる単語を考える。

② "Cold out, isn't it?"
(ア) say, and get an answer,
"Yes, it sure is cold."
How warm it makes (イ) feel
that someone's there to answer

(ア) _____ (イ)

3 語彙①と、推論②を比較して気づいたこと・考えたこと

配付資料 2

◎英語で出来して認識をせますか ◎

1 ◎の認識を記した英文④の（　　）とし横に名前をいくた、文を完成させますか。

次へ向と遊ぶ―日
それぞれの
未来があれば
写真を撮らない

④ (　　) enjoy (　　) day
on Enoshima island.
(　　) take no pictures
because (　　) have (　　) future.
and (　　), too, have (　　) future.

2 この認識の理由を説明して、調査をく事ですか。

3 認識◎と英訳④を出来して、思ったことを認識しますか。

4 今日の授業で感じたこと・考えたこと

2.1.4 教材の活用についての可能性

　日本語の短歌を英訳と比較する学習活動は、文法的差異や表現上の特徴を学習者に気づかせることができる。文法に関する学習のための教材として次のような例があげられる。

修飾の関係と語順に着目した例
【作品3】咲くことも／散ることもなく／天に向く／電信柱に吹く／春の風
【作品3】英訳

　　　　The winds of spring

　　　　blow at the telephone poles

　　　　they bear no blossoms,

　　　　have no petals to scatter,

　　　　and point up to heaven.

　日本語の短歌では、初句から三句までが四句にある「電信柱」を修飾しており、さらに全体として結句の「春の風」を修飾している。動じることなくまっすぐにそびえ立つ「電信柱」に吹く「春の風」が体言止めによって暖かい余韻を感じさせる歌である。英訳では、結句が主語となり歌の初めに置かれ、係り受けの関係によって句の順番が入れ替わる。韻文では、文法事項だけでなく、多様な修辞法が工夫されており、体言止めによる強調や余韻は、英訳においては歌の初めに置かれることが多い。この歌では、まっすぐに天に向かって屹立する「電信柱」と柔らかく吹きつける「春の風」の対比が印象的である。

　中学校の段階では、既習の知識として活用できる英文法が高校に比べて限定的である。教材作成の際には、英文法の習熟度を十分考慮するとともに、取り扱う文法事項を焦点化し、文法学習に対する抵抗感の軽減を図る必要がある。

　短歌をはじめとした韻文の学習では、精選された日本語の表現が創り出す作品の解釈は、読み手のイメージに基づいて行われる。英訳を用いることに

よって英文法と関連づけて思考することは、既有のイメージに新たな解釈を加えたり、異なる視点から解釈したりする経験をもたらすと考えられる。作品を読む上での新たな経験が、文法学習の有用感を高めさせると考える。

2.2 「品詞の分類」について名詞の識別に着目した授業

2.2.1 教材作成の主旨

　国語科における品詞の学習で名詞を取り上げる場合、名詞には普通名詞のほか、固有名詞、代名詞、数詞、形式名詞が含まれるという多様性ゆえに生徒の理解に困難が生じている。固有名詞や代名詞、数詞はイメージが具体的であるため生徒にとって理解しやすいが、形式名詞は単独で文中に存在することは少なく、ひらがなで表記されることが多いため名詞として識別しにくい。また、転成名詞は、もとになった動詞や形容詞と形が似ているため異なる品詞であると識別することは難しい。以上のことから、名詞の中でも形式名詞と転成名詞についての理解を確かなものにする必要があると考えた。本授業では、英語の不定詞に関する文法知識と関連させて思考させることにより、名詞としてとらえ難い形式名詞と転成名詞を、文中で主語（主部）として働くという根拠に基づき、名詞であると理解できるようにしたいと考えた。

　品詞を識別する学習が学習者にもたらす学力として、次の2点が挙げられる。

　一つは、識別という学習活動がもたらす論理的思考力である。品詞を識別する学習では、知識として有している各々の品詞の定義を識別のためのルールとして必要に応じて引き出し、単語と照応させ、判断するという過程を経る。これが文法学習における論理的思考である。

　二つ目は、言語感覚である。品詞の定義に関する知識が不足していたり、定義を知識として有していてもルールとして適切に使用することが困難であったりする場合、生徒たちは根拠をもたずに感覚的に品詞を識別しようとすることがある。これは論理的思考を放棄しているとも言えるが、その一方で文法や言語に関する感覚が磨かれていると考えることができる。

　メタ文法的な思考では、多様な言語に関する興味・関心、学習意欲、理解

過程、共通点や差異についての認識など、言語に対する多様な感覚が育まれ、自覚されることが文法学習における重要な学習目標の一つである。一見当てずっぽうとも言える言語感覚による解答をメタ文法的思考の萌芽ととらえ、「なぜそう思ったか」「なぜそう感じたか」を学習者に問い直すことによって、論理的な思考へと導くことが可能となる。

　本教材では、英文和訳を通して文中の主語を確定し、文の成分に関する定義を用いて、品詞を識別することができるようにする。英語科としては、英文和訳の過程で不定詞の名詞的用法の理解が深められ、国語科においては、主語の働き、形式名詞、転成名詞および転成といった文法事項について思考が深められる。また、品詞を識別する根拠について話し合ったり発表したりすることにより、名詞の定義や種類について文法的かつ論理的に説明する力が養われると考える。

2.2.2　目的

・英文の和訳を通して文中の主語を明らかにし、主語（主部）となるのは名詞（句）であるという定義を用いて品詞を分類することができるようにする。
・品詞を識別する根拠について文法用語を用いて説明する活動を通して文法的かつ論理的に思考する力を養う。

2.2.3　指導過程

段階	学習活動・内容	時間	形態	指導上の留意点	○メタ文法
課題把握	1．本時の学習課題をとらえる。 根拠をもって品詞を識別しよう。	5分	一斉	○授業の目的を確認する。 ○名詞の種類や定義などについての既習事項を思い出させる。	○国文法 ・名詞の種類や定義 ・文の成分
課題追究	2．複数の単語の中から名詞を選び出す。 3．英語の例文①を和訳し、主部を明らか	25分	個	○形式名詞を選出できているかを確認し、判断の根拠を説明させることによって、形式名詞に関する理解の曖	○国文法 ・名詞の識別

	学習活動	時間	形態	指導上の留意点	
	にする。 (1) 英語の例文①を和訳する。 ① It is interesting for me to read books.			味さを意識させる。 ○ It〜to…構文の和訳のしかたに基づき、名詞的用法で用いられた不定詞の部分を主部として和訳するよう意識させる。和訳された日本文の主部と修飾部の順番については問題としない。	○英文法 ・不定詞の名詞的用法 ・仮主語と真主語
	(2) 和訳した日本文の主部を確定する。 ①本を読むことは私にとっておもしろい。 （下線：主部）			○和訳した日本文では、形式名詞が他の自立語と名詞節を形成し、連文節として主部になっていることをとらえさせる。	○国文法 ・主語述語 ・連文節 ・文の成分
課題追究	4. 和訳と主部の取り出しを通してわかったことや気づいたことを話し合う。	10分			
	(1) 班で話し合う。		班	○和訳と主部の確認という学習活動を名詞の選出と関連づけて考えさせ、わかったことや気づいたことを個別にワークシートに記述させる。記述に基づいて班での話し合いを行い、考えを共有し合う。	○国文法 ・名詞の識別
	(2) 全体で話し合う。		一斉	○各班の話し合いの内容を聴き合い、「主語(主部)になるのは名詞である」という定義に気づかせる。 ○転成名詞について「主語になる」という名詞の定義を根拠として説明できるようにする。	○国文法 ・転成名詞 ・名詞の識別 ・形式名詞の文法的説明 ○国文法 ・転成名詞 ・動詞の活用 ・形容詞の活用
	5. 例文②について、指示された単語の品詞を分類し、根拠を説明する。	5分	個	○例文②の「眠り」の品詞を根拠と共にワークシートに記入する。 ○応用課題として例文③を示し、転成について理解を深める。	

課題追究	②今夜は<u>眠り</u>が浅いようだ。 ③このケーキはイチゴの<u>甘</u>さが際立つ。				
まとめ	6. 本時の学習内容を振り返る。	5分	個	○本時の授業でわかったことや考えたことを記述させることにより、文法に関する関心の方向性や文法的思考が行われたかどうかを確認する。	

2.2.4　教材の活用についての可能性

　本案では、例文①として「It is interesting for me to read books.」の It 〜 to …構文を用いた。和訳する際には、文中にある不定詞を主部として文頭に置き、interesting を述語として文末に置くというように語順の入れ替えが必要となる。不定詞の名詞的用法を含む「To read books makes me happy.」というような例文も可能であるが、このような不定詞が文頭にある例文では、英文を文頭から訳していくと、自ずと日本文の主部が文頭に作られることになり、語順を入れ替える思考を経ることがない。It 〜 to…構文は、和訳する際に語順を入れ替え、形式名詞を含む連文節を意図的に主部とするという思考を経験させるため有効であり、不定詞で始まる例文は、和訳の難易度を低くする場合に有効であると考えられる。

2.3　「助動詞の意味と働き」に着目した授業
2.3.1　教材作成の主旨

　国語科において助動詞の学習を行う場合、助動詞の種類や意味、接続や活用が主な学習内容となっている。そこでは、学習内容をどれだけ記憶しているかということや、文脈に応じた意味を正確に選択することができるかという点を文法学習達成の尺度としている。

　しかし、メタ文法の学習では、特定の言語のための文法を明示的に獲得する学習だけを目的としているわけではない。異なる言語の中に存在する異な

る文法を比較・考察することにより、言語の枠を超えて共通点や相違点に気づくという学習は、特定の言語に関する文法の習得に留まらず、言語そのものへの関心や他文化への理解をも促すものと考えられる。

　本授業では、助動詞の中でも「can」と「れる（られる）」を取り上げ、助動詞としての意味や働きについて比較・考察を行うことにより、異なる言語の間に存在する共通点や相違点に気づかせたいと考えた。その際、授業者として気づかせたい点は、達成すべき基準としてではなく、予想される学習者の思考内容の一つとして想定することとする。授業者の意図にとらわれない多様な気づきを許容し、共有することにより、文法や言語そのものに対する関心を高めたいと考える。

　本教材では、助動詞「can」を用いた英文和訳を通して「can」と「れる」を比較することにより、「助動詞」という同じ品詞名をもち、なおかつ「〜することができる」という共通の意味を表す単語間に、どのような共通点と相違点があるのかを考える。英語科としては、英文和訳の過程で助動詞「can」の意味や用法の理解が深められ、国語科においては、助動詞「れる（られる）」の意味や働きといった文法事項について思考が深められる。また、「can」と「れる（られる）」の意味や働き、比較して気づいたことについて話し合うことにより、自分の考えを文法的かつ論理的に説明する力が養われると考える。

2.3.2　目的
・英語と日本語における「助動詞」の比較を通して、異なる言語間に存在する共通点や相違点を文法的に考察することができるようにする。
・助動詞の文脈上における意味を比較することによって、その助動詞がもつ意味の違いや共通するイメージがあることを理解できるようにする。

2.3.3 指導過程

段階	学習活動・内容	時間	形態	指導上の留意点	○メタ文法
課題把握	1. 本時の学習課題をとらえる。 助動詞の特徴を考えよう。	5分	一斉	○授業の目的を確認する。 ○英語と国語の文法の両方に「助動詞」という品詞があることを確認する。	○品詞・助動詞
課題追究	2. 例文をもとに英語の助動詞「can」の意味について考える。 (1)例文①〜③を和訳する。 ① I <u>can</u> speak English. ② You <u>can</u> read my book. ③ Anybody <u>can</u> make mistakes. (2)和訳をもとに「can」が表す意味の共通点と相違点を考える。	25分	個	○①「〜することができる」②「〜してもよい」③「〜はありうる」の意味で和訳していることを確認する。 ○共通点としては、可能性を表すという点が想定される。相違点としては能力や許可という点が考えられる。 ○特定の表現にこだわらず、共通点や相違点としてどのようなことを見出しているかを確認する。	○英文法 ・助動詞「can」の意味、用法 ○英文法 ・助動詞「can」がもつ基本的なイメージ ○文法的根拠に基づく比較・考察
	3. 例文④〜⑦の「れる」が表す意味の共通点と相違点を考える。 ④友達が先生に呼ば<u>れる</u>。 ⑤私は100Mを12秒で走<u>れる</u>。 ⑥集会で先生が話さ<u>れる</u>。 ⑦昔の面影がしのば<u>れる</u>。		班	○「れる」だけでなく「られる」も同様の働きをする助動詞であるが、ここでは表記上の統一を図るため「れる」の場合のみを例示する。 ○相違点としては受け身(〜される)・可能(〜ができる)・尊敬(お〜になる)・自発(自然に〜)の意味の違いが指摘されると考えられる。共通点としては「られる」ではなく「れる」で	○国文法 ・助動詞「れる(られる)」の意味、用法

第 7 章　メタ文法能力の育成に向けた授業案　241

課題追究				統一されているという点が想定される。 ○特定の表現にこだわらず、共通点や相違点としてどのようなことを見出しているかを確認する。	○文法的根拠に基づく比較・考察
	4.　助動詞「can」と「れる」を比較し、気づいたことを話し合う。 (1) 班で話し合う。	15分	班	○「can」と「れる」を比較することにより、共通点や相違点など気づいたことを話し合う。	○文法的根拠に基づく比較・考察
	(2) 全体で話し合う。		一斉	○「can」には可能性を表すという共通の基本的なイメージがあるが、「れる」の場合にはそれぞれの文脈に応じて表す意味が異なるという点が共有されると想定できる。	
				○「can」と「れる」には、「～することができる」という共通の意味があること、助動詞として意味を付け加えたり、話し手や書き手の気持ちや判断を表したりするという共通点が共有されると想定できる。	○助動詞の働き
まとめ	5.　本時の学習内容を振り返る。	5分	個	○本時の授業でわかったことや考えたことを記述させることにより、文法に関する関心の方向性や文法的思考が行われたかどうかを確認する。	

2.3.4　教材の活用についての可能性

　本案では、比較する対象として助動詞を取り上げた。中でも、「～することができる」という可能の意味を表す「can」と「れる（られる）」に注目し

た。例文①は「〜することができる」という能力を有するがゆえの可能の意味を表し、例文②は「〜してもよい」という実行可能であるという許可の意味を表す。例文③は、「〜はありうる」という可能性が存在するという意味を表している。例文②を「Can I〜？」という疑問文にすることも可能である。

　また、「れる」については「られる」を用いることも可能である。本案では、「れる」と「られる」の用法の違いにこだわることによる混乱を避けるため、表記上同じに見えるように「れる」に統一している。

　英文法と国文法を比較して考察するという思考活動の実現を主な目的とする場合、比較の観点は、助動詞に限定されるものではない。例えば、形容詞や副詞の観点で比較した場合には、係り受け（修飾）という点で、相互の文法間に共通点や相違点を見出すことができるであろう。メタ文法の学習においては、本時の授業での気づきをもとに「では、〜だったらどうなるのだろう」と異なる観点へと思考を広げていくことに意味がある。多様な観点から思考を展開していくことができるという可能性をもっている。

3．高等学校での実践

3.1　松尾芭蕉の俳句を題材に

3.1.1　本授業の概要

　本実践は 2011 年 1 月 20、21 日に滋賀県の私立高校で行ったものである[1]。実践の方法は、英語教員である筆者と同校の国語教員のチーム・ティーチングという形式であり、授業は同校教員が提供してくれた通常授業の時間に、一時間完結の特別授業として行った。対象となったのは高校 1 年生 4 クラス（1 クラス 30 〜 38 名）である。

　教材としては俳句とその英訳を扱うことにした。これは上記タイプ A にあたる方法だが、その理由は同校が毎年、俳句コンテスト（伊藤園主催）に応募していたからである。実践が予定された時期はまさにその応募期間にあたり、生徒の中には、英語部門での応募を検討している者もいた。特別授業

ではあったが、可能な限り生徒の学習状況に沿った実践を行いたいと考えていたことから、まずは教材を俳句とその英訳にすることを決めた。

　数ある俳句の中から題材に選んだのは、松尾芭蕉の俳句「古池や　蛙とびこむ　水の音」である。これは誰もが知っている句であるが、近年になって再び脚光を浴びている。その契機となったのは、俳人・長谷川櫂が『古池に蛙は飛びこんだか』(花神社、2005、中央公論社、2013)の中で示した解釈である。長谷川は芭蕉の弟子・各務支考の著した『葛の松原』の記述を引用して、上記の句を読んだとき、芭蕉は池の傍らではなく庵の中にいたことを示しつつ、「古池は芭蕉が水の音を聞いたことで思い浮かべた心の世界の産物であり、現実世界で古池に蛙が飛びこんだわけではない」という解釈を提示し、話題を呼んだ。

　このように、上の句は様々な解釈の可能性をはらんでいるが、学習者には蛙が池に飛び込んだだけの単純な句と考えられがちである。通常の国語授業では『古池に蛙は飛びこんだか』が示した解釈を提示し、議論することも一手段と言えるが、「国語教員と英語教員のチーム・ティーチング」という形式を取る本実践で参照したのは、*One Hundred Frogs*(Sato Hiroaki, 1983)という著書である。この中には上記の句について100通りの英訳が掲載されている。これはこの句が日本人にとってだけでなく、外国人にとっても多様な解釈が可能な句であることを示すものと言える。エリス俊子(2005)は高校生向けの講座の中で100の中から18の英訳を選び、解説を行っているが、本実践ではその18の中から異なる特徴を持った三つの英訳を扱うことにした。以下に示したのが授業展開と教材である。

3.1.2　授業展開

	学習内容	時間	国語教員	英語教員	生徒
1	自己紹介・授業の趣旨説明 資料配布・グループ分け	7分	資料配布 グループ分け	自己紹介・趣旨説明	聞く グループに分かれる

2	元の句が何か、三つの英訳から推測する。	3分			答える
3	グループごとに三つの英訳の一つを日本語に直し、マジックで紙に書く（Activity 1）。	17分	机間観察 紙の張り付け	机間観察 紙の張り付け	日本語訳 適宜質問
4	三つの英訳を発音し、リズムを味わう。	3分		発音	リピート
5	各班の代表者が、訳した日本語を発表する。	10分	コメント	コメント	発表
6	自班の英訳と他の英訳を比較し（Activity 2）、気付いたことを発表する。	7分	指名	コメント	発表
7	まとめ	3分	まとめ	まとめ	

3.1.3　教材

配付資料 1

日本の俳句は海外でも知られていて、ある句は 100 通りに訳されています。
以下に挙げたのはそのうちの 3 つです。

元の俳句は何でしょう？

〈英訳〉

(1) Into the ancient pond

　　A frog jumps

　　Water's sound!　　　　　　　（Daisetz T. Suzuki 訳）

(2) An old silent pond …

　　A frog jumps into the pond,

　　splash! Silence again.　　　　（Harry Behn 訳）

(3) an old pond

　　noises of frogs

　　leaping in　　　　　　　　　（Hisao Kanaseki 訳）

〈元の俳句〉

〔　　　　　　　　　　　　　　　　　　　　　　　〕

Activity 1　グループごとに指定された英訳を日本語に直そう。

配付資料 2

Activity 2　他班が担当した英訳と比較し、気付いたことを以下の用紙に記入しよう。

（例）

英訳中の表現 ※自分の班の句	ancient pond
英語の意味	大昔の池
対応する他の 英訳の表現	old pond
比較して 言えること	old よりも ancient の方が池の古めかしさが強調されている。

（発表メモ）

英訳中の表現 ※自分の班の句	
英語の意味	
対応する他の 英訳の表現	
比較して 言えること	

3.1.4 授業における活動

本授業では二つの活動を行っている。Activity 1 はグループごとに英訳(1)～(3)の一つについて、日本語訳を行うというものである。英訳(1)は鈴木大拙によるもので、三つの英訳の中ではもっとも直訳に近い。それに比べ、英訳(2)には訳者の解釈が大きく反映している。特に、splash! Silence again の部分は元の句には直接的に書かれていないことを表現している。一方、(3)は蛙が frogs と表されている点が特徴的である。

Activity 2 は、他のグループが担当した英訳を自身の担当した英訳と比較し、気付いたことを所定の用紙に記入するという内容である[2]。その際、記述が漠然としたものにならないよう、必ず注目した英訳中の表現を引用した上で、気付いたことを記入するよう指示した。さらに、記述をもとに発表を行うことで、気付いたことをクラス全体で共有できるよう意図した。

Activity 1 の間に行った机間観察と Activity 2 の記述から、生徒が議論していた点、気付いた点をまとめると次のようになる。

① frog、jump の表記をどうするか：
　　蛙・カエル・かえる／飛ぶ、跳ぶ、とぶ
② splash はどの擬音語で表すか：
　　パシャン、バチャン、ぽちょん、ぽちゃ…。
③ silence をどう訳すか：
　　静か(名詞・和語)、静寂(名詞・漢語)
　　静かに(形容動詞)、静まる(動詞)
④ frogs の複数のニュアンスは出すか出さないか

①の frog と jump は一見何の変哲もない単語である。しかし、日本語に訳すとなると、漢字、片仮名、平仮名のいずれで表記するかという問題が生じる。英語を表記するにはアルファベットを使うしかないが、日本語には三つの表記体系がある。散文であればどれを選んでも大差ない場合も多いが、俳句のように字数が限られたものでは、その違いは小さくない。班によっては

「蛙」「カエル」「かえる」のいずれにするかで迷っていた。次に、jump だが、日本語では同じ漢字でも、たとえば「飛ぶ」と「跳ぶ」、「飲む」と「呑む」のように、同音でかつ類似した意味を持ったものが複数ある。英語でもたとえば see と sea、write と right のように、同音の単語は存在するが、意味まで類似することはほとんどない。この点に関しては多くの班が「飛ぶ」と訳していたが、中には「跳ぶ」とした班もあった。これにより、「飛ぶ」とはニュアンスに微妙な違いが生じている。

　次に②だが、英単語の splash は辞書を引くと、擬音語（オノマトペ）の訳が複数載っている。生徒からは「どれを取るかで蛙の重量感や水の飛び散り方が違う」という声が上がり、どう解釈するかで議論が交わされていた。「ビシャ！」という鋭い音を選ぶ班がある一方で、「パシャ」「ポチャン」「ばちゃばちゃ」といった柔らかな音で表現する班もあった。中には擬音語をあえて避け、「水がはね」という説明的な記述を採用している班もあった。結果として、擬音語を用いた場合とは趣の異なる日本語となっている。

　つづいて、③ silence の訳も班により大きく分かれた箇所であった。これについてはある班から、「英語の名詞は日本語でも名詞に訳さないとダメか（品詞を変えても構わないか）」という質問が出た。これに対しては、「品詞を変えてもよい」と答えた。するとその班は「静か」を「静かに」（形容動詞）や「静まる」（動詞）へと変換し、より自然な日本語を模索し始めた。また、他の班は名詞にこだわり、「静か」にするか「静寂」（漢語）にするかで議論を交わしていた。最後に④だが、（3）を担当した班は frogs の複数のニュアンスを出すか出さないかが問題となった。これに対しては、結果として「蛙」と訳した班がほとんどであったが、蛙は複数いるという解釈が可能なことに、驚きの声をあげている生徒もいた。

3.2　夏目漱石『こころ』を題材に

3.2.1　本授業の概要

　本実践は 2014 年 7 月 31 日に京都府の私立高校で行ったものである[3]。同日は同校における補習期間であり、本実践は補習期間における特別授業とし

て行われた。実践の方法としては、英語教員である筆者と同校の国語教員の
チーム・ティーチングという形を取った。対象となったのは高校2年生17
名であり、教材作成の方法としては先に教材を選ぶ上記タイプAの方法を
取った。教材として選んだのは、夏目漱石『こころ』とその英訳である。そ
の理由は、他の多くの学校と同様、同校の2年生は2学期に『こころ』の
学習を予定していたからである。2014年は『こころ』の連載から百年とい
う節目の年にあたり、その点でも特別授業の教材として、適当であるように
思われた。

　この作品は「上　先生と私」「中　両親と私」「下　先生と遺書」の三部構
成となっているが、教科書に掲載されているのは、多くの場合、「下　先生
と遺書」の一節となっている。言語横断的な実践を行うタイミングとして
は、通常授業で『こころ』について一通り学習した後が適切であるように思
われるが、『こころ』の学習前であった本実践では、授業ではほとんど扱わ
れることのない「上　先生と私」を扱うことで、2学期以降の通常授業に向
け橋渡し的な役割を果たしたいと考えた。教材を先に選ぶタイプAでは授
業目標が不明瞭になりがちであることから、本実践では主に着目させたい文
法項目を「主語」に定め、授業案を作成した[4]。以下に50分授業を想定し
た授業展開と教材を示す[5]。

3.2.2　授業展開

	授業展開	時間	国語教員	英語教員	生徒	活動形態
1	授業の趣旨説明 資料配布	2分	説明	資料配付	聞く	
2	『こころ』の著者・夏目漱石について紹介。『こころ』の構成について解説。	3分	紹介 解説	紹介	聞く	
3	場面1の原文を教師が朗読。	2分	朗読		聞く	

4	場面1の英訳を生徒が音読。つづけて教師が音読。	6分		音読	音読	個人
5	場面1の英訳中の空欄を埋める（Activity 1）。終わり次第、原文と英訳を比較して気づいたことを書く（Activity 2）。	8分	指示 机間観察	机間観察	空欄を埋める 書く	個人
6	発表	3分	コメント	コメント	発表	
7	解説	3分	補足	解説	聞く	
8	場面2の原文を教師が朗読。	2分	朗読		聞く	
9	場面2の英訳を教師が音読。	3分		音読	聞く	
10	原文と英訳1を比較して気づいたこと、英訳1と英訳2を比較して気づいたことを書く（Activity 3・4）。	8分	指示 机間観察	机間観察	書く	個人
11	発表	5分	コメント	コメント	発表	
12	解説・まとめ	5分	まとめ	解説	聞く	

3.2.3　教材
【配付資料1】

場面1

原文	英訳
ただ一つ私の記憶に残っている事がある。或時花時分に私は先生と一所に上野へ行った。そうして其所で美くしい一対の男女を見た。彼等は睦まじそうに寄添って花の下を歩いていた。場所が場所なので、花よりも其方を向いて眼をそばだてている人	One memory stands out for me. One spring day when the cherries were in full bloom, Sensei and I went to see the blossoms in Ueno. Amid the crowd were a lovely young couple, snuggled close together as they walked under the flowering

が沢山あった。

「新婚の夫婦のようだね」と先生が云った。

「仲がよさそうですね」と私が答えた。

先生は苦笑さえしなかった。
二人の男女を視線の外に置くような方角へ足を向けた。それから私にこう聞いた。
「君は恋をした事がありますか」
私はないと答えた。
「恋をしたくはありませんか」
私は答えなかった。
「したくない事はないでしょう」
「ええ」
「君はあの男女を見て、冷評しましたね。あの冷評のうちには君が恋を求めながら相手を得られないという不快の声が交じっていましょう」
「そんな風に聞こえましたか」
「聞こえました。恋の満足を味わっている人はもっと暖かい声を出すものです。然し……然し君、恋は罪悪ですよ。解っていますか」
私は急に驚かせられた。何とも返事をしなかった。

trees. In this public, such a sight tended to attract more attention than blossoms. "I'd say (ア)" said Sensei.

"They look as if they get on just fine together," I remarked a little snidely.
Sensei's face remained stony, and (イ) When they were hidden from our view, he spoke.
"Have you ever been in love?"
I had not, I replied.
"(ウ)"
I did not answer.
"I don't imagine that you wouldn't."
"No."
"You were mocking that couple just now. I think that mockery contained unhappiness at wanting love but not finding it."
"Is that how it sounded to you?"
"It is. A man who knows the satisfactions of love would speak of them more warmly. But, you know…love is also a sin. Do you understand?"
Astonished, (エ)

Activity 1　以下の 4 つの英文は、それぞれア〜エのどれに入るだろうか？

(1) I made no reply. 　　　　　　　　　　　　（　　　）

(2) they're a newly married couple, 　　　　　（　　　）

(3) he set off walking away from the couple. 　（　　　）

(4) Wouldn't you like to be? 　　　　　　　　（　　　）

第 7 章　メタ文法能力の育成に向けた授業案　251

Activity 2　上の 4 組の日本語・英語を比較して、気づいたことを書こう。

【配付資料 2】

場面 2

原文	英訳 1
私は奥さんの後について書斎を出た。茶の間には綺麗な長火鉢に鉄瓶が鳴っていた。 私はそこで茶と菓子のご馳走になった。奥さんは寝られないといけないといって、茶碗に手を触れなかった。 　ア「先生はやっぱり時々こんな会へ御出掛になるんですか」 　「いいえ滅多に出た事はありません。近頃は段々人の顔を見るのが嫌いになるようです」 　こういった奥さんの様子に、別段困ったものだという風も見えなかったので、私はつい大胆になった。 　イ「それじゃ奥さんだけが例外なんですか」 　「いいえ私も嫌われている一人なんです」 　「そりゃ嘘です」と私が言った。 　「奥さん自身嘘と知りながらそう仰ゃるんでしょう」	I followed Sensei's wife out of the study. An iron kettle was singing on a handsome, long brazier in the morning room. There, I was given black tea and cakes. Sensei's wife refused to drink tea herself, saying that she would not be able to go to sleep if she did. 　ア "Does Sensei often go out to dinner parties?" I asked. 　"No, hardly ever. It seems that of late he has become less inclined than ever to see people." 　Sensei's wife seemed to betray no anxiety as she said this, so I become more bold. 　イ "You must then be the only person Sensei likes to be with," I said. 　"Certainly not. I am like all the rest in his eyes." 　"That is not true," I said. 　"And you know very well that that is not true."

brazier 火鉢　betray 見せる

英訳2
I followed her out of the study. In the parlor an iron kettle was singing on a fire big brazier. I was served Western tea and cakes, but Sensei's wife declined to have any tea herself, saying it would make her sleepless. ア "Does Sensei often go off to the gatherings like this?" I asked. "No, hardly ever. He seems less and less inclined to see people recently." She seemed unworried, so I grew bolder. イ "You are the only exception, I suppose." "Oh, no. He feels that way about me too." "That's not true," I declared. "You must know perfectly well it's not true."

Activity 3　下線部ア・イについて、原文と英訳1を比較し、気づいたことを書こう。

Activity 4　下線部ア・イについて、英訳1と英訳2を比較し、気づいたことを書こう。

3.2.4　授業における活動

　本授業では場面1と場面2でそれぞれ二つの活動を行っている。場面1は〈先生〉と〈私〉が散歩に出かけ、恋について議論を交わすシーンであ

り、「恋は罪悪ですよ」という『こころ』の中でも有名なセリフを含む場面
となっている。行う活動は、Activity 1「英訳中の空欄に英文を補充する」、
Activity 2「補充した英文と原文を比較して気づいたことを記述する」の二
つである。空欄とした箇所はいずれも、原文では主語が省略されているが、
英訳ではそれが補われている箇所である。学習者は Activity 1、2 を通して、
日本語では主語がないことも多いが、英語では必ず主語があることに気付
き、記述していた。

　一方、場面 2 は〈私〉が〈先生〉の留守中に〈奥さん〉と会話を交わす
シーンである。行う活動は、Activity 3「原文と英訳 1 を比較して気付いた
ことを記述する活動」、Activity 4「英訳 1 と英訳 2 を比較して気付いたこと
を記述する活動」の二つである。下線を引いた箇所はいずれも原文では話者
が明記されていないが（文脈上わかるため）、英訳ではそれが明記されてい
る箇所である。Activity 3 の中で学習者は、英語では I asked. や I said. とい
う言葉が補われ、話者が明確に記されていることを指摘していた。また、そ
れ以外にも「下線部アの『こんな会』は dinner parties になるんだ」という
指摘や、「『先生』は Sensei と訳されている」という指摘[6]、さらに下線部イ
に関しては「『奥さん』が You と訳されている」という指摘が見られた。

　場面 2 の Activity 3 は斎藤他 (2014) が示したメタ文法能力の確認問題を元
に作成したものだが、本実践ではそれに英訳 2 を加え、英訳同士を比較す
る Activity 4 を取り入れた。その結果、「英訳 2 では下線部アの『こんな会』
は the gatherings like this となっていて、こちらの方が原文に忠実である」
という指摘や、「英訳 2 の下線部イでは I said. が加わっていないので、話者
が文脈から予測できる場合は英語でも話者の明記は省略されるのではない
か」といった指摘が見られた。これらの指摘には英訳 1 を相対化する視座
を見て取ることができる。このように言語横断的実践においては、原文と英
訳の比較だけでなく、英訳同士の比較も有効な手段になると考えられる。

3.3 『竹取物語』を題材に

3.3.1 本授業の概要

この実践は上記『こころ』の実践と同様、2014年7月31日に京都府の私立高校で行ったものである。実践の方法もまた同様で、英語教員である筆者と同校の国語教員のチーム・ティーチングという形をとった。対象となったのは高校1年生38名であり、教材作成の方法としては先に文法テーマを決めるタイプBの方法をとった。今回、文法テーマとして選んだのは「係り受け」である。「係り受け」をテーマに選んだ理由は、授業前に同校生徒の学習状況を尋ねた際、日本語も英語も「係り受け」の理解が十分でないことを聞いたためだが、授業を構想する上では秋田他 (2013) が示した、「係り受け」をテーマとする言語横断的実践を参考にした。本実践では先行実践の成果を生かしつつ、国語教員とのチーム・ティーチングという形式をとることで、より積極的に日本語と英語の「係り受け」の知識を結びつけたいと考えた。以下に50分授業を想定した授業展開と教材を示す[7]。

3.3.2 授業展開

	授業展開	時間	国語教員	英語教員	生徒	活動形態
1	授業の趣旨説明 資料配布	3分	説明	資料配付	聞く	
2	日本語のあいまい文について考える (Activity 1)。	5分	指示			個人
3	発表	3分	コメント	コメント	発表	
4	解答・解説	2分	解答・解説	補足	聞く	
5	英語のあいまい文について考える (Activity 2)。	5分	指示			個人
6	発表	3分	コメント	コメント	発表	
7	解答・解説	2分	補足	解答・解説	聞く	
8	『竹取物語』原文の一節「銀を根とし、金を茎とし、白き玉を実として	3分	指示		記入	個人

	立てる木あり」について、係り受けを記入する (Activity 3)。				
9	発表	3分	コメント	コメント	発表
10	解答・解説	3分	解答・解説	補足	聞く
11	同じ一節の英訳について係り受けを記入する。終わり次第、空欄に英単語を埋め、オリジナルの木を作る (Activity 4)。	10分		指示	記入	個人
12	発表	5分	コメント	コメント	発表
13	解説・まとめ	3分	補足	解答・解説	聞く

3.3.3　教材

Activity 1　〈あいまいな日本語について考える〉

・次の文をわかりやすく<u>三通り</u>の意味に書きかえよう。

「私は昨日誕生日の父と母のプレゼントを買いに行った。」

Activity 2　〈あいまいな英語について考える〉

・次の英文を下線部に注意して二通りに日本語訳してみよう。

「I saw a man <u>with binoculars</u>.」

一つ目

二つ目

Activity 3 〈日本語の「係り受け」について考える〉
・次の傍線部の語句は、それぞれどの部分にかかるか（修飾するか）→を書き入れよう。

（例）　赤いくつを はいた 女の子。

「銀を根とし、金を茎とし、白き玉を実として 立てる木あり。

それ一枝おりて給はらん。」（『竹取物語』）

（口語訳：銀を根とし、金を茎とし、真珠を実として立っている木がある。それを一枝折って持って来て下さい。）

Activity 4 〈英語の「係り受け」について考える〉
・次の傍線部の語句は、それぞれどの部分にかかるか、→を書き入れよう。

「the tree that grows there, with roots of silver and trunk of gold, whose fruits are pearls」

・次の空欄に自分で考えた単語を入れて、オリジナルの木を作ってみよう。
the tree that grows there, with roots of（　ア　）and trunk of（　イ　）,
whose fruits are（　ウ　）
（例）　the tree that grows there, with roots of（ asparagus ）and trunk of（ broccoli ）, whose fruits are（ tomatoes ）

the tree that grows there, with roots of（　　　　　　　　　）and trunk of
（　　　　　　　　　）, whose fruits are（　　　　　　　　　）

〈補充問題1〉

・次の語を並べ替えて正しい順序にし、日本語訳を考えよう。

[made of , a robe , Chinese fire-rats , the fur , of]

日本語訳

（原文：　　　　　　　　　　　　　　　　　　　　　　　　　　　　）

〈補充問題2〉

・あとの日本語を参考にして、次の語を並べ替えて正しい順序にしよう。

[that , the jewel , found in , shines five colors , a dragon's neck]

（原文：竜の首にある五色の光る玉　）

3.3.4　授業における活動

　授業では四つの活動を行った。一つ目の Activity 1 は日本語のあいまい文を通して、係り受けについて理解を深める活動である。「私は昨日誕生日の父と母のプレゼントを買いに行った」という文は、「昨日、私は誕生日の父と母のプレゼントを買いに行った」「私は昨日誕生日の父と、母のプレゼントを買いに行った」「私は昨日誕生日の、父と母のプレゼントを買いに行った」という3通りの解釈ができる。学習者は、「昨日」が「誕生日の」と「買いに行った」のどちらに係るかと判断するか、また「誕生日の」が「父」と「父と母」のどちらに係るかと判断するかで、意味に違いが生じることに気づいていた。

　二つ目の Activity 2 は英語のあいまい文を通して、係り受けについて理解を深める活動である。I saw a man with binoculars. という文は、「私は双眼鏡を持った男を見た」「私は双眼鏡で男を見た」という2通りの解釈ができる。この文では with binoculars が形容詞句として a man に係るか、副詞句と

して saw に係るかで意味に違いが生じるが、この 2 通りの解釈を示すことができた生徒は多くなかった。その理由として考えられるのは、前置詞 with に関する知識の有無である。with binoculars を形容詞句と考える場合、with の用法は「所有」であり、「〜を持った」という意味になる。一方、副詞句と考える場合、with の用法は「手段」であり、「〜で」という意味になる。このような with に関する知識がないと、2 通りの解釈をすることは難しかったものと思われる。この事例は文法に「気づく」には、一定の文法的知識が必要であることを示すものと言える [8]。

　三つ目の Activity 3 は「銀を根とし、金を茎とし、白き玉を実として 立てる木あり」という一節の係り受けを考える活動である。これは同校の 1 年生が 2 学期に学習予定であった『竹取物語』から引用した文で、係り受けの理解をテキストの読解に役立てようと意図したものである。同校が使用する教科書に掲載されていたのは、かぐや姫が天に帰っていく場面であったが、ここでは、かぐや姫が求婚してきた皇子たちに五つの宝を要求する場面から引用を行った。

　四つ目の Activity 4 は同じ一節の英訳の係り受けについて考えた上で、英訳中の空欄を自分で補充し、オリジナルの木を作るという活動である。生徒の解答としては、例えば、括弧内にすべて友人の名前を入れて友人の木を作ったもの、あるいは the tree that grows there, with roots of feet and trunk of hands, whose fruits are faces のように、身体の一部を組み合わせた木を作ったものが見られた。

　最後に付した補充問題は、かぐや姫が要求する五つの宝のうち、二つに関するものである。補充問題 1 は「唐土にある火鼠の皮衣」の英訳を完成させた上で、訳をさせ、原文の表現を推測させる問題、補充問題 2 は「竜の首にある五色の光る玉」の英訳を完成させる問題となっている。

4. 大学における言語横断的授業

4.1 英字新聞を題材に

4.1.1 本授業の概要

　本実践は2012年6月26日に首都圏の私立大学で行ったものである。特別授業であった前節の実践とは異なり、本実践は通常授業の一部として行われた。科目名は前期が「英語ⅠA」、後期が「英語ⅠB」であり、いずれも必修科目となっている。対象となったのは1年生2クラス計41名である。この実践は東京大学教育学部と同附属学校の協同プロジェクトと同様、メタ文法能力の育成を目標の一つに掲げており、シラバスも文法項目に基づいて作成されている。したがって、教材作成の方法も先に文法項目を定めるタイプBの方法をとることになった。本講座では教科書は指定せず、年間を通して授業担当者（執筆者）が独自に作成した教材を使用した。以下に示したのはその年間シラバスである。

〈前期〉

第1回：ガイダンス

第2～4回：主語

第5～7回：時制（1）

第8～10回：仮定

第11～13回：名詞修飾

第14～15回：語順

〈後期〉

第1～3回：形容詞句・副詞句

第4～6回：接続詞

第7～10回：時制（2）

第11～13回：能動態・受動態

第14～15回：英語の絵本を読む

このシラバスは同大学で授業を担当して 3 年目のものであり、後期第 13 回までにテーマとした文法事項は、2 年間の経験の中で学生の理解があいまいだと思われる項目で構成した。毎回の授業は、①導入：各テーマ（文法項目）に関連した日本語と英語の文を比較、②本文中の単語についてディクテーション、③本文の読解、④テーマに関する英作文等、という形で展開する。本項では上記シラバスのうち「名詞修飾」をテーマとした実践について扱いたい[9]。以下に 90 分授業を想定した授業展開と教材を示す[10]。

4.1.2　授業展開

	授業展開	時間	活動形態
1	出席確認・資料配布	3 分	
2	Activity 1 (A)。「ひまな大学生」という日本語について、2 通りの意味を考える。	3 分	ペア
3	発表	2 分	
4	解説。「ひまな大学生」という日本語には、大学生の中でも「ひまな大学生」と限定する意味と、大学生全体を「ひまな大学生」とみなす意味があることを確認。	5 分	
5	Activity 1 (B)。Mr. Jones has two daughters who live in Japan. と Mr. Jones has two daughters, who live in Japan. の違いについて考える。	5 分	ペア
6	発表	2 分	
7	解説。「ひまな大学生」と同じ現象が英語で起っていることを説明。two daughters who live in Japan. は 3 人以上いる娘の中でも「日本に住んでいる 2 人の娘」という意味であるのに対して、two daughters, who live in Japan は 2 人いる娘について「日本に住んでいる」と説明を加えていることを確認。	5 分	
8	Activity 2。本文のリスニング CD を 2 度聴いて、空欄に英単語を補充する。	5 分	個人
9	解答	3 分	
10	Activity 3。本文冒頭の一文 In 2002, Zuckerberg entered Harvard University, where he studied psychology and computer	30 分	個人

	science. において、Introduction（B）で学習したことを確認。それ以降の文は、一文ごとに学生を指名し、「音読させる→訳を言わせる→理解があいまいと思われる発音・単語・文法について質疑応答→全体への説明・板書」という流れで授業は展開する。		
11	Activity 4。学生が解く。	10分	個人
12	学生を指名し答えさせながら、一問一問について解答・解説。	15分	
13	まとめ	2分	

4.1.3　教材

【配付資料1】

Activity 1

（A）「ひまな大学生」という日本語は二通りの解釈ができることに気づくだろうか？　ワークシートに記入しよう。

（B）　次の文の意味の違いをワークシートに記入しよう。

ア　Mr. Jones has two daughters who live in Japan.

イ　Mr. Jones has two daughters, who live in Japan.

Activity 2　（　　）内に入る語句を聴き取って記入しよう。

In 2002, Zuckerberg entered Harvard University, where he studied psychology and computer science. After (creating) a couple of programs, he launched the social networking website Facebook from his dormitory room with three other classmates in 2004. Zuckerberg is Facebook CEO and (president). The site went on to be used worldwide, and the number of users surpasses the 500 million mark on (July) 21, 2010.

On December 15, he was named *Time* magazine's 2010 "Person of the Year" for "(changing) how we all live our lives." *The Social Network* (2010) is a movie on Zuckerberg and the founding years of Facebook.

（『週刊 ST』2011 年 1 月 7 日号　一面）

Activity 3　英文の内容を把握しよう。

〈文法〉

I　関係代名詞：who, which, that, whose, what

　　　　機能→前の名詞を修飾する。（what だけは名詞のかたまりを作る）

　　　　注意点→後ろは不完全な文になる。つまり、（　　　　　　）が１つ不足

　　　する。

　（例）I have a friend who lives in Boston.

　　　　Where is the CD that I bought yesterday?

　　　　They couldn't believe what they saw.

II　関係副詞：where, when, why, how

　　　　機能→前の名詞を修飾する。

　　　　注意点→後ろは完全な文。

　（例）This is the hospital where my sister works.

Activity 4

（A）　日本語の意味になるよう、（　　）内の適切な方を選びなさい。

1.　先週欠席した学生は、今週追試を受けることができます。

　　Students (who / which) were absent last week may take a makeup exam this week.

2.　これは品評会で一等賞を得たカボチャだ。

　　This is the pumpkin (who / which) won the first prize at the fair.

3.　私は両親が滞在しているホテルに直接車で向かった。

　　I drove straight to the hotel (which / where) my parents were staying.

4.　これは私が昨年訪れた町だ。

　　This is the city (which / where) I visited last year.

（B）　以下の日本語を英語にしなさい。

5.　ついに欲しかったものを手に入れたんだ。

第 7 章　メタ文法能力の育成に向けた授業案　　263

I finally got (　　　　　　) (　　　) (　　　　　　　　).

(C)　　ある政党の代表は選挙戦で、「わが党は<u>国民に迷惑をかける消費税の引き上げ</u>には反対である」と主張しました。ところが、選挙が終わると、その党は消費税の引き上げに賛成しました。これは言葉のマジックにより可能になります。下線部の表現に注意してその党の言い分を考え、ワークシートに記入しよう。

【配付資料 2】

ワークシート

Activity 1（A）

意味①＿＿＿＿＿＿＿＿＿＿＿＿＿＿＿＿＿＿＿＿＿＿＿＿＿＿＿＿＿

意味②＿＿＿＿＿＿＿＿＿＿＿＿＿＿＿＿＿＿＿＿＿＿＿＿＿＿＿＿＿

（B）

【自分の解答】

＿＿＿＿＿＿＿＿＿＿＿＿＿＿＿＿＿＿＿＿＿＿＿＿＿＿＿＿＿＿＿＿

＿＿＿＿＿＿＿＿＿＿＿＿＿＿＿＿＿＿＿＿＿＿＿＿＿＿＿＿＿＿＿＿

【模範解答】

＿＿＿＿＿＿＿＿＿＿＿＿＿＿＿＿＿＿＿＿＿＿＿＿＿＿＿＿＿＿＿＿

＿＿＿＿＿＿＿＿＿＿＿＿＿＿＿＿＿＿＿＿＿＿＿＿＿＿＿＿＿＿＿＿

Activity 4（C）

【自分の解答】

＿＿＿＿＿＿＿＿＿＿＿＿＿＿＿＿＿＿＿＿＿＿＿＿＿＿＿＿＿＿＿＿

＿＿＿＿＿＿＿＿＿＿＿＿＿＿＿＿＿＿＿＿＿＿＿＿＿＿＿＿＿＿＿＿

【模範解答】

＿＿＿＿＿＿＿＿＿＿＿＿＿＿＿＿＿＿＿＿＿＿＿＿＿＿＿＿＿＿＿＿

＿＿＿＿＿＿＿＿＿＿＿＿＿＿＿＿＿＿＿＿＿＿＿＿＿＿＿＿＿＿＿＿

4.1.4 授業における活動

授業では Introduction として Activity 1 を課した上で、Activity 2（Listening）、Activity 3（Reading）、Activity 4（Practice）を行っている。まず、Activity 1（A）では、「ひまな大学生」という文には 2 通りの意味があることを伝え、どのような意味があるか考えてもらった。ここではペアで議論する時間をとったが、多くのペアは 2 通りの意味についてうまく説明することができなかった。そのため、「ひまな大学生」という日本語には、大学生は大学生でも「ひまな大学生」という意味と、大学生全体を「ひまな大学生」とみなす意味があると説明したとき、驚いた様子であった。

次に、Activity 1（B）では、Mr. Jones has two daughters who live in Japan. という英文と Mr. Jones has two daughters, who live in Japan. という英文の違いについて考えてもらった。これは高等学校の学習内容であるが、担当する学生は英語の苦手な者が多いため、多くの学生は説明することができなかった。そこで、日本語の「ひまな大学生」と同じ現象が英語でも起っていることを伝えると、どちらが限定をする用法かはわからないが、どのような文法的な違いが存在するかについては理解できた様子であった。その上で、two daughters who live in Japan の方が限定をする用法（制限用法）であり、two daughters, who live in Japan の方はすでに定まったものに対して説明を加える用法（非制限用法）であることを確認した。

上記のような Activity 1 の後、本文について Activity 2、3 を行った。本文は Facebook の創始者 Mark Zuckerberg について書かれた英文であり、興味をもって取り組んだ学生が多かった。Activity 1 で学習した内容に関連するのは本文冒頭の一文である、In 2002, Zuckerberg entered Harvard University, where he studied psychology and computer science. であり、ここでは Harvard University の後になぜコンマが必要か（なぜ非制限用法になっているか）発問を行った。これに対して学生は Activity 1 で得た知識を生かしつつ、説明を試みていた。

Activity 4 では、関係詞全般について理解を深めることを意図したが、（C）では「わが党は国民に迷惑をかける消費税の引き上げには反対である」とい

う文を通して、あらためて名詞修飾についての理解を確認した。Activity 1、3と合わせると、名詞修飾について考えるのは3度目となるため、多くの学生が「ここで政党が主張したのはあくまで『国民に迷惑をかける』消費税の引き上げであって、国民に迷惑をかけない範囲であれば、消費税の引き上げに賛成することもありうる」といった主旨の説明をしていた。

　以上の授業は、まずは日本語の名詞修飾について理解した上で、英語の名詞修飾（制限用法と非制限用法）について理解することを目指したものである。英語の得意な学習者にとってはあえて日本語の例を持ち出すまでもないだろうが、英語の苦手な学習者にとっては、まずは使い慣れた日本語で理解することが、英語理解の助けとなりうる。本実践はこのことを示唆するものと言える。

4.2　絵本 *The Giving Tree* を題材に
4.2.1　本授業の概要

　本実践は上記シラバスのうち第14〜15回にあたるもので、2013年1月8、15日に行ったものである [11]。授業では毎回、英字新聞から説明的文章の一節を扱っていたが、学年末が近づくにつれて、学生から「物語を読みたい」「できれば全文を読み通したい」という要望が挙がり始めた。そこで、候補に挙がったのが絵本である。絵本は小説などに比べ、難しい語彙や文法はほとんどなく、英語が苦手な学生でも取り組みやすい。また、文に添えられた絵は学習者の関心を引くものであり、意味がわかりにくい箇所があっても、絵から内容を推測して読み進めることができる。1コマの授業内で通読が可能な教材である。

　問題はどの絵本にするかだが、今回はこれまで30以上の言語に翻訳されて来た作品 *The Giving Tree*（Shel Silverstein、1964、本田錦一郎訳『おおきな木』、1976）を選んだ。第一の理由はそのストーリーにある。*The Giving Tree* は一本の木が一人の少年に実を与え、枝を与え、幹を与え、最後には切り株になってしまう話であり、内容は至ってシンプルである。しかしながら、ボーガン（2009）が示すように、この物語は様々な解釈が可能であり、大学

生の知性にも見合ったものと言える。一方、第二の理由は新訳の刊行である。この絵本は 2010 年 9 月に村上春樹訳が出されたことで、本田訳の表現や解釈を相対化することが可能になった。この点を生かし、授業では翻訳の比べ読みを行いたいと考えた。

4.2.2　授業展開

第 1 時

	授業展開	時間	活動形態
1	出席確認・資料配布	3 分	
2	ペア分け、絵本の配布、担当場面の割り当て。	7 分	
3	絵本を手に取りながら作者の朗読 CD を聴き、全体の内容をおおまかに理解する。	10 分	個人
4	ペアで協力して指定された場面を日本語に訳す（Activity 1）。でき次第、担当者のチェックを受け、推敲を行う。終わり次第、訳で苦労した箇所を記入する（Activity 2）。	40 分	ペア
5	各ペアの訳を発表する。発表後、訳で苦労した原文の表現を挙げ、担当者の説明を受ける。	30 分	クラス

第 2 時

	授業展開	時間	活動形態
1	出席確認・資料配布	3 分	
2	Activity 3。個々人で原文と二つの日本語訳を読み比べ、気づいたことを用紙に記入する。	17 分	個人
3	発表する。	10 分	クラス
4	Activity 4（A）。〈意見文参考資料〉を踏まえつつ、「木は幸せだったか」という問いについて日本語で意見文を書く。	25 分	個人
5	Activity 4（B）。各自の意見文を踏まえ、ディスカッションを行う。	15 分	クラス
6	Activity 4（C）。「木は幸せだったか」という問いについて、所定のフォーマットにしたがい、英語で意見文を書く。	20 分	個人

4.2.3 　教材
【配付資料 1】

ワークシート

Activity 1 　指定された場面を日本語に訳そう。

場面 (　　　　)

〈場面 1──少年〉 Once there was a tree…〜

〈場面 2──青年〉 Then one day the boy came to the tree and the tree said, 〜

〈場面 3──中年〉 But the boy stayed away for a long time…and the tree was sad. 〜

〈場面 4──老年〉 But the boy stayed away for a long time. 〜

〈場面 5──晩年〉 And after a long time the boy came back again. 〜

Activity 2　訳をする上で苦労した原文の表現を記入しよう。

_____

_____

Activity 3　本田訳と村上訳を読み比べて、気づいたことを書こう。

原文の英語	
本田訳	
村上訳	
比較して言えること	

原文の英語	
本田訳	
村上訳	
比較して言えること	

Activity 4　物語の全体について考えよう。

（A）　木は幸せだったと思いますか？　あなたの意見とその理由を日本語で書いてください。

_____

_____

_____

_____

_____

_____

_____

（B）　ディスカッションを通して考えたことをメモしてください。

_____

_____

第 7 章　メタ文法能力の育成に向けた授業案　269

（C）　木は幸せだったと思うかについて、think か don't think のいずれかに
○をつけた上で、その理由を because につづけて英語で書いてください。

$$I \begin{Bmatrix} \text{think} \\ \text{don't think} \end{Bmatrix} \text{the tree was happy}$$

because _____

_____

【配付資料 2】

意見文参考資料

・本田訳と村上訳の違いが顕著な箇所

　原文：And the tree was happy…but not really.（〈場面 4──老年〉の最後
　　　　の 2 頁）

　本田訳：きは　それで　うれしかった…だけど　それは　ほんとかな。

　村上訳：それで木はしあわせに…なんてなれませんよね。

・本田錦一郎「訳者あとがき」(1976) より

　　　『自由からの逃走』(*Escape from Freedom*, 1941 年) の著者、エーリッ
　ヒ・フロムが、かつて愛を論じたとき (『愛するということ』*The Art of
　Loving*, 1956 年)、「愛とは第一に与えることであって、受けることでは
　ない」と主張したのを、記憶している人も多かろう。これこそ、この物
　語に貫流する中心的な思想なのである。しかし、「与える」とはなに
　か。なにかを断念することか、奪われることか、あるいは喪失すること
　か。いや、そうではないとフロムは言う。「与える」ことは人間の能力
　の最高の表現なのであり、「与える」という行為においてこそ、人は自
　分の生命の力や富や喜びを経験することになる、と考える。一本のりん
　ごの木は、この主張そのままに、ひとりのともだちに、自分の肉体をけ
　ずって、木の葉を与え、果実を与え、枝を与え、幹を与え、すべてを与
　える。母性愛さながらに－。しかも、ここで、もっとも重要かつ微妙な

問題は、この「与える」行為に、犠牲の行為を見てはならないという一点であろう。犠牲には悲劇的な感情がつきまとうのが常であるが、りんごの木が、ただひたすら喜びだけを見出していたことに読者は注目すべきである。すなわち、エーリヒ・フロム同様、シルヴァスタインにとっても、「与える」ことは、あふれるような生命の充実を意味しているのであって、犠牲的喪失を意味しなかった。こうして、一箇の切株になっても、なお「与える」ことを忘れないりんごの木に、言い知れぬ感動があるなら、その感動こそ、「犠牲」ならぬ真の「愛」のもたらすものにほかならないのである。

・村上春樹「訳者あとがき」(2010) より
　この「おおきな木」を読まれるとおわかりになると思いますが、シルヴァスタインは決して子供に向けてわかりやすい「お話」を書いているわけではありません。物語は単純だし、やさしい言葉しか使われていませんが、その内容は誰にでも簡単にのみ込めるというものではありません。そこにはできあいの言葉ではすらりと説明することのできない、奥行きのある感情が込められています。美しい感情があり、喜びがあり、希望の発芽があるのと同時に、救いのない悲しみがあり、苦い毒があり、静かなあきらめがあります。それらはいわば、人間の心という硬貨の裏表になったものなのです。

4.2.4　授業における活動

　授業では物語全体を少年の成長に合わせて五つの場面（少年・青年・中年・老年・晩年）に分けた上で、大きく分けて四つの活動を行った。本項ではそのうち Activity 1、3、4（A）の三つを取り上げたい。

　Activity 1 は五つの場面のうちの一つについて、ペアで日本語訳を行う活動である。以下ではこの活動を通し、多くの学生が意識していた事柄を 3 点挙げる。

①原文で木は she ／ her となっているが、これは「彼女」と訳すか「木」と
　訳すか。
②原文の主語が人称代名詞である場合、どのくらい訳すべきか。
③日本語の文末表現をどのように用いるか。

　まずは①についてだが、この物語は、Once there was a tree...and she loved
a little boy. という一文から始まる。ここから木は女性として表現されている
ことがわかる。以降、すべての場面において she ／ her という表現が繰り返
されているため、ほとんどの学生は木が女性として表現されていることに気
づいていた。そこで浮上する問題はそれを「彼女」と訳すべきかどうかとい
うものである。「彼女」とすると絵本らしさがそこなわれてしまうため、ペ
アによってはこの点について意見を交換していた。学生の訳を参照すると、
「彼女」という訳を選択したペアが多かったが、あるペアにその箇所につい
て問うと、多少不自然な訳ではあるが、「木」としてしまっては作者の語の
選択意図が伝わらなくなってしまうのであえて「彼女」とした、ということ
であった。
　つづいて②の人称代名詞についてだが、たとえば原文には、"I want a wife
and I want children, and so I need a house. Can you give me a house?" という少
年のセリフがある。この箇所でポイントになるのは 3 度繰り返されている I
の処理で、すべて「ぼく」や「私」と訳してしまうと不自然な日本語になっ
てしまう。この点については前回の実践において、ほとんどのペアがすべて
の I を訳出していたため、2012 年度では初回授業のテーマとして主語を扱
い、その後も折に触れて日本語と英語の違いについて考えさせた。この箇所
をあるペアは、「妻も欲しいし、子供も欲しい。だから家が必要なんだ。僕
に家をくれない？」と訳した。これは I の訳をすべて省略することで自然な
日本語にしている。一方、別のペアは、「私は奥さんが欲しい、そして子ど
もが欲しい、だから家が必要なんだ」と訳した。幾分かのぎこちなさは残る
が、それまでの授業内容を念頭に置いて、I の訳を最小限にとどめたことが
うかがえる。

最後に③の文末表現についてだが、②で挙げた少年の問いかけに対して木は、"The forest is my house, but you may cut off my branches and build a house. Then you will be happy." と答える。この箇所をあるペアは、「森が私の家だよ。けど、私の枝を切って、家を建てたらどうかな？そうすれば、あなたは幸せになれるよね」と訳した。ここで着目されるのは、「〜よ」「〜かな」「〜ね」といった文末表現である。日本語では人物の性格や発話のニュアンス、人物の関係性等を示す上で文末表現が大きな役割を果たす。上のペアは断定をさける文末表現を用いることで、やさしい言葉遣いにしている。別のペアはこの箇所の訳を「〜です」「〜ですか？」「〜ですね」とした結果、少年と木の関係性はよそよそしいものになってしまった。そのようなペアにはその訳を音読させることで不自然さを認識させ、より自然な日本語になるよう再考を促した。

　また、①で she ／ her を「木」と訳すことを選択した者の中には、木のセリフの末尾を「〜だわ」「〜なのよ」といった言い方にすることで、木が女性であることを表現しようとしたペアがあった。このペアについて着目されるのは、自分たちの訳に違和感を覚え、書き直しを検討していた点である。その理由を問うと、「〜だわ」「〜なのよ」という言い方はアニメなどでない限り、実際の会話で用いられることは少ないからということであった。上記のような性別に対するステレオタイプに依存した言葉遣いは金水（2003）が「役割語」と呼ぶもので、前の学期に雑談に近い形で簡単に触れたことはあったが、具体的なテクストを扱う中でこのような指摘が出るのは予想外のことであった。それまでの授業内容を背景とした「ことばへの気づき」の一例と言える。

　Activity 3 は本田錦一郎訳と村上春樹訳を比較して気付いたことを記入する活動である。以下では学生の記述のうち、物語全体に関わる指摘を 3 点挙げる。

①村上訳は原文を踏まえ、木のセリフを女性的に訳している。
②本田訳は少年が成長するにつれて、木の少年に対する呼び方を変えている

が、村上訳は一貫させている。

③And the tree was happy...but not really. の訳が本田訳と村上訳で大きく異なる。

　まず①の木のセリフについてだが、上述したように、多くの学生は日本語訳の過程で木が女性として表現されていることに気づいていた。その結果、この点を本田訳と村上訳ではどのように処理しているかについて注目したものと考えられる。たとえば、I have no money. という木のセリフに着目すると、本田訳は「おかねは　ないのだよ」、村上訳は「お金はないの」としているが、この点を指摘した解答がいくつか見られた。

　次に②の木の少年に対する呼び方についてだが、少年は木のもとを訪れるたびに年齢を重ね、外見が変化していく様子が描かれている。これを踏まえ、本田訳は「そのこ」「おとこ」と外見に合わせ呼び方を変えているが、村上訳は少年が年をとっても「少年」という呼び方で一貫させている。原文では一貫して the boy と表現されているので、この点に忠実なのは村上訳であることがわかる。この点を指摘した学生が数人いた。

　最後に③の二つの日本語訳の大きな違いについてだが、上の原文を、本田訳は「きはそれでうれしかった…だけどそれはほんとかな」、村上訳は「それで木はしあわせに…なんてなれませんよね」と訳している。本田訳は木が本当に幸せかどうか疑問を投げかける訳になっているが、村上訳は木が幸せであることを否定する訳になっている。これは二つの翻訳の違いがもっとも顕著な箇所と言える。

　Activity 4（A）はこの箇所を手がかりに、「木は幸せだったと思いますか？」という問いに対して意見をまとめるという内容である。「幸せだった」と答えた学生は、「与えること」を「幸せ」であることの定義としており、多くの者は原文で she ／ her と表現されている木に、見返りを求めない母性を見出していた。一方、「幸せではなかった」と答えた学生は、「与えるだけでなく、受け取るものもあること」を「幸せ」であることの定義としていて、木が与え続けた後に、And the tree was happy...but not really. という記

述があえてなされていることを根拠に、「やはり与えるだけでは幸せではない」という主張を行っていた。

　本授業は she ／ her という人称代名詞から木が女性であることに気づくことが、「木は幸せだったか」について解釈する出発点となった。気づいて終わりではなく、それが物語の解釈へと発展していったという点を特徴とする実践であったと言える。

注

1　3.1 節は柾木（2012）をもとに記述したものである。

2　この用紙は町田（2009）の示す「ワードハンティング」の実践を参考に作成した。

3　3.2 節は秋田他（2015）の柾木執筆箇所をもとに記述した。3.3 節、4.1 節も同様である。

4　「主語」をテーマに授業を構想する上では大門（2008）、金谷（2002）を参照した。

5　教材において、『こころ』の引用は夏目（2004）から行った。また、場面 1 の英訳は McKinney（2010）、場面 2 の英訳 1 は McClellan（1971）、英訳 2 は McKinney（2010）である。なお、3.2 節の実践は 70 分の特別授業として行われたが、ここで示した授業展開と教材はそれを一般的な 50 分授業に合わせて再構成したものである（3.3 節の実践も同様）。

6　川上弘美『センセイの鞄』の英訳 *The Briefcase*（2012）においても、「センセイ」は Sensei と訳されている。

7　教材において、B で用いた I saw a man with binoculars. という英文は渡辺（2009）から引用したものである。また、C で用いた『竹取物語』の原文は上坂（1978）から、D で用いた英訳はキーン（1998）から引用した。

8　山田・大津・斎藤（2009）の中で斎藤兆史は、「気づき」の重要性を認めつつも、ある程度の知識がないと気づけないことを指摘し、「気づき」と知識は相補的関係にあることを確認している（山田・大津・斎藤 2009: 34）。

9　「名詞修飾」をテーマとした授業を構想する上では岡田（1998）、大津（2013）を参照した。

10　Activity 4 の I（1）～（3）は綿貫他（2007）、II（5）は有子山（2010）、III は大津・鳥飼（2002）から引用したものである。なお、Activity 2 でディクテーションの対象とした英単語には括弧をつけてある。

11　4.2 節は柾木・久世（2014）の柾木執筆箇所をもとに記述したものである。

参考文献

秋田喜代美・藤江康彦・斎藤兆史・藤森千尋・三瓶ゆき・王林鋒・柾木貴之・濱田秀行・越智豊・田宮裕子 (2013)「国語科と英語科におけるメタ文法授業のアクションリサーチ」『東京大学大学院教育学研究科紀要』52: pp.337–366. 東京大学大学院教育学研究科

秋田喜代美・斎藤兆史・藤江康彦・藤森千尋・柾木貴之・王林鋒・三瓶ゆき・大井和彦 (2015)「メタ文法能力育成をめざしたカリキュラム開発―実践と教材開発を通したメタ文法カリキュラムの展望」『東京大学大学院教育学研究科紀要』54: pp.355–388. 東京大学大学院教育学研究科

安藤貞雄 (1986)『英語の論理　日本語の論理』大修館書店

庵功雄 (2012)『新しい日本語学入門　第 2 版―ことばのしくみを考える』スリーエーネットワーク

池上嘉彦 (2006)『英語の感覚・日本語の感覚―"ことばの意味"のしくみ』日本放送出版協会

上坂信男全訳注 (1978)『竹取物語』講談社

有子山博美 (2010)『ネイティブが本当に使っている 45 の「話せる」英文法』旺文社

エリス俊子 (2005)「翻訳の不思議、文学のたくらみ」東京大学教養学部編『16 歳からの東大冒険講座 (3) 文学・脳と心・数理』pp.47–76. 培風館

大門正幸 (2008)『主語とは何か？―英語と日本語を比べて』風媒社

大津由紀雄編 (2011)『ことばワークショップ―言語を再発見する』開拓社

大津由紀雄 (2013)「ことばを学ぶ・ことばを教える　第 6 講　あいまい性について考えながら、英語にも思いを馳せる」『国語教育』(765): pp.114–117. 明治図書

大津由紀雄・窪薗晴夫 (2008)『ことばの力を育む』慶應義塾大学出版会

大津由紀雄・鳥飼玖美子 (2002)『小学校でなぜ英語？―学校英語教育を考える』岩波書店

岡田伸夫 (1998)「言語理論と言語教育」大津由紀雄他『岩波講座言語の科学　第 11 巻　言語科学と関連領域』pp.130–178. 岩波書店

墺タカユキ他 (2009)『総合英語 Forest（フォレスト）[6th edition]』ピアソン桐原

金谷武洋 (2002)『日本語に主語はいらない』講談社

川上弘美 (2004)『センセイの鞄』文藝春秋

キーン，ドナルド訳 (1998)『対訳竹取物語』講談社

『週刊 ST』2011 年 1 月 7 日号、ジャパンタイムズ

金水敏 (2003)『ヴァーチャル日本語―役割語の謎』岩波書店

菅井三実 (2012)『英語を通して学ぶ日本語のツボ』開拓社

俵万智　スタム，J. 訳 (1989)『英語対訳版サラダ記念日』河出書房新社

中島文雄（1987）『日本語の構造―英語との対比』岩波書店

夏目漱石（2004）『こころ』新潮社（百四十四刷改版）

長谷川櫂（2005）『古池に蛙は飛びこんだか』花神社（中央公論新社、2013）

ボーガン，M. G.　水谷阿紀子訳（2009）『「おおきな木」の贈りもの』文渓堂

本田錦一郎訳（1976）『おおきな木』篠崎書林

柾木貴之（2012）「国語科が英語科と連携する意義について―『国語科と英語科のチーム・ティーチング』を例に」『国語科教育』71: pp.43–50. 全国大学国語教育学会

柾木貴之・久世恭子（2014）「英語絵本を用いた言語横断的授業―ことばへの気づきと解釈する力を育むために」『言語情報科学』(12): pp.109–125. 東京大学大学院総合文化研究科言語情報科学専攻

益岡隆志（1992）『基礎日本語文法　改訂版』くろしお出版

町田守弘（2009）「高等学校における漢字・語彙指導の工夫―『ワードハンティング』を通して」『国語科の教材・授業開発論―魅力ある言語活動のイノベーション』pp.273–281. 東洋館出版社

三角洋一他（2013）『新しい国語 2』東京書籍株式会社

宮地裕他（1996）『国語 2』光村図書出版株式会社

村上春樹訳（2010）『おおきな木』あすなろ書房

森山卓郎（2000）『ここからはじまる日本語文法』ひつじ書房

森山卓郎編著（2009）『国語からはじめる外国語活動』慶應義塾大学出版会

山田雄一郎・大津由紀雄・斎藤兆史（2009）『「英語が使える日本人」は育つのか？―小学校英語から大学英語までを検証する』岩波書店

渡辺明（2009）『生成文法』東京大学出版会

綿貫陽・ピーターセン，マーク・池上博（2007）『表現のための実践ロイヤル英作文法問題演習』旺文社

McClellan, E. (Tr.). (1971). *Kokoro*. Tokyo: C.E. Tuttle.

McKinney, M. (Tr.). (2010). *Kokoro*. New York: Penguin Books.

Powell, A. (Tr.). (2012). *The Briefcase*. Berkeley: Counterpoint.

Sato, H. (1983). *One Hundred Frogs*. New York: Weatherhill.

Silverstein, S. (1964). *The Giving Tree*. New York: HarperCollins.

第8章

メタ言語能力の育成を基盤に置いた
言語教育を目指して

大津由紀雄

1. はじめに

　20世紀中盤の認知革命によって、言語を脳に内蔵された知識(以下、「言語知識」と呼ぶ。最近の術語を用いれば、「内在言語(I-language)」)と捉える考えが広く受け入れられるようになったが、やがて、言語知識を対象として、高次から観察したり、分析したりする能力にも関心が向けられるようになった。本章では、本書の他の章との整合性を考慮し、この能力を「メタ言語能力(metalinguistic abilities)」と称することにする。

　本書は「メタ文法プロジェクト」の研究成果をまとめたものであるが、その中心概念である「メタ文法能力」については、第1章で「言語を高次から観察・分析する「メタ言語能力」を文法に特化した概念である」と規定されている。なお、本書でいう「文法」とは言語知識[1]の総体を指すのではなく、「語彙と統語法の規則」を指すとされている。また、メタ文法能力は母語についてだけでなく、外国語学習[2]の際にも働くものと仮定されている。

　本章は、本書に対する批判的(criticalの意で、「否定的」の意ではない)コメントをまとめよという編者の求めに応じて執筆したものであるが、総花的なコメントをするのではなく、筆者自身の考え[3]を基盤に据え、本書の重要性と今後の課題について述べることにする。

2. 新学習指導要領とメタ文法プロジェクト

第1章に「（前略）本プロジェクトでは、もっぱら中等教育における国語科と英語科の協力を仰ぎ、その両者に働きかける、あるいはその両者をつなぐようなカリキュラムの開発を進めることになった」(p.1) とある。この点をより一般的に述べなおすなら、（ことに、文法面において）国語教育と英語教育の連携を目指すということになる。これは2017年3月末に告知された新しい学習指導要領の考えと軌を一にするものである。

その小学校国語科の部分には、「言語能力の向上を図る観点から、外国語活動及び外国語科など他教科等との関連を積極的に図り、指導の効果を高めるようにすること」という文言が見られる。また、小学校外国語活動の部分には「英語の音声やリズムなどに慣れ親しむとともに、日本語との違いを知り、言葉の面白さや豊かさに気付くこと」という一節も見られる。さらに、小学校外国語では、「（前略）日本語と英語の語順の違い等に気付かせる（後略）」というくだりもある。

この考えは筆者が以前から強く主張してきたところであり、それが新たな学習指導要領にも盛り込まれる気配を強く感じたのは文部科学省初等中等教育局教育課程課・幼児教育課の編集による『初等教育資料』の2015年8月号の特集「これからの外国語教育の在り方」に直山木綿子教科調査官と筆者の対談（直山・大津 2015）が掲載されたときであった。

この座談会での直山発言には注目すべきものが多いが、そのうちのいくつかを以下に掲げる。

> 直山　大津先生と私の共通点はそこです。それは外国語教育の目的と重なると考えています。外国語教育単体で考えるのではなく、母語と合わせて、言語教育としてとらえる必要がある。今は全く別のものとしてとらえている傾向があると思います。(p.37)

> 直山　「ことばへの気付き」を考えたとき、文構造だけではなく、音レ

ベル、単語レベル、句レベル、文字全てにおいて、それぞれの個別言語にルールがあることにまず気付きます。そして、それぞれのルールは違うけれど、どの言語にもルールがあることに気付く。大津先生がよくおっしゃっている「普遍性」に気付くこと、それは大切ですね。(p.40)

直山 小学校に外国語教育が導入されたことで「ことばへの気付き」を起こすスイッチを押していると思っています。これをより充実させるには、国語教育と協働することが必要だと思います。(p.41)

　本書第2章の「日本の英語教育における言語横断的文法指導の展開」に詳述されている国語教育と英語教育の連携のための重い、重い扉がようやくあけられようとしている。筆者が大津 (2017a: 91、2017b: 101) に「言いたいことはたくさんありますが、《ほんとうの意味での言語教育の実現に向けて、ほんのわずかではあるが、あのとき、その第一歩を踏み出したのだ》と言えるようにしなくてはいけないと強く感じました」と多分に感傷的に書いたのはこの辺りの事情を反映したものである[4]。

　それ故、このタイミングで本書が刊行され、そのもととなった研究プロジェクトの成果が多くの人の目に触れるようになったことの意義は非常に大きい。

3. 国語教育と英語教育の連携

　本節では、前節で述べた国語教育と英語教育の連携について、本書や筆者の言語教育観との関連という視点からの考察をしてみたい。

　英語教育の目標の一部に英語話者の言語知識と同質の知識（あるいは、それに近似した知識）を学習者の脳内に実現することが含まれている場合、二つの道筋が考えられる。一つは、英語を母語として獲得する場合と同じように、学習者の母語など、英語以外の言語による意図的・体系的解説を受けることなく、ただ英語に触れているだけで、目標の知識を達成するという道筋

である（これを「道筋A」と呼ぶことにしよう）。もう一つは、学習者の母語による意図的・体系的解説を適宜、学習者に与えることによって芽生える知識を反復練習によって学習者の脳に定着させ、目標の知識を達成するという道筋である（これを「道筋B」と呼ぶことにしよう）。

道筋Aは筆者が大津・窪薗 (2008) などで、外国語学習と区別して、「狭義の第二言語獲得」と呼んでいるケースに辿る道筋と同じものである。その場合、定期的に、多様かつ自然な使用状況下で、大量の英語に触れる必要があることは経験的に明白である[5]。日本の学校英語教育において、この条件が満たされるとは到底考えにくい。

となると、学校英語教育においては道筋Bを経ることになるが、問題は英語についての「学習者の母語による意図的・体系的解説」を学習者が的確に理解できるか否かである。たとえば、つぎの文を考えよう。

（1） I go to school every day.
（2） John goes to school every day.

下線を引いた、それぞれの文における動詞の形は1と2で使われている形でなくてはならず、1のgoをgoesにしたり、2のgoesをgoにしたりすると英語の文としては不適格なものになる[6]。

これはいわゆる「三人称現在単数の -s」、略して、「三単現の -s」と呼ばれる事象であるが、上記の事実を捉えるためには、「文の主語」「人称」「数」「（文の主語に呼応した）動詞」「時制」の諸概念が必要となる。もし学習者の側にこれらの諸概念を理解するための知的枠組みが形成されていないと、学習者はこの事実を原理的に理解することはできず、ただ単に与えられた言語事実（たとえば、1と2）を丸暗記する以外に方法がない。実際、従来から、中学1年生の2学期になると、英語嫌い、あるいは、英語に対する苦手意識が急増することが知られているが、その根本的原因はそこに求められると考えられる。

そこで、筆者がここ十数年、主張しているのは、まず小学校において、子

どもたちの母語の知識を意識化させることである。この結果得られるところを、筆者は教育関係の文献では「ことばへの気づき」と呼んでいるが、本書が「メタ文法」と呼ぶところを包含するものである。母語を対象とするのは、母語は個人差なく、子どもたちに均一に与えられているからであり、かつ、母語に対しては直感 (intuition) がきくからである。

　子どもたちの脳に形成されたことばへの気づき（メタ文法を含む）を利用して、ことばを一般的に捉えるための枠組みを構築することが可能になる。

4. 第4・5章に対するコメント

　本書の第3章から第5章、第7章にはメタ文法の考えに則った教室での実践が紹介されている。

　第4章では、古典（古文と漢文）を利用し、日本語の文法に対する意識化をしたあとで、英語とのつながりを考える試みについての解説がある。古文と漢文は子どもたちの母語である現代日本語とは異なった文法を持つが、さまざまな点で、英語よりも近い存在であり、それらを英語との橋渡しに使うことは意義深い。筆者は古典に日本語の方言を加えることを勧めたい。

　この章の終わりには、メタ文法を利用した授業実践は「いわゆる学力が厳しい生徒にとっては、却って混乱を招きかねない」(p.138) という指摘がされているが、それはメタ文法を利用した授業実践に内在する問題というよりも、実践の方法に起因する問題ではないだろうか。上の指摘に続く、「そこで必要となってくることは、流行のことばではあるが、「説明責任 (accountability)」なのではないかと考える。少なくとも教員自らが生徒に行わせている学習について、なぜそれを行っているのか（中略）を語ることができなければならないのではないか」(p.138) という件にもそのことを感じ取ることができる。

　第5章ではさらなる試みとその結果の分析が紹介されているが、筆者はその冒頭近くで紹介されている英語の部分否定に関する実践に興味をそそられた。たとえば、

（3）　All of these computers are not connected to the Internet.

は2通りの解釈（全体否定と部分否定）を許すが、（4）は部分否定の解釈しか許さない。

（4）　Not all these computers are connected to the Internet.

　興味深い試みであるが、この事実、ことに（4）が部分否定しか許容しないことを（3）と（4）を対比することによって気づかせることは子どもたちの認知能力に過度な負担を強いることにつながりかねないように思う。理由は（3）も（4）も all と not という二つの量化詞（quantifier）を含む文であり、それぞれの解釈の決定は all と not のどちらがより広い作用域（scope）を持つかという問題であるからだ。
　ここでは、たとえば、not だけが使われている（5）のような文を利用して、その作用域をどこまでと認識するかによって二つの異なった解釈が得られることに気づかせることから始めるのが（筆者の実践体験から判断しても）有効である。

（5）　Mary did not attend the party because John was there.

Not の作用域（下線を付して示した）を（6）のようにとるのであれば、Mary がそのパーティに行かなかった理由は John がそのパーティに参加していたからだという意味になる。一方、その作用域を（7）のようにとるのであれば、Mary がそのパーティに参加した理由は John もそのパーティに参加していたからというわけではないという意味になる。

（6）　Mary did <u>not attend the party</u> because John was there.
（7）　Mary did <u>not attend the party because John was there</u>.

第8章　メタ言語能力の育成を基盤に置いた言語教育を目指して　283

　作用域の概念は日本語の事実を説明するのにも有効である。たとえば、
(8)のような状況で、(9)のように尋ねられた場合と(10)のように尋ねられ
た場合では答え方が異なる。

（8）　買い物から帰った母に「わたしの留守中、太郎はなんの勉強をしてい
　　　たの」と尋ねられた姉の花子は「英語の勉強をしていたよ」と答えた。
（9）　花子はお母さんに太郎がなんの勉強をしていたか言いましたか
（10）　花子はお母さんに太郎がなんの勉強をしていたと言いましたか

(9)に対しては「はい(、言いました)」と答えることが妥当だ(つまり、(9)
はyes/no疑問文である)が、(10)に対しては「英語の勉強(と言いました)
と答えなくてはならない(つまり、(10)は疑問詞疑問文である[7])。
　この事実は疑問詞「なんの」の作用域が最初に表れる「か」までであるこ
とによって説明がつく。したがって、(9)と(10)の「なんの」の作用域を下
線で示すと、それぞれ、(11)と(12)になる。

（11）　花子はお母さんに太郎が<u>なんの勉強をしていたか</u>言いましたか
（12）　花子はお母さんに太郎が<u>なんの勉強をしていたと言いましたか</u>

(11)では文末の「か」は「なんの」の作用域には含まれておらず、言った
か、言わなかったを問うyes/no疑問文となる。それに対し、(12)の文末の
「か」は「なんの」の作用域に含まれており、なんの勉強をしたと言ったか
を問う疑問詞疑問文となる。
　なお、「作用域」という概念は同じ章に出てくる「黒い目のきれいな女の
子」の解釈を考える際にも利用できる。「黒い」の作用域がどこまで及ぶと
考えるかによって、複数の解釈が得られる。

5. 第6章に対するコメント

因子分析を用いた第6章ではつぎの四つの問いが設定されている。

(A) 生徒は文法学習をどのように捉えているのか
(B) メタ文法能力はどのように向上するのか
(C) メタ文法能力をつけると英文法の力も伸びるのか
(D) メタ文法授業で生徒は何を学んでいるのか

筆者にとってもっとも関心があるのは(C)である。因子分析の結果は明確な「然り」ではないが、そのような傾向がみられると理解してよいだろう。

筆者の前任校である慶應義塾大学の大学院文学研究科教育学専攻に2011年から2014年にかけて提出された3編の修士論文が(C)に関連する問題を取り上げている。ただし、第6章で報告されている研究が(日本語および英語についての)メタ文法能力育成と英文法教育を並行して行い、前者が伸びれば後者も伸びるかという問題を設定しているのに対し、慶應義塾大学大学院グループの研究は母語でのことばへの気づきがその後の英語学習に正の効果をもたらすかを明らかにすることを目指しているという点で違いがある。

Nagai (2011)は小学校段階でのことばへの気づきと中学1年生2学期段階での英語力の間に相関関係があることを示し、Fujita (2013)はさらに両者の間に因果関係が成立することを示した。Igarashi (2014)では内発的動機づけが両者をつなぐ要因として抽出された[8]。

第6章で紹介されている研究も、慶應義塾大学大学院グループの研究も、意義深いものであるが、いずれも教育効果に係わる問題に取り組んだものであるので、より長期的研究の必要性を感じる。

6. 今後の課題

本節では今後の課題について述べる。

冒頭に述べたように、本書は「メタ文法プロジェクト」の研究成果をまとめたもので、本書でいう「文法」とは言語知識の総体を指すのではなく、「語彙と統語法の規則」を指すとされている。しかし、言うまでもなく、メタ言語知識は文法（語彙と統語規則）に限定されるわけではなく、音声・音韻知識や語用知識をはじめ、文章法などを対象としたメタ知識もあり、とくに、音声・音韻知識を対象としたメタ知識はメタ文法よりも早くその萌芽が見られる。また、たとえば、音声・音韻知識は統語知識と有機的に関連しているのであるから、メタ知識を考える際に両者を同時に射程に入れておくことが望ましい。同様のことが、語彙（形態知識）と統語知識、統語知識と語用知識、統語知識と文章法などについてもあてはまる。

メタ言語知識の発達を考える際には当然のこととして、メタの対象となっている言語知識についての理解が研究者の側に求められる。近年の言語理論研究は高度に専門化しており、この点は現実的に非常に困難な問題となっている。幸い、良質のハンドブックの類が多数出版されているので、そうしたものを参照することによって、この問題を乗り越える努力を重ねるべきであろう。さらに言えば、言語理論研究者とメタ言語知識研究者による共同研究がより一層活発に展開されるべきであろう。

現実の言語教育政策との関連で言えば、言語教育政策を立案し、先導する文部科学省の人々は本書の研究成果をはじめ、メタ言語知識の発達に関する研究やそれを基盤とした言語教育の在り方に対する提案などをきちんと理解し、評価すべきである。ことに、学習指導要領の作成に直接的な影響を与える教科調査官らにはこの点を強く求めたい。

同時に、教員養成の過程においても、いま述べた研究成果や提案を理解し、評価できる力の育成を図るべきであり、いたずらに「実務経験者」による科目を導入することは厳に慎むべきである。

本章第2節で述べたように、2017年3月末に告知された新しい学習指導要領ではこれまでになかった変化を見て取ることができる。これが単なる一過性のものに終わるのではなく、真の言語教育に向けての第一歩となることを強く望んで、本章の結びとしたい。

注

1 第1章では「言語能力」という術語が用いられているが、これはおそらく、Chomsky (1965) などでいう (linguistic) competence に対応するものと考えられる。この意味での「言語能力」とは、Chomsky (1965) にも明記されているように「言語知識」を指す。しかし、competence という原語も、「言語能力」という訳語も、いささか誤解を招きやすく、実際、その後、かなりの長期間にわたって誤解や混乱が起こったので、Chomsky 自身も含め、その後は「言語知識」、ないしは、「内在言語」という名称を用いることが多くなった。

2 第1章では「外国語習得」という用語が用いられているが、本章では、時間的には母語の獲得に遅れて開始されるが、母語の獲得同様、当該言語が生活言語として用いられている環境で起こる「第二言語獲得」との混乱を防ぐために、その意図性、意識化性を考慮し、「外国語学習」という用語を用いることにする。

3 若干古くなってしまった部分もあるが、筆者の考えを比較的包括的に述べたものとして大津・窪薗 (2008) の「理論編」を挙げることができる。

4 ことここに至るまでには先人の弛まぬ努力があったことは言うまでもないが、筆者も 2014 年 2 月から 9 月にかけて 9 回開催された、英語教育の在り方に関する有識者会議で筆者の考えを繰り返し述べた。そのほとんど孤軍奮闘の様については以下の議事録を参照していただきたい。http://www.mext.go.jp/b_menu/shingi/chousa/shotou/102/giji_list/index.htm (2019.4.25 参照)
本稿脱稿後、出版された阿部 (2017) も参照されたい。

5 ただし、目標達成のために、どの程度、「定期的に、多様かつ自然な使用状況下で、大量の英語」に触れることが必要であるのか、その他の要因 (たとえば、Krashen 1982 が「情意フィルター affective filter」と呼ぶもの) がどのように目標達成に関係するのかなどについての実証的研究成果は筆者の知る限り、存在しない。

6 不適格な文にはなるが、実際の使用状況においてそのような形を使っても、聞き手の理解に支障が起きないであろうことから、ここで筆者が展開する議論は不毛であるとか、そのような「些末な」点にこだわりすぎるから英語が身につかないのだという指摘を受けることがある。ここで注意すべきは (言語) 知識とその使用の区別である。ある文法項目について正しい知識を身につけておくべきか否かということと使用において正しい運用にこだわるか否かということは別問題である。本文で筆者が問題にしているのは知識の問題である。

7 (9) のように尋ねられた場合も、《太郎がなんの勉強をしていたかを花子が母に言った場合、おそらく、話し手はそれがなんの勉強であるのかも知りたいであろう》と聞き手が判断し、「英語の勉強 (と言いました)」と答える場合もあるかもしれないが、(9) が yes/no 疑問文である事実が変わるわけではない。

8 同時期に提出された、関連する修士論文として、Kodama (2014) があり、「気づき」と母語の作文力に相関関係があることを明らかにした。

参考文献

阿部公彦 (2017)『史上最悪の英語政策―ウソだらけの「4技能」看板』ひつじ書房

大津由紀雄 (2017a)「新学習指導要領を読んで」鳥飼玖美子・大津由紀雄・江利川春雄・斎藤兆史編『英語だけの外国語教育は失敗する―複言語主義のすすめ』pp.91–92. ひつじ書房

大津由紀雄 (2017b)「次期学習指導要領から見た英語教育の今後の課題」『学術の動向』11月号 : pp.101–103. 日本学術協力財団

大津由紀雄・窪薗晴夫 (2008)『ことばの力を育む』慶應義塾大学出版会

直山木綿子・大津由紀雄 (2015)「小学校教育として外国語教育に求めるもの (対談)」『初等教育資料』8月号 : pp.36–41. 東洋館出版社

Chomsky, N. (1965) *Aspects of the theory of syntax.* MIT Press.

Fujita, M. (2013) *Metalinguistic awareness and foreign language proficiency in early stage learners.* 慶應義塾大学大学院社会学研究科修士論文

Igarashi, M. (2014) *Metalinguistic ability, motivation and learning strategies in foreign language learning.* 慶應義塾大学大学院社会学研究科修士論文

Krashen, S D. (1982) *Principles and practice in second language acquisition.* Pergamon Press.

Kodama, N. (2014) *Metalinguistic ability and first language writing skills.* 慶應義塾大学大学院社会学研究科修士論文

Nagai, A. (2012) *Metalinguistic ability and foreign language proficiency.* 慶應義塾大学大学院社会学研究科修士論文

【追記】

本稿を脱稿したのは2017年8月である。校正の段階で以下を追加したい。

本章と密接な関係がある博士論文が提出された。柾木 (2019) である。この論文は国語教育と英語教育の連携について、歴史的検討を踏まえ、そのあるべき姿を探った秀作である。

柾木貴之 (2019)「国語教育と英語教育の連携―その歴史、目的、方法、実践」東京大学大学院教育学研究科博士論文

第9章

コンピテンシーの育成を核とする
教育イノベーションへの挑戦の試み

秋田喜代美

1. 本取り組みがめざしたことの教育学的意義

1.1 メタ文法能力への注目

　新学習指導要領が平成29年に告示された。そこでは、知識理解の質を高め、資質能力を育む「主体的、対話的で深い学び」がめざされ、社会に開かれた教育課程がうたわれている。いわゆる教科内容のコンテント重視のカリキュラムから、コンテントと共にコンピテンシー（資質能力）重視のカリキュラム編成へという流れは、世界各国の先進諸国の教育カリキュラム動向全体の動きとなっている（田熊・秋田 2016）。私たちのプロジェクトは、2012年に動きだした。したがって、学習指導要領が改訂されるからこの活動をしたというのではまったくない。中等教育において現在、どの生徒にも興味や意義をあまり感じられていない指導内容は何か、生徒達が嫌ったり苦手としたりする内容こそ言語の教育において改革できないかという実践の事実から生まれた思いによって、プロジェクトの着想を得た。東京大学大学院教育学研究科の同僚と共に、これからの日本の教育のカリキュラムイノベーションを考えた時に、個人的には直観的に、子どものつまづきをこえる一つの手がかりに関わる研究を、と考えたところから、このプロジェクトは動き始めた。しかし、それは個人でできるものではない。英語教育の専門家や実践者、国語教育や日本語教育の研究者や実践者、そして授業研究やカリキュラム開発の専門家の知恵と協同で、皆で忙しい中でも時間を調整しながら行われた。

その根底にあるのは、学部と附属の長年にわたる授業研究を介した信頼関係からにほかならない。

英語科でも国語科でも、授業における実践の試みとして、さまざまな言語活動の工夫は、「読む」、「書く」、「話す」、「聞く」の各活動やその連動の中でなされ、対話的実践もなされてきている。そして筆者自身も研究授業などではそうした実践をよく参観させていただく。しかし、文法指導はその蚊帳の外になっていることが多い。指導といえば、暗記のための一斉指導が通常のおきまりの形である。都道府県によっては、高校入試に出ないからということで、中学校においては文法指導が丁寧に行われないという話も聞く。しかし、私たちがグローバル化する社会で多様な文化背景を持つ異質な表現に出会ったり、その土地で暮らしていくグローバル人材の育成を考えるならば、その文化を知る上では深い理解のためにおそらくもっとも必要とされることの一つは、国際共通語としての英語を学ぶということだけではなく、その地に行ったらその地の言葉の仕組みを知り、読み書きができるようになることである。「おはよう」、「こんにちは」、「いくらですか」のような生活コミュニケーションは状況に埋め込まれて習得できる。しかし異なる文化を真にわかろうとするならば、その地域の言語で書かれた作品や地域の文化に出会うことが必要になる。その時にその外国語習得に必要となるのは、メタ文法の力である。無数の言語をそれぞれ学ぶことだけではなく、文法に関して幅広く転移可能で汎用可能な資質能力を育てておくこと、それがメタ文法能力という資質の育成であろうと考えた。AIが自然言語を解析するのにも必要なのは、メタ的な文法解析の力である。個別の専門内容を学ぶ高等教育の前段階にある中等教育段階においてこそ、急激な社会変化の中でも持続可能で、常に創造的に世界と関わっていけるための汎用的な資質を育てていくことが必要なはずである。おもしろいことに、先進諸国ではどの国でも文法の指導がカリキュラム内容に含まれている。しかしカリキュラムの中で、どの指導内容が創造性と関連が深いと思うかと問われると、文法の指導を創造的と評定する人は少ない。これは、筆者が2017年に行われたOECD EDU-CATION 2030のワークショップで経験したことである。では生きた文法使

第9章　コンピテンシーの育成を核とする教育イノベーションへの挑戦の試み　291

える知識とすることは、創造性と関係はないのだろうか。

1.2　教科横断的な学校独自の取り組み

　メタ文法を教えるために言語科などの特設教科を教える、あるいは英語科、国語科のいずれかの特定の教科内でメタ言語内容を指導するということも考えられた。しかし私たちは両教科で行うこととして、両教科の先生方の協力を得た。知識基盤社会になり学ぶべき知識は増えても、授業時間数はそれに比例して増やすことができない。だからこそ、内容が過重になりがちである。それは、教師にとっても生徒にとっても、カリキュラムオーバーロード（過重負荷）という現象を生むことになる。その負担を越える手立てとしては、教科編成のデザイン原理として、教科を減らすこと、足し算より埋め込み型で教科横断的なデザインを組むこと、教師だけではなく関係者の関与等での支援を手厚くする、教師や学校の自律性を高める等のことが大事になる。また同じ授業の中でも、生徒の主体性を重視し、転移可能な技能や教科横断的コンピテンシー、持続可能な知識、つまり断片的ではなく相互に繋がりあう知識に価値を置くことが求められている（OECD 2018）。

　そのために、国語科でも英語科でもこれまで暗記重視で教えられてきた文法指導を英語科と国語科が教科横断で特定トピックとして検討するという試みはこの動向への一つの挑戦でもある。しかもそれは、文法指導という特定の内容であるが、学校独自のカリキュラム開発である。東京大学教育学部附属中等教育学校では、国語科においては特に文法指導の独自のカリキュラムを組んできていたこともあり、それらの発展として位置付けることもできた。

　そして特定の授業を開発、計画、実施するだけではなく、そのことを契機にさらに改善をするというサイクルで行うということになった。中等教育では、教科の壁を越えるのが難しいと言われる。その中で、教師たちが対話をしながら、授業を行うと同時にその授業を一緒に振り返りながら次のカリキュラムデザインをしてみるというサイクルに取り組んでみることはできないかという試みでもあった。

2. 新たなカリキュラムの構築に向けて

　ではその成果はどうだったといえるだろうか。3年間という限られたクラスや授業での試みであり、その効果をことさらに強調できるものではない。しかし、第1章で指摘しているように、英語を英語で教えようとする現状が見落としがちな課題を指摘し、第2章の日本と中国の英文法指導の歴史から見て、文法指導の弱体化が何をもたらすのかを歴史に学び、第3、4章で実際に授業を開発し実施した教師側から、第5章では授業デザインという視点から、第6章ではメタ文法授業を経験した生徒に実際に与えた効果、第7章で教材開発の視点から総括して見るならば、以下の3点を可能性と課題として指摘することができるのではないだろうか。

　まずは、第一に、漢文や英語と古文、現代文のつながりを、メタ文法の授業の試みを通してどの生徒も興味を持って参加できる文法授業を構成する可能性があることを明らかにした点であるだろう。特に実際の生徒の感想や回答などから、苦手な生徒が深く考えようとする志向性をこのような授業は生み出すことができると考えられる。また何時間もかけて行うというよりも年に数回であったとしても、高校1年生や2年生の時期にこのような内容を取り上げることが、言語体系への意識を開くうえで有効であると考えられる。

　しかしそれは、メタ文法をトピックとして扱えば有効だということではない。そのために第7章で授業用デザインのポイントとして挙げられているように、教材の真正性やどの生徒も既習事項を活用できるような教材を開発し、協働的に課題に取り組むことで可能となるのである。また今回は習得における長期的な効果を十分には見出せていない。より持続可能な形にしていくためには、投げ込み型で両教科の授業で実施するだけではなく、年間カリキュラムの中で考えるなどの体系的な配列や、教材自身がテキスト化されることも必要であるだろう。

　また第8章で大津先生が指摘下さっているように、メタ文法といっても多様な次元がある。さらにメタ言語能力を考えていくためには、今後より体

系的にその教材開発やカリキュラム開発が必要であるだろう。

　そして第二には、実践を開発した時にそれを評価し改善するための仕組みである。汎用的なコンピテンシーの一つとしてのメタ文法能力について、実際の授業プロセスを相互に参観することで、その参加や理解の過程をとらえるとともに、振り返りの記録、類似のパフォーマンス課題ならびに方略質問紙等のスケールなどで調べようとした。そこからは短期的な意欲面と指導した句節レベルでの効果は見られた。しかし、よりその効果が一般化されたり長期的安定的に見られるというところまではいかなかった。中等教育であるからこそ、質的な変化をとらえられるルーブリックの作成を試み、自己評価や相互評価を行うこと、またメタ文法だけの歩みを見えるようにしたポートフォリオの作成による自覚化などの方法も今後必要になるだろう。そして、たとえば翻訳や作品作りなどの真正の課題を通して、生徒同士がその表現を検討するのに文法の知識を使いながら、さらにより高次の談話理解へとつながるようなパフォーマンス課題を教材と共に開発していくことが求められるだろう。

　第三には、生徒の主体性を引き出すための様々な試みは、先生方の間の連携や研究者との協働、それぞれが独自に得意とする分野での専門性と主体性を生かす協働分散型リーダーシップから生まれた。この意味で生徒の主体性発揮は教師個々人の主体性やリーダーシップと同時に教師の連携による新たな知識構築へのイノベーションから生まれるのではないだろうか。野中・勝見 (2004) は、イノベーションには型が必要であるが、それは決まったレシピのように手順や方法が決まったマニュアルのようなものではなく、ある価値と機能を共有し、そのためにそれぞれが自由度高く協創し、それによって皆で夢見る力をもつという創造的な思考や心の習慣を形成することであると指摘している。メタ文法能力のプロジェクトは、生徒をこれからのグローバル化社会に生きる人材として育成するためには、グローバルなコミュニケーション能力と共に、言語体系の構造を多様な言語があることを探究しながら学ぶことのできるような人材を育てていくことではないかと、過去の歴史と智恵に学び未来に希望を託し考えてきた。その時に其々の専門領域から一歩

越境しながら、多様な人の手を相互に借りつつも各自が使命感を持って独自の寄与をすることで、チームとしてメタ文法能力育成プロジェクトによるカリキュラム開発の試みを行ってきた。こうした思考様式や発想が、メタ文法だけにとどまらずこれからに必要なコンピテンシーを育てていく際に、大人側の主体性として求められるのではないだろうか。

　これをより体系的にあるいは、より安定的な持続可能なものとしていくための試みが、私たちの次への大きな挑戦であり、その意味では残された課題の方が大きいだろう。しかしあえてこの挑戦を公表することで、さらに心の境界を越えて様々な対話がそこから生まれることを期待したい。

参考文献

秋田喜代美（2015）「言語力としてのメタ文法能力の育成」東京大学教育学研究科　カリキュラムイノベーション研究会編『カリキュラムイノベーション：新しい学びの創造へむけて』pp. 53–64. 東京大学出版会

田熊美保・秋田喜代美（2017）「新しい学力像と評価のあり方」佐藤学・秋田喜代美・志水宏吉・小玉重夫・北村友人編　秋田喜代美責任編集『教育変革への展望　第5巻　学びとカリキュラム』pp.273-309. 岩波書店

野中郁二郎・勝見明（2004）『イノベーションの本質』日経 BP 社

OECD（2018）「OECD Education 2030 プロジェクトについて」http://www.oecd.org/education/2030/OECD-Education-2030-Position-Paper_Japanese.pdf（2019.5.13 確認）

執筆者紹介（＊は編者）

斎藤兆史（さいとう よしふみ）＊
東京大学大学院教育学研究科教授
［主な著書］『英語達人列伝―あっぱれ、日本人の英語』（中央公論新社、2000）、『日本人と英語―もうひとつの英語百年史』（研究社、2007）

柾木貴之（まさき たかゆき）
北海学園大学経済学部准教授
［主な著書・論文］「藤村作の英語科廃止論に見られる問題意識―漢文科廃止論への言及を端緒に」『英語へのまなざし―斎藤英学塾10周年記念論文集』（ひつじ書房、2016）、「英語学習に生きる国語の力とは―国語教育と英語教育の連携を目指して」『月刊国語教育研究』539（日本国語教育学会、2017）

王林鋒（Wang Linfeng）
福井大学大学院連合教職開発研究科特命助教
［主 な 論 文］A Comparative Study of the Metadiscourse Analysis in EFL Textbooks in Japan and China, *Journal of Textbook Research* 5（2）（National Academy for Educational Research, 2012）、「中学校英語教科書本文内容の記述における修辞パターンの分析―テキストのつながりに焦点を当てて」『読書科学』56（1）（日本読書学会、2014、共著）

越智豊（おち ゆたか）
元東京大学大学院教育学研究科特任准教授
［主な論文］「国語科と英語科におけるメタ文法授業のアクションリサーチ」『東京大学大学院教育学研究科紀要』52（東京大学大学院教育学研究科、2012、共著）、「英語授業における修正発話と思考を生む発話契機の設定―実践的視点からの問題提起」『東京大学大学院教育学研究科紀要』57（東京大学大学院教育学研究科、2017）

沖濱真治（おきはま しんじ）

元東京大学教育学部附属中等教育学校後期課程副校長

[主な著書]「教材を深く読みとる―『独裁者』演説を使って」『協同学習を取り入れた英語授業のすすめ』（大修館書店、2012）、「文法力と英語での表現力を付ける授業をめざして」『「学びの共同体」の実践　学びが開く！　高校の授業』（明治図書出版、2015）

大井和彦（おおい かずひこ）

東京大学教育学部附属中等教育学校教諭

[主な論文]「『考えの相対化』による自他の学習の促進」『月刊国語教育研究』472（日本国語教育学会、2011）、「言語生活から言語文化の捉え直しを図る―短詩型文学を学習材として」『月刊国語教育研究』550（日本国語教育学会、2018）

藤江康彦（ふじえ やすひこ）*

東京大学大学院教育学研究科教授

[主な著書]『21世紀の学びを創る―学習開発学の展開』（北大路書房、2015、共編）、『これからの質的研究法―15の事例にみる学校教育実践研究』（東京図書、2019、共編）

藤森千尋（ふじもり ちひろ）

埼玉医科大学医学部教養教育准教授

[主な著書・論文]「ディベート対話構造における英語産出の特徴　Characteristics of English production in dialogic pairs of debates」*JACET Journal*, 56（大学英語教育学会、2013）、『英語授業における話しことばの学習過程―発話の正確さ・流暢さ・複雑さに基づく検討』（風間書房、2014）

三瓶ゆき（さんぺい ゆき）

福島県いわき市立勿来第二小学校教頭

[主な論文]「国語科と英語科におけるメタ文法授業のアクションリサーチ」『東京大学大学院教育学研究科紀要』52（東京大学大学院教育学研究科、2012、共著）

大津由紀雄（おおつ ゆきお）

慶應義塾大学名誉教授

[主な著書]『言語接触―英語化する日本語から考える「言語とはなにか」』（東京大学出版会、2019、共編）、『日本語からはじめる小学校英語―ことばの力を育むためのマニュアル』（開拓社、2019、共編）

秋田喜代美（あきた きよみ）*
学習院大学文学部教授、東京大学名誉教授
［主な著書］『学びの心理学—授業をデザインする』（左右社、2012）、『色から始まる探究学習—アートによる自分づくり・学校づくり・地域づくり』（明石書店、2019、編）

謝辞　本書は、科学研究費基盤研究（A）「社会に生きる学力形成をめざしたカリキュラム・イノベーションの理論的・実践的研究」（課題番号 23243080　研究代表　小玉重夫）の助成を受け、東京大学教育学部附属中等教育学校の協力によって、実施されたものである。本書執筆者のみではなく、附属中等教育学校　英語科、国語科担当教員全員の協力のもと、2011-2013 年度にプロジェクトの実践が行われた。

メタ言語能力を育てる文法授業 —英語科と国語科の連携
Teaching Grammar for Developing Metalinguistic Abilities:
Teachers of English and Japanese in Collaboration
Edited by Akita Kiyomi, Saito Yoshifumi, and Fujie Yasuhiko

発行	2019 年 8 月 8 日　初版 1 刷
	2021 年 10 月 20 日　　　3 刷
定価	3600 円＋税
編者	© 秋田喜代美・斎藤兆史・藤江康彦
発行者	松本功
装丁者	上田真未
印刷・製本所	亜細亜印刷株式会社
発行所	株式会社 ひつじ書房
	〒 112-0011 東京都文京区千石 2-1-2 大和ビル 2 階
	Tel.03-5319-4916　Fax.03-5319-4917
	郵便振替 00120-8-142852
	toiawase@hituzi.co.jp　https://www.hituzi.co.jp/

ISBN978-4-89476-896-3

造本には充分注意しておりますが、落丁・乱丁などがございましたら、
小社かお買上げ書店にておとりかえいたします。ご意見、ご感想など、
小社までお寄せ下されば幸いです。

［刊行書籍のご案内］

Style and Creativity: Towards a Theory of Creative Stylistics

斎藤兆史著　　定価 7,500 円＋税

20 世紀中期、英文学研究と言語学との専門分化を背景として、逆にその溝を埋める学理として英語文体論が登場した。1980 年代以降は、英語・英文学教育をも視野に収めた教育的文体論も登場した。しかしながら、従来の英語文体論は、あくまで既存のテクストを前提とし、それを分析の対象とする点において記述的であった。本書は、従来の文体論の枠組みを整理した上で、ある文学的意匠を出発点として、それをテクストとして実現させるために規範的に機能する新しい創作文体論の理論を提示する。

英語の学び方

大津由紀雄・嶋田珠巳編　　定価 1,500 円＋税

英語が使えるようになりたいと思っている人は多いが、悩みを抱える人もまた多い。本書では、英語学習を効果的かつ効率的に進めるために必要なことを、わかりやすく解説。英語の構造や機能、辞書の利用法のほか、類書ではあまり触れられることのない世界の諸英語やノンバーバル・コミュニケーションの視点も取り入れ、英語を学ぶ秘訣に迫る。

執筆者：大津由紀雄、瀧田健介、高田智子、津留崎毅、小林裕子、嶋田珠巳、原和也、遊佐昇、安井利一